創見文化，智慧的銳眼
www.book4u.com.tw   www.silkbook.com

STOCK史托克金融
投資操盤研修院院長

神準！台股**錢滾錢**操作實錄秘辛

教你買對賣對，賺大錢

史托克／著

經過驗證的創富之路

　　在我很年輕的時候就開始投資股票，當時就知道史托克老師，是他的忠實讀者，當年他在「產經日報」的每一篇專欄我都有拜讀，長期觀察他十幾年，其對股市的漲跌預測準確率幾乎達到百分之百，只可惜史托克老師在不發表專欄文章後曾沉寂一段時間。後來我有幸在一場演講中見到了史托克老師本人，再次親自確認了他的精準預測依然神準如昔。因此力邀他參與世界華人八大明師大會演講，並提議將過去在股市的所有紀錄及成功的經驗與操盤心法整理出來出版成書，一起幫助年輕人在投資的道路上，能夠賺取暴利，又能安全規避風險，少走冤枉路，少賠錢，成功創富！

　　本書的再版，證明了史托克老師預測股市神準的功力，深獲讀者推崇。很開心也很驕傲地為本書再版撰寫推薦序，期待本書能對有心提升投資功力的讀者帶來飛躍級的成長，買對賣對，抓住賺錢機會！

全球八大名師亞洲首席

王晴天

作者序 /

感謝名師調教提攜

　　在臥虎藏龍的股市裡，能遇到能教又願意教的真名師，簡直是際遇難求，能遇上一位就已經是萬幸，而史托克在股市三十多年間，卻能得天獨厚的，得到多位不願彰顯其名的大師之提攜調教，亦師亦友的指導點化，心中有萬分的感激，其中尤以資金策略林大師、技術指標黃大師，波浪理論張大師，量價時勢游大師，總經產業劉大師、創投管理伍、賴兩位大師，這七位大師，最讓史托克銘感五內。這七位大師都是人中之龍，無論就未來之遠見、鑽研之精深、架構之精密、見識之廣博、思考之靈敏，紀律之嚴謹、經驗之豐足、思慮之慎密、態度之謙遜，每一位都讓我敬仰不已。

　　而當時老師們所說的話，所交待的事，也影響了我的一生，其中有三句話更是我時時銘記在心，也足足可讓大家咀嚼一輩子，提供給您。

一、樹有多高，根就有多深，只有根基強壯，未來就有發展。

　　真正珍貴的東西，必須要珍藏沈潛，隱密修練，累積能力，累積經驗，累積智慧，熟練技巧，不要把它炫耀出來，讓它心無旁鶩完全無干擾的成長，否則一旦被展示廣告，被所有的人都看到，就會有很多人來探詢、打擾、批評、染指，最後它一定被摧殘而亡，就像所有千年的神木，一定都是在人跡罕至之處，隱密的成長，而阿里山的神木被人發現後，幾十年就

死掉了。

二、在股市裡不要把自己當神，更不要賭上全部的身家性命。

不要以為自己每一次都會對，不要把高標準套在自己身上，不要去求取他人的掌聲崇拜，不要讓別人對你有過度的幻想期望，否則會使自己陷入牢籠，背負沈重的十字架，把自己變成滿足別人期望的犧牲品。每個人心中都有一個理想的自我，人因為有了理想就有了貪婪，一旦無法達到理想，你將會對自己或別人感到很不滿意，很不快樂，你必須停止讓自己受苦，以免你的人生在痛苦中度過。

三、享受學習、快樂遊戲。

股市一直都是按照自然的韻律在進行，了解它並不困難，你自己才是最大的困難。很多人夢想著預測股市，控制股價，這是何其愚蠢，試想你的老婆孩子都不一定聽你的話，何況是詭譎多變的股市，你必須學會放掉自我主觀，放棄控制抵抗，學會臣服於趨勢，融入於自然。如果你能夠把你的人生變成或想像成一個遊戲，那將是一件很美的事。遊戲和比賽不同，遊戲是美好的、輕鬆的、愉快的。比賽是為了獲取勝利，因而破壞了遊戲好玩的本質，變得痛苦不堪。

莊子說：魚是最快樂的，牠沒有目標，沒有野心，不必積極，不必操心，動累了就睡覺休息，休息夠了就起來動一動，謹慎智慧地覓食，悠閒自在地遊戲，單純地生活、享受、吃、喝、休息、睡覺，保持快樂、享

受生命、清風流水、隨心所欲、順其自然、悠閒自在、心無所思、別無所求、了無遺憾，人在股市若能像魚一樣，臣服趨勢，順服自然，就可以達到「人人皆有趣，事事都好玩，處處都神奇，時時都快樂。」的境界。

　　史托克的操盤術，就是希望能夠達到這種「不用大腦，躺著睡覺，隨心所欲，賺取暴利」的境界。

高枕無憂躺著睡覺，不用大腦的操盤術

　　讓自己遠離貧窮，是一種責任；幫助別人擁有智慧，遠離貧窮，更是一種大愛。生命真得很短，每一天都不應該浪費，每一天都應該要快樂，快樂是人生最重要的學問，快樂是我們必須追求的目標。

　　想要得到快樂的人生，第一重要的事，就是解決沒錢與沒時間這兩個問題。第一步驟就是努力讓自己盡早獲得財富自由；第二步驟就是取回時間與身體的自主權；第三也是最後一個步驟就是生命自由、靈魂自由，讓身心靈重歸快樂寧靜，享受平衡無憂、自然和諧生活的最高境界。

　　我是王證貴，筆名史托克。我的人生使命願景是運用我已經研發超過三十年並且已經成功通過台灣股市二十多年的嚴酷考驗——史托克賺取暴利百戰百勝的操盤術。過去我以白紙黑字的報紙專欄文章，讓數以萬計的讀者見證操盤術的精準預測，讓數以千計來聽我演講的來賓親身目睹股市完美滿足點的奇蹟，以百餘篇的專欄文章幫助相信我的讀者多次擁抱財富避開崩盤，也為我自己創下至少十五次成功預測歷史最高點最低點的超級世界紀錄。（其實是更多，還不包括最近 107 年 1 月底台股最高點

11270，美股最高點 26616，如圖所示。還有其他諸如黃金以及金融商品
國際股市波段崩盤點的預測，我實在懶得去算。）

20180128 百戰百勝軌道角度線道瓊指數 26616 最高點。

1070125 百戰百勝 11270 雙軌道大壓。

回想過去從年輕到現在，三十多年前我不顧一切反對，背負著家人的極不諒解、冷言嘲笑，辭去法律法務正職高薪的工作，進入當時的地下期貨公司，學習金融期貨操作，當時除了黃金外匯外，我最鍾意的就是當時風險最高的 S&P500 股價指數期貨，開始學會了畫圖、學會了計算繪製技術指標，就此踏上金融投資股市期貨的征途，後來進入《錢雜誌》的裕德投顧擔任專欄主筆，因為績效卓越，得以破格進入壽險公司的操盤室，擔任選股研究及操盤工作。因為我的一位老師有交代，一個好的操盤手，必須懂得沉潛，不要急於出頭或出名，要經得起十年磨一劍的耐心，別人成功的方法要學，別人失敗的原因更是珍貴，要徹底弄懂，不斷地修正自己，找出別人及自己的操作盲點，唯有如此才能夠避免失敗，才能趨近於完美達到絕對成功，於是我就這樣在資源豐富的操盤室練功，日日夜夜，孜孜不倦累積功力，當時就已經創造出五十多種威力強大，能夠賺取暴利，又能安全規避風險的操盤術。

磨劍十年後，我終於在 84 年 4 月 15 日第一次對外發表文章，投稿當時的股市第一專業大報《財訊快報》以此昭告天下，台灣股市即將從 7228 崩盤 11 ～ 13 個月，船快沉了，請大家趕快跳船。並指出台灣股市近三十年來，每一個關鍵高低點、轉折點，幾乎都可以百分之百，在月線上，或週線上，或日線上，顯現出絕對的完美性。果然台股隨即大跌 11 個月，大跌 2754 點，從 7228 跌到 4474。

當時我的文章及我的說法，馬上引起股市第二專業大報《產經日報》阮浩然阮社長的注意，他詢問我能否舉辦一場公開演講，與《產經日報》

所有讀者分享並示範，什麼是股市的絕對完美。就在我這一次演講示範完後，讓阮社長驚訝萬分，沒想到股市竟然隱藏著如此美妙的學問，但他也向我提出一個挑戰，他說雖然我能夠演示過去三十幾年股市的確是出現這種將近一點都不差的完美性，但過去如此，卻不代表未來也一定是如此，因此希望我擔任《產經日報》的主筆，因為我當時是在壽險公司操盤室做研究，所以阮社長特別為我開闢一個專欄，名為「壽險看盤」，要讓我的操盤術有所發揮，並藉此公開的園地，白紙黑字的文章專欄，印證史托克操盤術的威力，我也欣然同意，希望能確實幫助散戶投資人不再成為股市受害人。

於是我開始以「史托克」為筆名，每週發表一篇文章，對台股走勢提出個人的盤勢看法。但當時是空頭行情，實在沒什麼好說，閒極無聊，就以我的「不用大腦操盤術」對正處下跌的盤勢，提前預告可以逆勢搶反彈的時機，當時大盤如我預告下跌 2745 點，但依照我的提示去逆勢操作搶反彈，獲利竟然超過 3000 點，於是《產經日報》的讀者，開始注意並關注我的專欄。只是我生性疏懶，加上後來我對每週要寫一篇文章漸感厭倦，又反省自己，操盤手應該要順勢而為，是多頭就做多，空頭就做空，多頭就該早早買好股票，躺著睡覺，靜心等待收割獲利了結時機。空頭就該趁高賣光股票或放空，休息睡覺，等待股市落底，再下手布局。

一個真正優秀的操盤手，根本就不需要天天看盤，日子應該過得既快樂又輕鬆。操盤手的最高境界是，無喜無憂，無多無空，因勢而行，依法而為，不戰而勝，不用大腦，順勢自然，躺著睡覺才對。反省自己這種

逆勢炫技的心態，實在不可取。

　　因此過年後，我央請社長同意，可否讓我以後沒事不要寫，當股市有真正重大的轉折變化時，或有所感覺心得，再來寫文章提醒讀者注意就好，阮社長也同意了。因此之後的幾年，我一年僅有幾篇文章發表，沒想到寫著寫著，開始有人發現，只要史托克一發表文章，台灣股市就會出現大變盤，而且平均都會有 2 千～ 3 千點的漲跌變動，有時甚至 5 ～ 6 千點，最少也有 1 千點左右的震盪，於是不時有人跑到《產經日報》倉庫，翻查史托克過去的歷史文章想要蒐集，報社不勝其煩，於是阮社長提議，讓我把過去曾發表在《產經日報》的全部專欄文章原文，一字不改地集結成書，以饗讀者。他認為這是一本台灣股市的神奇魔法書，加上當時台股正暴跌至 3411 歷史最低檔的位置，我正想藉此提醒投資人台股歷史低點已到，將來再也看不到這個低點了，於是我欣然同意阮社長的提議，由《產經日報》彙集我全部的專欄文章為我出書，也就因此產生了我的第一本著作《台股崩盤啟示錄，發現股市的奧秘》，出版後很快就銷售一空，後來竟然頗為暢銷，還能加印三版，讓我頗感驕傲。而本書《台股錢滾錢操作實錄秘辛》除了將史托克的第一本書《台股崩盤啟示錄》全部內容都收錄其中，並且也把我從 90 年 11 月 19 日台股歷史低點 3411 之後的所有預測操作專欄文章，以及之後史托克後續十幾年的股市操作紀錄全部納入。藉由此書，我希望能夠留給將來有志要學習金融操作的投資大眾，指引大家已經經過三十多年驗證正確無誤，可以成功創富的投資理財方向，幫助他們可以不用再浪費金錢、虛擲時光，有如盲人瞎馬黑夜走懸崖，避免踏

入股市的危險陷阱之中，引領投資人安全直達成功的高速捷徑。

因此本書不但是我個人三十多年操作精準預測經驗的總回顧，也順便記錄了台股這三十多年來的歷史波動全紀錄。人這一生，一定務必要做一些讓自己可以自豪的事，如此生活才會快樂，生命才會精彩。而我做到了！

我很有自信，也自我期許：我不僅能夠幫助一般的上班族、窮苦族、月光族，以及存款不足的人們，即使過去你的投資理財觀念完全是一張白紙，從來沒有過投資股票期貨經驗，也能夠輕鬆學會我無堅不摧、賺取暴利的操盤絕技，精熟以後，也能讓您在五至十年內，輕輕鬆鬆讓自己過上財富自由，享有自由尊榮的生活，提早二十年退休，完全的自由自在，真正的樂享逍遙。

我更期待自己將來能在台灣訓練 100 個索羅斯級的超級操盤高手，訓練完成後將來分派到國外各個國際金融中心，幫助政府靈活善用台灣龐大閒置的外匯存底，在國際金融市場打贏未來的國際金融戰爭，我期待能夠用我的操盤術，為國家創造龐大財富，能讓台灣 2300 萬人民過上快樂幸福的生活。

我是史托克，是最頂尖的操盤手訓練師，我將帶領您找到贏家之路及財富之門，並且給您打開財富之門的鑰匙。

這是一個錢滾錢的時代，每個人都知道理財的重要性，但是真正能懂得為自己規畫理財的投資人則很少，以至於錯失了許多增加財富的機會，在這瞬息萬變的金融領域中，投資工具不斷地推陳出新，如何讓自己學習

到最正確的投資理財觀念，輕鬆做好理財計畫，布局未來投資方向，以降低投資風險，提升投資報酬率，快速達到財富自由的目標，將是未來真心想要脫離貧窮的人們最重要、最必須的學習，只要找到正確的工具，學會正確的技術，最重要的是找到最正確的老師，您的投資績效將會遠遠超越巴菲特。

史托克

史托克給投資者的建言
經過驗證的創富之路

猶太人最古老的智慧箴言，請您切記——

世界上最大的詐騙，就是投資詐騙。

沒有經過長期驗證前，絕對不要相信任何人，

尤其是跟錢、投資有關的事。

生命中有許多的問題與煩惱都源自於——錢賺得不夠多。

現在的社會越來越 M 型化，少數人很有錢，富可敵國；多數人很窮苦，貧無立錐。為什麼社會上很多人都知道也了解投資才能致富，但是終其一生都沒辦法存到足夠投資需要的本金，原因很簡單，人一輩子有些時間點，就是會花大錢，譬如：買車、結婚、生小孩、買房子、退休，都要花大錢，都會用掉當時辛苦積攢、省吃儉用節省下來的存款。

更何況我們的日常生活有著十大重擔，使得很多人的人生不再美麗，想起來就讓人頭皮發麻，造成年輕人的壓力，形成成年人的憂鬱。據報載：台灣有 166 萬的家庭被生活十大重擔壓得喘不過氣來，有些家庭不但存不到錢，還必須倒貼借錢負債過生活，貧窮者的問題就在於，他的錢很難由生活費用變成資本，更沒有資本意識和經營資本的經驗與技巧，所以貧窮者只能一直貧窮下去。

生活十大重擔如下：

- 房租、買房頭期款、房貸、車貸、信用貸款
- 子女教育補習才藝學習費用以及自己的進修學習費用
- 家庭家人～食、衣、住、行、交通、休閒旅遊、戀愛費用
- 全家保險費以及健保勞保費用
- 所得稅及各種房車稅金，包括罰單罰款
- 長官親友之婚喪喜慶、紅包白包聯誼餽贈
- 家庭成員以及父母、生、老、病、殘、死亡費用
- 平時孝親敬老照顧、回饋父母養育之恩的費用
- 失業或退休收入中斷、退休養老儲備金的準備
- 最後就是幫自己送行，辭別人生的最後一筆費用

向世界上的超級有錢人學習如何錢滾錢致富的秘訣

現代許多人都已經懂得這個道理，所以拼命想要學習理財智慧以及理財方法。猶太人有一句最重要的智慧箴言：在沒有經過長期驗證之前，不要相信任何人，尤其是有關錢與投資的事情。大多數人在讀過《富爸爸、窮爸爸》這本書後，都嚮往著成為投資者或成為企業主，擁有自己的事業或者是擁有被動收入。很多人因此走入了直銷傳銷系統，想要靠人拉人、靠組織靠系統，讓自己輕鬆走上致富之路，但做傳銷直銷失敗的人實在是多不勝數，能夠成功的多半是創造傳銷系統者或者是最早加入、走在最前面並且能夠努力堅持的少數人，連因撰寫《富爸爸、窮爸爸》紅極一時撈金無數的作者羅伯特‧清崎最後都苦嚐公司破產、倒閉欠稅的命運。

這件事告訴大家——投資是一件極為重大的事，投資之前你必須謹慎評估，詳細調查，對主事者要聽其言、觀其行，不要人家說什麼你都相信，否則最後會賠光輸光、死得很慘。

世界上的超級有錢人往往都是非常具有投資智慧，眼光高遠精準，能夠抓住趨勢，看到機會來臨，勇於投資下大注，敢於放大槓桿的人。

有錢人致富通常有三大途徑：一、不動產：賺取人口紅利趨勢帶動的經濟成長與通貨膨脹；二、讓自己的公司股票上市：印股票換鈔票，吸收並運用投資大眾的資金；三、創業開公司：做只有你懂，別人都不懂或不太懂的獨佔寡占的行業，但必須注意中小企業處曾經做過一個長期的統計調查，新創公司90％一年會倒閉，前五年的陣亡率更高達99％。創業公司十個創業九個死，沒有倒閉的已經算是很不容易了，能夠不虧錢，還能夠賺錢而且能夠擴展壯大到上市上櫃規模的更是鳳毛麟角。

經常被列入世界富人排行榜第一名的股市之神巴菲特曾發表讓他致富的哲學「雪球理論」。他說他的致富哲學很簡單，首先要有一個雪球，緊接著要找到一個很長的雪道，接下來就很輕鬆了，只要把雪球滾下雪道，雪球就會自動滾出驚天動地的財富。清代的紅頂商人胡雪巖也說過：「窮人翻身靠技（學技術）；富人致富靠勢（懂趨勢）」窮人翻身靠學技術；富人賺大錢靠趨勢；窮人靠薪水年終；有錢人靠的是錢滾錢，有錢人眼光精準，善於觀察掌握趨勢，懂得利用趨勢賺錢，讓錢幫他們工作，讓錢去滾錢達到複利雪球的效果。

投資市場充滿陷阱

許多年輕人深刻了解到若是單單靠上班工作領薪水，長期入不敷出，

勢必陷入貧窮困境。知道自己必須藉由學習投資理財智慧，才能翻越財富自由的高牆，享受自由自在生活無憂的未來。如今隨著投資工具不斷推陳出新地發展，現代人已經不需要像過去的人花費多年時間儲蓄第一桶金，才能開始進行真正的投資。現在只要您具備少少的資金，就能藉著諸如期貨權證這些高槓桿的工具，進入股市期貨外匯金融投資的世界，憑藉著學到的一招半式或者是幸運者就能在短期內以小錢滾大錢，幻想從此享受高報酬高獲利的財富果實。

俗話說：「水能載舟，也能覆舟。」通常好景都不長久，長期而言，這些人多數到最後若沒有具備完整的策略方法紀律，終局還是血本無歸，退出市場，因為他們不懂股市及投資有許許多多的盲點與陷阱，要成為長久的股市投資贏家，要具備許多的條件，諸如：精確的買賣點掌握、完善的資金運用策略、嚴謹的規避風險的技巧、面對各種狀況的進退應對方法。因此許多職場小白兔、股市小肥羊，都會在投入後，一兩年賠光輸光後退出市場，其他少數存活下來且意志堅定的人，仍然要花費多年的時間、可觀的學費，探索成為股市贏家的成功之道，學習鍛鍊克服自己人性的心魔。

筆者史托克在股市研究操盤術已經三十多年了，深知股市投資充滿了不確定性，不論是資深或初學，在踏出每一步時，都必須有如履薄冰地審慎，第一步踏對了、踏穩了，才能繼續走第二步，有如摸著石頭過河一般，因為不知道河的深淺暗流，所以必須做好維護安全的所有準備，操盤人絕不能心存僥倖，刻意忽視了危險的徵兆，否則財富遲早會被股市不測的風險所淹沒。

如何正確地開始學習投資理財？

巴菲特曾在富比士雜誌上寫道：未來從來不明確，你付出極高代價投入股市，只為買一個讓人心安理得的共識，長期價值投資的買家一向是與不確定性為伍。

的確，股市的確有許多不可測的因素，因此數百年來有無數智慧超群的學者專家運用各種統計數據、經濟模型、迴歸分析，甚至動用了超級電腦，希望找出股票市場漲跌變動的成因及模式，結果通通失敗了，只好說股市漲漲跌跌有如蝴蝶飛行是隨機漫步，沒有一定的軌跡方向，通常人們只能隨著股市的變動，自行找尋趨吉避凶的方法，因此有人就總體面，有人就產業面，有人就資金面，有人就獲利面，有人就籌碼面，有人就技術面，從各種不同的面向角度切入，以種種的方法想要用來預測股市的漲跌。但長期研究下來仍然績效不彰，股市始終有如黑暗迷宮，裡面還有眾多的妖魔鬼怪、兇猛野獸，最後總是受傷慘賠、落寞退場。

筆者是老莊信徒，這幾十年來想法總是特立獨行與眾不同，一直秉持著「大道至簡」的精神，單純地認為股市許多的學理大多是雜音與陷阱，事實的真理是，股市漲跌完全取決於資金與信心，當人們有了信心，股市就有了支撐，股價就不會再下跌，當人們有了信心又有資金，股市只要一回檔，資金就會積極買進，股價就會節節高漲，台灣加權股價指數就是本尊，是所有經濟訊息的超級領先指標，所以不要捨本逐末，不用花費那麼多的心神，去追逐影子的幻象，否則很容易被陰謀者刻意誤導，聲東擊西，上沖下洗，老是讓人陷入無法自拔的錯誤陷阱之中。

史托克長期研究股市，想告訴大家，學投資理財，應該從藝術、美學、力學、韻律、基因，尤其是人性去著手研究，有一天你終會恍然大悟，

原來股價的變動竟是這麼有韻律，這麼有節奏，這麼有次序，這麼樣的完美。了解到股市的趨勢變動只有三種：不外乎漲、跌、盤。學會史托克的操盤術，就能輕鬆看懂趨勢，看對了趨勢，自然就能掌握支撐與壓力，看得懂支撐壓力，自然就能夠精準地掌握買點賣點，並且正確地設立停損點、停利點，就能高枕無憂地從股市期貨投資中獲取暴利。

大家要了解，趨勢一旦形成，短期內就不會改變，因此就會產生慣性韻律的波動，最少都會持續好幾個月，甚至持續數年之久（以美國為例，多頭趨勢就已經進行了八年多了）股市期貨的超級高手，就可以在低檔買滿買好後躺著睡覺，或在其中加碼買進或高出低進，就能獲取驚人的利益與報酬，操盤手若能再加上善用期貨權證等高槓桿工具，一年的報酬率100%根本是小兒科。正確地說年獲利超過1000%～2000%都有可能，都不算誇張。

學習最正確的投資理財智慧，脫離貧窮，獲得財富自由

筆者曾任職於法人機構壽險投資部擔任資深研究主管職務，個人在股票以及期貨金融市場有超過三十年的法人理財投資經驗與資歷，初期十年在壽險公司投資部操盤室，經過十年的韜光養晦修練後，因緣際會在1995年開始以「STOCK 史托克」為筆名，在當時的第二大股市專業報紙《產經日報》（僅次於第一名的《財訊快報》）阮浩然社長盛情邀請下，為我開闢了「壽險看盤」專欄，讓我隨時可以發表對當時股市的看法，隨後將近二十多年的時間裡，我寫下了113篇文章，超過20次以上白紙黑字的紀錄，精準預測台灣股市歷史高低點的紀錄，創下了前無古人，後人難追的台灣股市歷史傳奇紀錄。

當時的《產經日報》阮社長對於我能夠長期精準預測股市的能力，深感震撼與驚奇，在民國 2001 年 10 月應讀者要求，並徵得我同意後，蒐集我過去十多年在「壽險看盤」專欄所發表的全部文章，為我出版了一本書名為《台股崩盤啟示錄——發現股市的奧秘》，隨後不久因為證券市場熱度逐漸不再，證券公司提供網路免費軟體興起，專業報紙難以生存，個人也就此停筆，不在報紙上發表股市看法，漸漸淡出股票市場，僅偶爾心血來潮時，對我參加多年的社團「中華華人講師聯盟」的老師們發表當時我對股市的看法與預測。

後來《台股漲跌精準預測實錄秘辛》能出版，實屬機緣湊巧，93 年 7 月 7 日當時台股漲到了 9550，我（史托克）看到了台股又達到一個重要的多頭滿足點，加上 7 月 7 日又是我大腸癌手術三周年的紀念日，很接近我 7 月 10 日的生日，於是想到應該要舉辦一場演講慶祝——講題：一年要賺 100% 其實很容易，創造財富自由的夢幻操盤術。

很多以前的學生知道我要演講都跑來看我（史托克過去 20 年，大約一年只辦一場演講。老子說：「知者不言」因為股市沒什麼事，又何必多言）我沒有想到的是，這次演講，除了我最敬愛的梁修昆會長（是我參加的社團，中華華人講師聯盟的前理事長，現任中華社團領袖聯合總會理事長，史托克也是現任理事。）也來了，更驚喜的是，在華人出版界赫赫有名、出版過二百多本暢銷作品，享譽國際的亞洲八大名師首席王擎天博士竟也親臨會場，讓我大感意外。

通常來聽我演講的人都知道，我不會沒事辦演講，一定是股市將有什麼大變化，所以通常一年平均大約只有一場演講，中間更有將近八～九年隱居不出，不曾對外發表過文章或演講，而我辦演講的目的，除了想提醒

有緣者，台股會有一波大殺盤，希望能幫助一些可憐無助的投資人要懂得避開外，其次就是再給自己留下一些有人證或有物證的歷史光榮紀錄（這20年來有聽我演講的人證及有白紙黑字物證的紀錄，證明史托克抓到歷史高低點的紀錄已不下20次）。果然，台股在我那次演講後，隨即快速跌掉1000點，讓許多人措手不及，那次王博士親自來聽演講，親眼目睹史托克本人跟過去學生真誠的互動，更見證了我再一次的精準預測。

王擎天博士很高興地對我說，其實他很年輕就投資股市，對史托克這名字非常尊崇，說是我的忠實讀者，非常關注我的文章，每一篇文章都曾拜讀過，他說他雖然不是我的學生，但他長期觀察我十幾年，認為我對股市的預測的準確率幾乎達到100%（我只承認95%），也拿我跟其他名師比較過，發現實在無人能夠做到，只是我失蹤已久，這次又看到了史托克這個名字，所以他特地跑來聽我演講，只是想再親自確認一次是不是我，並驗證是否仍然神準如昔，果然沒讓他失望。

因此他要力邀我能將我過去在股市的所有紀錄及成功的經驗或方法整理出來，他要幫我出版成書，王博士還希望我能加入他創辦的王道增智會，一起努力幫助徬徨迷失的台灣年輕人，幫他們找出創富之路，教導這一代的年輕人，如何能夠在投資這條路上，走得安全又順利，不要老是重蹈覆轍，不斷地走錯路，走到冤枉路賠錢路，深陷貧窮困境的老路。

在2014年4月台股漲到10014最高點時，王博士的創見文化出版社出版了我的新書《台股漲跌精準預測實錄秘辛》，書中的最後一篇文章我提出預測警告，指出台股上萬點已經達到我半年前預測的最高點目標，並指出2014年下半年世界股市及台股將很兇險，果然在書出版後，台股及國際股市開始暴跌。台股在三個多月的期間暴跌了近三千點。

本書是該書的最新改版，更多精彩預測可以詳見本書，例如 304 頁 2011 年 09 月 05 日預測黃金 1920 美元將是歷史最高點。例如 313 頁預測台股 10014 將會大崩盤 2015 下半年世界股市很兇險。若您想了解更多史托克操盤術的內容或上課資訊您可以 FB 搜尋「王證貴」或 FB 搜尋「STOCK 史托克操盤術研究訓練中心」。

為什麼很多人投資股票期貨或金融商品結果總是賠錢？

過去人們投資為何會經常失敗，總結原因：不外觀念錯誤、工具錯誤、方法錯誤、資金策略錯誤，又老是被電視媒體不斷誤導，以至於投資最後總是以失敗收場。

總歸一句話就是，人們總是搞錯了重點，弄錯了方向，所以投資之路老是迷途迷航，輸光慘賠。尤其是過度相信報章雜誌，不知道報章雜誌的內容，往往充斥了許多炒作者或有心人士配合媒體記者，刻意誤導誘引投資大眾，讓大家逐步失去理智思考，不知不覺踏入投資的陷阱之中，最後慘遭陷害屠殺。

這也是為什麼很多人每天很努力想學習投資理財，看了許多跟經濟產業相關的報紙，訂閱了無數的理財周刊雜誌，投資仍然是一籌莫展，結果依然是虧損賠錢。「知識就是力量」這句話大家都耳熟能詳，但處於資訊爆炸的時代，全世界每天都有數千數萬則重大的訊息，國際股市此漲彼跌，詭譎莫測，時間永遠不夠，睡眠永遠不足，理論方法成千上萬根本學不完，那麼努力拚搏的結果，到最後還是一場空。

我在過去演講或上課時，不斷強調投資其實是很輕鬆的，賺錢真的是很容易的。股票市場沒有什麼大學問，股市不外資金與信心這兩個重點，

有信心支撐就有守；有資金進場，股市就會漲。除此之外，所有的新聞資訊法人進出名嘴看法 我都稱之為雜音，操盤手的心中只有幾個重點：1. 支撐壓力；2. 買點賣點；3. 停損停利策略；4. 資金策略。接著就是要做到最困難的三件事：1. 不看盤；2. 不用大腦；3. 躺著睡覺賺大波段。不要以為這三件事很簡單，其實真的很困難，若沒有名師指點，刻意練習，要不用大腦、躺著睡覺是很有難度的。

要選擇何種投資工具能讓我快速錢滾錢累積財富？

過去我在法人機構接觸過許多的金融商品以及投資工具，三十多年的經驗下來，我要告訴大家，眾多金融商品我認為最好的投資工具，排名第一的是——指數期貨。尤其是台指期貨（台灣加權股價指數期貨）。

為何我會選擇操作指數期貨，因為操作指數期貨好處多多，快樂又輕鬆，正確精準的操作方法，搭配最嚴謹的停損停利策略以及最保守、最安全的資金策略， 經過我長期的驗證，能夠幫助投資人以最快的速度，達成財富自由的人生終極目標，選擇的詳細原因如下：

1. 不怕產業公司不景氣，股市永遠在。多頭就做多，空頭可做空。
2. 只要拿出少少的錢，就可以以小博大，不必一桶金，不用花大錢。
3. 不用低頭向人借錢或向銀行融資貸款，只要付保證金，還免利息。
4. 只花股票 1/22 ～ 1/25 的錢，相較股票，省下很多的交易手續費及稅金。
5. 不用為了研究個股、產業、業績、財報傷腦筋，不必擔心買到地雷股。
6. 不用聽消息、看報告、看新聞、看電視、看美盤，高枕無憂好睡眠。

7. 隨時打開電視新聞或網路都可以看到盤，只要單純看漲跌就好。

8. 在家上班出國旅遊都能賺，照顧病人或自己躺在病床上也能賺。

9. 不用夫妻兩岸相隔，不必離鄉背井，閒閒宅在家，一樣能賺大錢。

10. 有手機網路就搞定，不必開店，免請員工，不用管人，不用管事。

11. 有賺到錢不必賣掉，只要帳上有獲利就能再加碼，複利滾雪球。

12. 一年投報率不是 3% ～ 5%，不是 30% ～ 50%，而是最少 200% 起跳。

13. 不用看盤盯盤，隨時都可以下單，可自由選擇長期投資。

14. 買點賣點停損掌握好，賺錢好輕鬆，財富自由，逍遙人間。

台股指數期貨的賺賠計算與槓桿倍數

◎ 首先期貨工具本身的槓桿很大，所謂的「台指期貨」就是每天電視財經新聞都有報導的「台灣加權股價指數」所衍生出的金融商品。台灣加權股價指期貨屬於指數期貨商品，又分為大台指期貨及小台指期貨，簡稱「大台指」、「小台指」，期貨交易都是保證金交易。

◎ 大台指期賺賠計算：當台灣加權股價指數漲 1 點，買大台指期等於賺 200 元，一點代表 200 元。若加權股價指數跌一點，買大台指期等於賠 200 元。大台指一口（一張或一個單位）保證金約 8 萬（8.3 萬），以買大台指 8 萬元台幣保證金為例：大盤漲 400 點 X 200 元＝ 8 萬元，約等於獲利 100%。

◎ 小台指期賺賠計算：當台灣加權股價指數漲 1 點，買小台指期等於賺 50 元，一點代表 50 元，若加權股價指數跌一點，買小台指期等於賠 50 元。小台指一口（一張或一個單位）保證金 2 萬元，以買小台指 2 萬元台幣保證金為例：大盤漲 400 點 X 50 元＝ 2 萬元，等

於獲利 100%。

◎ 用 8 萬元買股票或用 8 萬買大台指期，槓桿倍數與投資報酬率差別：

若是拿 8 萬元台幣買股票，若股票漲停板（10%）可以賺到 8000 元

若用 8 萬元台幣買大台指期貨假設現在 10000 點也漲了 10%，可以賺到 1000 點 X 200 元 = 20 萬元 。

以期貨獲利 20 萬 / 股票獲利 8 千元 = 25 倍的槓桿倍數

◎ 期貨槓桿因為比股票大，賺賠也比股票多很多。開始練習建議先玩小台指，指數期貨又可細分為：台指期貨指數、電子期貨指數、金融期貨指數。

另外因為槓桿大，買賣點一定要非常精準，也一定要設好停損停利，並且要嚴格執行，還要搭配資金以及操作策略。奉勸沒有學過操盤術的投資人最好不要進股市，當然更千萬不要玩期貨，否則很容易成為主力作手的砲灰，成為股市期貨高手的養分。

想快速變成有錢人，要學習什麼？ 贏的策略是什麼？

過去我在演講時，常會放上幾張表格，讓投資人了解我操盤術複利的驚人威力。以下圖為例：統計過去近 60 年台灣加權股價指數，一個攻擊小波的平均漲幅

約為 500 點～ 700 點，取平均數 600 點為例，假設僅僅買進一口（張）台指期契約（約花費 8 萬元）若能掌握每波低檔買進高檔賣出的機會十次，以複利方式計算，獲利的數字將達到 6.25 億元這個天文數字。若以保守掐頭去尾，每波獲利 400 點計算， 用利滾利的投資方式， 掌握十次波段獲利機會，可獲利 8192 萬（**如表二**）。即使碰上了盤整格局或牛皮行情，也絕對會有 200 點獲利，掌握十次小小波段，可獲利 376 萬（**如表三**）。

你沒有看錯！但更令人振奮的事情，不只是如此而已。僅僅 8 萬元利滾利的投資，這可能只是一年的投資報酬率，因為以我所傳授的操盤術，台灣股市長期統計，一年大約有 8 次～ 12 次這種波段的機會，只要你學會並善加利用，未來年投資報酬率 20％你根本不會放在眼裡，保守的年報酬率往往是 200％起跳，甚至是 2000％以上。

▼ 表一以投入本金 8 萬元買一口（一張）大台指期貨，每波賺 600 點為例。

漲跌點	本金	獲利 600 點 150%（1 點 200 元）	本利合
600 點	8 萬 1 口	600 X 200 X 1 = 12 萬	20 萬
1200 點	20 萬 2 口	600 X 200 X 2 = 24 萬	44 萬
1800 點	44 萬 5 口	600 X 200 X 5 = 60 萬	104 萬
2400 點	104 萬 13 口	600 X 200 X 13 = 156 萬	260 萬
3000 點	260 萬 32 口	600 X 200 X 32 = 384 萬	644 萬
3600 點	644 萬 80 口	600 X 200 X 80 = 960 萬	1604 萬
4200 點	1604 萬 200 口	600 X 200 X 200 = 2400 萬	4004 萬
4800 點	4004 萬 500 口	600 X 200 X 500 = 6000 萬	10004 萬
5400 點	1004 萬 1250 口	600 X 200 X 1250 = 1.5 億	25004 萬
6000 點	2500 萬 3125 口	600 X 200 X 3125 = 3.75 億	62504 萬

▼ 表二以投入本金 8 萬元買一口（一張）大台指期貨，每波賺 400 點為例。

漲跌點	本金	獲利 400 點 100%（1 點 200 元）	本利合
400 點	8 萬 1 口	400 X 200 X 1 = 8 萬	16 萬

800 點	16 萬 2 口	400 X 200 X 2 = 16 萬	32 萬
1200 點	32 萬 4 口	400 X 200 X 4 = 32 萬	64 萬
1600 點	64 萬 8 口	400 X 200 X 8 = 64 萬	128 萬
2000 點	128 萬 16 口	400 X 200 X 16 = 128 萬	256 萬
2400 點	256 萬 32 口	400 X 200 X 32 = 256 萬	512 萬
2800 點	512 萬 64 口	400 X 200 X 64 = 512 萬	1024 萬
3200 點	1024 萬 128 口	400 X 200 X 128 = 1024 萬	2048 萬
3600 點	2048 萬 256 口	400 X 200 X 256 = 2048 萬	4096 萬 YW
4000 點	4096 萬 512 口	400 X 200 X 512 = 4096 萬	8192 萬 YF

▼ 表三以投入本金 8 萬元買一口（一張）大台指期貨，每波賺 200 點為例。

漲跌點	本金	獲利 200 點 50%（1 點 200 元）	本利合
200 點	8 萬 1 口	200 X 200 X 1 = 4 萬	12 萬
400 點	12 萬 1 口	200 X 200 X 1 = 4 萬	16 萬
600 點	16 萬 2 口	200 X 200 X 2 = 8 萬	24 萬
800 點	24 萬 3 口	200 X 200 X 3 = 12 萬	36 萬
1000 點	36 萬 4 口	200 X 200 X 4 = 16 萬	52 萬
1200 點	52 萬 6 口	200 X 200 X 6 = 24 萬	76 萬
1400 點	76 萬 9 口	200 X 200 X 9 = 36 萬	112 萬
1600 點	112 萬 14 口	200 X 200 X 14 = 52 萬	168 萬
1800 點	168 萬 21 口	200 X 200 X 21 = 84 萬	252 萬
2000 點	252 萬 31 口	200 X 200 X 31 = 124 萬	376 萬

贏家之路及財富之門的鑰匙

　　想要最快速獲得財富自由的人們，想要提早二十年退休享受生命的人們，請務必來找我，來認識我，來了解我的課程，我將會傾囊傳授給您我的操盤絕技：

股市賺錢絕學 3 套秘笈（每年 4 月及 9 月開課一班，敬請把握！）

賺取暴利操盤術 · 飆漲暴跌操盤術 · 逆天行道操盤術

史上 C/P 值最高，學到就是賺到，再也不用為錢事煩惱！

★★ 史托克賺取暴利操盤術課程效能簡介 ★★
（繳費後第一堂可試聽，不滿意無條件退費）

★賺取暴利操盤術： 台指期每次出手至少 50％起跳，平均 150％，每年平均約有 10 次出手機會，多頭買進一定低點，空頭賣出一定是高點，故史托克稱之為「賺取暴利操盤術」。

★漲暴跌操盤術： 主升段一定要賺到，主跌段一定要逃掉。掌握到主升段或主跌段的買賣點出手，常能賺到 300％～500％以上的暴利，根本不用看盤，躺著睡覺，只要少少的錢，小小的雪球加上長長的雪道，就能滾出巨大的財富。

★逆天行道操盤術： 量、價、支撐壓力，必須三位一體同步觀察，只要能了解量價波動的韻律，就能幫助您抓取完美的買賣點，使您的獲利及戰果，擴大到最極致的境界。

開課日期：每年 4 月及每年 9 月，台北開課，兩日課程（星期六日上午及下午）

預約上課：請 Email 報名：stock.wang@yahoo.com.tw 王證貴（史托克 STOCK）

課程洽詢：請搜尋 FB：STOCK 史托克操盤術研究訓練中心或 FB：王證貴

報名限制：本課程僅收個人投資者，拒收外資投信投顧證券期貨操作軟體業者以及以投資理財教學或代公司及私人操盤及有對外提供金融資訊諮詢收取訓練服務費用之人士。上課學員必須簽約保證不外傳，若有違約外傳或隱瞞以上限制身分者，需繳付不低於新台幣 5000 萬之違約罰金。

CONTENTS
How To Make Money In Stocks 目錄

第 1 章 · 不用大腦操盤術
——短波逆勢操盤術之示範

第2章 · 躺著睡覺操盤術
——長波逆勢操盤術之示範

第**3**章 · 台灣股市最高機密
──完美理論與操盤術

第 **4** 章 · 操盤手啟示錄

附錄

為何史托克老師最夠資格教你股市投資
白紙黑字、驚天動地的世界紀錄，誰能做到——

創造記錄 挑戰極限

史托克20場經典預測演講

	日期	講題	預測
1	84 年 06 月 15 日	登峰造極操盤術	歷史轉折大破解
2	84 年 10 月 12 日	上帝之手操盤術	4474 大買點
3	86 年 03 月 14 日	躺著睡覺操盤術	8599 大崩盤
4	86 年 09 月 19 日	百戰百勝操盤術	10256 大崩盤
5	86 年 11 月 14 日	隨心所欲操盤術	7040 大買點
6	87 年 02 月 20 日	趨吉避凶操盤術	9378 大崩盤
7	87 年 08 月 29 日	睡以待幣操盤術	6219 大買點
8	88 年 02 月 05 日	股市鍊金術點金棒	5422 大買點
9	88 年 03 月 09 日	台灣股市最高機密	飆股精碟之發現
10	90 年 10 月 13 日	大底的測量方法	3415 大買點
11	91 年 04 月 13 日	操盤手特訓班上課	6484 大崩盤
12	91 年 10 月 28 日	產經日報專欄發表	3845 大買點
13	92 年 01 月 24 日	超級量價崩盤指標	5141 大賣點
14	92 年 03 月 14 日	SARS 恐慌買好睡覺	4044 大買點
15	93 年 03 月 15 日	台灣股市會崩盤嗎？	7135 大崩盤
16	93 年 08 月 05 日	崩盤是天上掉下禮物	5255 大買點
17	100 年 09 月 05 日	預測黃金歷史最高	1920 美元大崩盤
18	104 年 04 月 27 日	隨便比比操盤術	10014 大崩盤
19	107 年 02 月 03 日	錢滾錢最高境界	11270 大崩盤
20	107 年 02 月 03 日	隨便畫畫操盤術	26616 美股崩盤

讀者閱讀此書請對照台股加權指數圖

史托克的操盤術 VS 台股指數對照圖

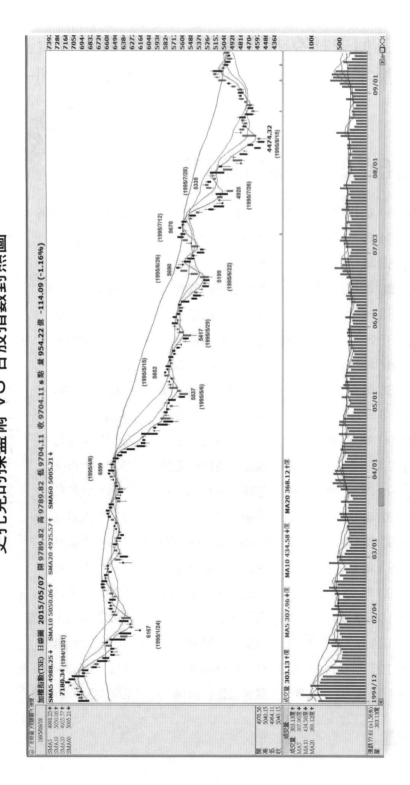

讀者閱讀此書請對照台股加權指數圖

史托克的操盤術 VS 台股指數對照圖

完成三角整理

展開兩年大多頭行情

從4692大漲至10256

1996/2/26 提示4474是歷史最低點

037

讀者閱讀此書請對照 台股加權指數 圖

史托克的操盤術 VS 台股指數對照圖

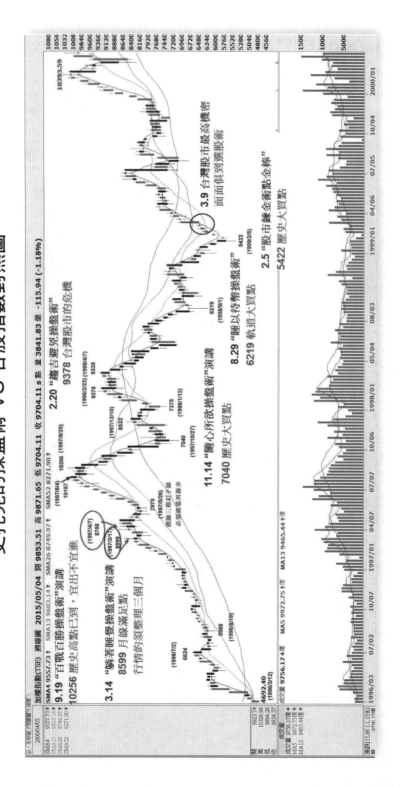

読者閲讀此書請對照 台股加權指數 圖

史托克的操盤術 VS 台股指數對照圖

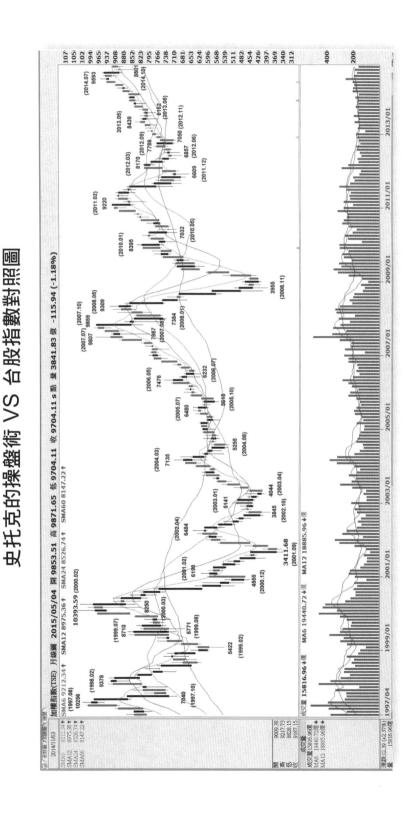

讀者閱讀此書請對照台股加權指數圖

史托克的操盤術 VS 台股指數對照圖

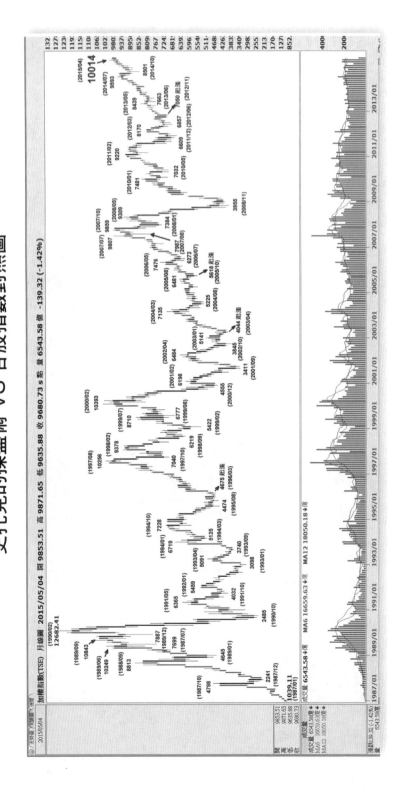

040

第 **1** 章

不用大腦
操盤術

>>>

短波逆勢操盤術之示範

Stocks

How To Make Money In Stocks

當船要沈時，
不要禱告，趕快跳船

財訊快報 84.4.15（五）

數百年來有多少智慧超群的學者專家，運用各種統計數據、經濟模型、迴歸分析，甚至動用了超級電腦，希望找出股票市場漲跌變動的成因及模式，結果通通失敗了。

若是他們能從藝術、美學、力學、韻律、基因，尤其是人性去著手研究，將會恍然大悟，原來**股價的變動竟是這麼有節奏，這麼有韻律，這麼有秩序，這麼樣的完美，而且幾乎是絕對的完美，令人忍不住讚嘆造物者的鬼斧神工，又為人性的標準錯誤模式感到悲哀。**

依筆者研究觀察的結果，要推翻股市所謂的「隨機漫步理論」、「蝴蝶理論」重新挽回投資人的信心，為投資專業人員找回尊嚴，應是輕而易舉的。

股市的奧祕：當船要沈時，趕快跳船

筆者所知有五十幾套的操作技法可在股市中獲取暴利，但真正能顯露股價變動的絕對完美首推「波浪理論」。「波浪理論」在技術分析十大範疇內提到四樣，即：「型態」、「比例」、「時間」、「成交量」。「型態」方面僅簡略提到幾個型態的辨別方法，而「比例」方面則僅輕描淡寫提到費波南希的幾個數字，對於「時間」、「成交量」更是語焉不

詳，筆者感覺保留太多，這也許是個人的貪念作祟，祕技自珍的結果，造成後學者好像瞎子摸象，於是大家八仙過海，各顯神通，亂用一通的結果，不免又讓「隨機漫步論者」打擊恥笑，引為笑柄。可見外國人跟中國人都一樣，「好東西自己享，壞東西丟出牆」。

發現波浪理論的人絕對是個天才，但要了解且能正確的研判波浪的也要是一個天才。可惜我們大多數人都不是天才，也都會犯錯，但為了替技術分析者找回自尊，我願意拋磚引玉，提出自己的一點心得。那就是**台灣股市近三十年來每一個關鍵高低點、轉折點，幾乎都可以百分之百在月線上或週線上或日線顯現出絕對的完美性。由歷史每一個高低點來看，不管是514—188—688—421—969—636—4673—2241—8813—4645—12682—2485—6365—3098—6719—7228，都是如此完美的滿足後結束空頭或多頭，甚至連中波小波的高低點也幾乎都是完美的顯現，這種例證成百上千，絕對可以輕易推翻「隨機漫步論」者之論點。**

舉最近的例子，7228 就是一個完美滿足點，在月線上 7228 是 3098 到 5091 的 1.618 完美滿足點，週線上 7228 是 12682 到 2485 的反彈 0.618 完美滿足點，是 6719 到 5125 的 1.618 完美滿足點，是 5125 到 6153 的完美滿足點，尤其是日線上 **7228 是 2485 到 6365 的 1.618 完美滿足點，而且全部都是一點都不差的完美滿足點。並且是型態滿足、幅度滿足、時間滿足、比例滿足。通常統計上這種重大滿足點一旦出現，股價通常至少要整理或盤跌 11～13 個月之久。目前三角整理近期即將結束，主跌段即將開始，未來低點應在 5500 點以下。**記住「當船要沈的時候，不要禱告，趕快跳船。」目前正值法人滿手股票，一致看好四、五月行情之際，若股價如我所言反向而行，只希望能替技術分析者找回一點地位及公道。

發表

　　史托克首次投稿財訊快報標題為「當船要沈時，不要禱告，趕快跳船」，發表台灣股市近三十年來，每一個歷史多空關鍵高低點、轉折點，幾乎都可以在線圖上，顯現絕對的完美性，並指出 7228 正是完美點，將大跌 11 到 13 個月，主跌段正要開始，不要禱告，趕快跳船，這正是股市的奧祕。

實證

　　大盤指數由 7228 跌至 4474，大跌 11 個月，跌幅 2754 點，此後史托克在產經日報 10 年的時間，在每個歷史多空完美點，共舉辦過 20 場操盤術演講，完美預告歷史的崩盤及大底起漲點，驗證自然法則的神蹟及史托克操盤術的強大威力。

　　從 84 年發表第一篇文章後，至今又已二十年了，史托克辦演講以操盤術宣告股市的高低點，已不下 20 次紀錄，創下前無古人，後無來者的紀錄。足以讓史托克自豪一輩子了。

002

群眾永遠是錯的， 贏家必定與眾不同

 財訊快報 84.4.19（三）

「當船要沈的時候，不要禱告，趕快跳船。」您跳了嗎？從 4 月 13 日完稿到今天 4 月 19 日竟然下跌了近 500 點，跌得鼻青臉腫，頭昏腦脹，法人投信自營商分析師大都看錯了，又是一次人性的標準錯誤模式。再次的證明了一句股市名言「**群眾永遠是錯的，要成為贏家必須遠離群眾，而且必須與眾不同。**」

我喜歡躲起來做快樂的操盤手，不願曝光做痛苦的分析師，因為分析師應該是神，不應該是人，除了 IQ 記性要好，口才要好，文筆要好，知識要博，每天看七、八份專業報紙，要精讀筆記二、三十篇專論，搜集整理各家公開發行上市公司營運資料，隨時注意國內外政治經濟、利率匯率、營收盈餘、成長衰退、EPS 本益比、原料價格、產業興衰，桌上放滿了各種報告傳真，電腦充斥著無盡的圖型，電話不斷都是詢問行情討論明牌，每天都要猜今天大盤個股會漲會跌，要盯行情，要開會寫報告，睡眠不足、缺乏運動、血壓偏高、腸胃潰瘍，看錯行情還要被投資人辱罵。所以請不要怪分析師，**因為分析師是人，不是神，錯在你把他當神。**

 ## 金融股將接受嚴酷磨難

我曾在三年多前參加過財訊的產業研習班，課後我向主筆室請教台

灣金融股之未來。**當時史托克就認定台灣愈積極開放金融市場，則金融股的高股價時代將愈快崩潰，檢討其原因乃是：**

1. 開放就是代表暴利的結束，以往的壟斷利益將逐漸消失。新銀行的成員大都是知名企業上市公司，原本是老銀行的大客戶，如今大客戶都自己開銀行了，生意少了不說，還要一起搶客戶，一塊大餅馬上變成了四分之一，再加上信合社、信託公司，甚或連郵局也要參一腳搶生意。

2. 台灣要加入 GATT 成為區域金融中心，必須大量開放外商來台設立分行，且至少要比照香港、新加坡設立 200 家以上分行，對所有銀行而言都將有一場苦戰。再加上國外銀行進來後，投資人將發現外國銀行本益比竟然很少超過十倍，到時金融股可能必須向下比價了。

3. 存放款利差將因競爭激烈而逐漸縮水，且人事、土地、軟硬體成本高漲，利潤將再縮減，未來必須有能力靠開發新的金融商品、擴展新的服務事項，以爭取吸引客戶並賺取手續費成為獲利主流。

4. 籌措資金管道多元化，大企業已能靈活運用發行 TDR、海外公司債、票券等方式籌措便宜資金，向銀行貸款依存度已大幅降低，未來還有國內外證券投顧加入戰場成為投資銀行搶生意。

5. 以往金融業之所以光輝耀眼，主要依賴土地及證券收益，但隨著泡沫經濟的結束，土地證券已漸無暴利可圖，再加上目前三商銀股本都已上百億，獲利情況大不如前，未來再二股配一股的機會不大，即使如此，獲利也將遭嚴重稀釋，因此配現金的比例將愈來愈高，如此則股價也將再向下調整。

6. 目前金融市場匯率、利率、股價、金融衍生商品，波動激烈，數家具有數十年操作國際金融商品經驗的外國銀行都不免馬失前蹄，中箭倒地。何況台灣的銀行尚處生嫩的學習階段，只要出幾個小李森，用保證金

交易，又搞錯了方向，說不定不到一個月就可以把整家銀行埋葬了。

　　7. 銀行因為競爭激烈，貸放目標只好轉向中小企業，而台灣中小企業因生存空間愈來愈小，相對風險也愈來愈大，逾放比率也會逐漸上升，加上官股也將釋出，以後賣的人多，買的人少。也就是因為這些原因，外商、新投信對金融股幾乎是不屑一顧的，持股是微乎其微，這是最聰明的決定，這也是我為何看壞今年股市六十多個理由的其中一個重要原因。**三商銀破百元將是指日可待的。**

Stock's Prediction

發表

　　投稿財訊快報標題「金融股將接受嚴酷磨難」，金融股未來將利空不斷，高股價時代將會崩潰結束。

實證

　　三商銀在 7228 時，股價約 200 元，時至今日最低竟跌到 13 元。

啟示

　　為什麼？為什麼？為什麼？操盤手應以歷史為師，不斷的問自己為什麼？為什麼國壽由 60 元漲到 1850 元？又為什麼由 1850 元跌到 29 元？為什麼台鳳由 21 元漲到 570 元？又為什麼由 570 元到現在下市歸零？什麼是假象？什麼是價值？值得您好好研究。

003 含淚播種者，必含笑收割

NEWS 產經日報 84.5.8（一）

　　操盤手心法之一「**絕對不要去預測高低點，絕對不要把自己當作神。**」若是我不知道完美滿足點，我一定依照操盤策略，甚或採用「躺著睡覺操盤術」等待空頭結束再進場，但就因為我知道股市有這種完美的特性，而且也曾拿美國、日本、泰國股市來印證也是一樣適用，日本四大券商有幾位友人知道。早在去年我就以「完美滿足點」告訴他們日本股市將下跌到 1 萬 6000 點以下，也告訴他們 1 萬 5500 點是日本的底部，不是大底至少也是中期底。也曾告訴他們 7228 是台灣的完美滿足點，事後也真獲得驗證。我當然感到無比的虛榮，因為有一種「神」的感覺。

　　人有追求完美的特質，想要完美的掌握每一個高低點是操盤手最大的誘惑，其實這就是操盤手最大的心障，**操盤手的最高境界應是「無喜無憂，無多無空，因勢而行，依法而為。」**

　　「完美滿足點」或許是一種神蹟，但它將以何種形式來完成，經驗不足者是很難預測的，尤其遇到不理性的空頭市場，預測難度更高。**操盤術分為兩類，一類為「預測」，是依據 30 年的統計為基礎，但那難免會錯。另一類為「順勢」，放下當神的意念則輕鬆自在，兩者交互運用，互補長短，並減少錯誤機率。**

　　上次預測 5667 是日線滿足點，會反彈一波後再跌到 5500，沒想到

竟採取快跌方式，直接來探 5500 點原先預測的空頭第一道支撐，**我個人看法 5500 加減 50 點應是適當的買點**，原因是：

1. 5667 只反彈 230 點未曾製造下跌空間，依「壓縮理論」，會縮短下跌時間，製造出上漲空間。

2. 過去 10 年這種情形都產生「最佳買點的，而「最佳買點」一年往往只有一、二次。

3. 「時空變盤日」應出現在 5/8 或 5/7。

4. 依「補空原理」反彈應看到 5900 加減 50 點。

5. 已出現三個跳空缺口，底部已近。

6. 週線已連五黑乖離已大。

7. 統計過去 30 年指標有 10 次類似情況，有二次反彈 2 ～ 3 週，有五次反彈 5 ～ 8 週，有三次反彈 15 ～ 16 週，而沒有反彈的情形機率是零。

8. 5480 附近分別有月線及週線的「完美滿足點」。

9. 若星期六跌破 5479 則「五行變換黃金線」又將出現買訊至少也有 250 點反彈。

10. 風險與利潤之比為 1 比 9。

Stock's
Prediction

執筆

　　應產經日報之邀，執筆「人壽看盤」專欄，史托克開始以獨創的「不用大腦操盤術」利用股市自然法則之韻律、節奏，在空頭市場逆勢而為，替讀者抓取空頭市場的每一小波多頭反彈買點，以白紙黑字的文章證明史托克操盤術之神奇。

發表

　　「不用大腦操盤術」第一個買點，提示 5500 加減 50 點買進，5 月 15 日預告 5900 加減 50 點賣出。

實證

　　當時最低點為 5537，反彈到 5852 點。

004 ｜ 天大地大，趨勢最大

 產經日報 84.5.15（一）

　　5537 果然反彈，我要告訴各位這不是算命，完全是根據統計學，是很辛苦的畫出台灣 30 年的歷史圖型，技術指標所得出之結論。所謂「技術分析」其實也就是一種科學的統計，統計的就是「人性」，我做 30 年的統計，就是要把例外的情況找出來，把錯誤減到最小，再以多種操盤術精算勝負比例、風險比例，所有的動作皆是謀定而後動的。

　　操盤手就是依據這些統計做買進賣出之動作，當進則進，當退則退，並且要在每個有 8 ～ 9 成把握的買賣點勇敢進場，以免錯失買到底部的機會，操盤手一旦錯失買賣點就會陷入「追高怕套，不買怕上」的窘境。當然也會有錯的時候，則應依操盤手心法「一擊不中，全身而退，寧可錯殺，絕不套牢」。

　　這幾日再詳細審視圖形，有些隱憂一直揮之不去：（1）為這幾天上漲呈現量價背離。（2）為週線 3098 ～ 3740 原始上升趨勢線已正式跌破。（3）為均線剛呈現炸彈開花。（4）為下跌軌道已成型空市確認。（5）為依「波浪理論操盤法」尚缺少一波下跌。需將股價再往下打，才有較大的反彈空間。

　　上週曾提及三種反彈情況——

　　第一種：彈 2 ～ 3 週後崩盤，我認為不可能，因為產業沒那麼壞。

第二種：彈 5 ～ 8 週，我也排除，因為上檔空間太小。

第三種：則是小彈 1 ～ 2 週後，再跌 3 ～ 4 週破 5537 的底部，把時間跟距離拉開後再做正式反彈 15 ～ 16 週的盤升反彈可能性最高，也比較符合波浪理論，粗估位置應在 5500 ～ 5300 附近。

因此**建議讀者可在 5800 ～ 5900 先行獲利出脫**。這正是操盤手心法所謂的「天大地大，趨勢最大」的操作策略。短期內我打算舉辦一場「台灣股市完美滿足點」發表會，會中將說明過去 30 年來「上帝之手」是如何以「完美滿足點」將台灣股市一斧一鑿，雕塑成為具有驚心動魄，震憾人心，處處皆美的藝術品，希望屆時能帶領讀者一起共賞「股市之美」。母親節到了，敬祝天下的母親都能身體健康，快樂平安。

發表

以不用大腦操盤術提示 5800 ～ 5900 先行獲利出脫。

實證

84 年 5 月 15 日指數最高 5852。

註：專欄文章皆是星期五完稿，星期六交稿，報頭日期為星期一。

啟示

人生就是戰場，戰鬥必有智謀，無智謀者，如板上魚肉，只能任人宰割。無大智謀者，無以成大事。

謀出於智，敗於露，高手深藏不露。謀成於密，而敗於淺，操盤術就是股市的無上智謀，審機度勢順勢用時是最高的智慧。

005 矛與盾

NEWS 產經日報 84.5.22（一）

　　月前有個日本學者預測台灣的某地，將在某年某月某日發生大地震，造成大家精神緊張，迷惑不安，結果是──沒事；隔段時候又有某廟神明指示該處將發生大地震，這次大家更是寧可信其有，不可信其無，都已準備好帳篷、飲水，準備迎接一場大災難，結果呢？還是沒事；一年多以前全世界包括美國自己內部都認為美國股市會出現一個崩盤，結果呢？還是沒事；世界上許多基金去年都一致看好日本股市、拉丁美洲股市，結果呢？崩盤！台灣所有投資人今年年初全部看好台灣股市可達 8000 點，結果呢？崩盤！

　　「利率提高，股市會跌」可是美國股市為什麼漲不停；「天安門事件」後香港人紛紛移民，賤賣資產，香港股市卻大漲到 1 萬 2000 點；「台幣大幅升值，將造成台灣產業崩潰」台灣股市卻大漲到 1 萬 2000 點；「台幣貶值，產業終獲喘息機會」台灣股市卻暴跌到 2485；「景氣不好，股價大漲」；「景氣很好，股價大跌」；「電子股，無資產，產品週期短，是地雷股，如今卻是黃金股」；「金融股，資產豐，獲益好，是黃金股，如今卻是地雷股」。

　　看到這裡，請您再想一想，預測到底是容易還是不容易呢？能抓對大方向已經不錯了，而要更進一步去抓到每一大波浪或中波甚至小波的

高低點，更是難上加難。基本分析做不到，技術指標也抓不到。我研究了 10 年的技術分析，在最近 3 ～ 4 年才因高人指點，豁然貫通，發現了**「完美滿足點」而且竟然能通盤解釋台灣過去 30 年每一大波中波的高低點，從此時才真正開始體會出股市是「藝術」、「美學」、「人性」的綜合體**，我再由此點潛心修練，反推我所學過的所有技術分析，終於又破解了無數技術分析的盲點。所以**「完美滿足點」在我眼中是技術分析範疇內的「無價之寶」，我將之定名為「登峰造極操盤術」**。希望當我舉辦發表會時，你一定要來了解，因為好東西我從來不講太多遍！那幾位寫信來的朋友，也請你到時再見面吧！

Stock's
Prediction

發表

　　股市投資不能亂猜，亂猜必然沒命。股市操作，既不是算術，也不是技術，而是藝術。不懂藝術、美學、人性、韻律，就無法參透技術分析的盲點，也無法做正確的預測。

啟示

　　股市的理論學問不勝枚舉，有的多頭可用，空頭不可用；有的波段可用，盤整不可用；有的語焉不詳，缺漏甚多；有的言之無物，一文不值；有的甚至大錯特錯，害人害己。真理必須驗證，不可胡亂盲從。

006 登峰造極操盤術，7228 完美滿足點

NEWS 產經日報 84.5.29（一）

　　5537 果然跌破了！5 月 15 日我提示「天大地大，趨勢最大」指出 5850 是賣點，5537 終將跌破；5 月 8 日我提示「含淚播種者，必含笑收割」指出 5550 是買點，可看到 5850；4 月 19 日我提示「金融股將接受嚴酷考驗」，指出三商銀跌破百元將是指日可待；4 月 13 日我提示「船要沈了，不要禱告，趕快跳船」提示指數將重跌 1000 點跌落 5500 點；再更以前我提示「7228 是完美滿足點」，將下跌整理 11 ～ 13 個月。目前這些提示都已獲得驗證。

　　現在我要告訴大家**短線滿足點將落於 5500 點加減 50 點這個位置**，時間約 3 ～ 5 天；**另外還有一個位置 5380 點加減 50 點，時間 7 ～ 10 天，其中以第二個位置機會最大**，因為這個位置最「完美」——月線完美、週線完美、日線完美，計有 6 個完美點落於此處，所以絕對是最佳買點。這就是——「登峰造極操盤術」。

　　您一定會想這套技術一定很複雜，很難學，那您就錯了。這套技術實在太簡單了。簡單到會叫全台灣的分析師想一頭撞死算了；簡單到會叫全台灣的所有投資人想跳樓自盡；簡單到全部人都會痛聲大哭「原來我就是這樣死的，簡直該死！」；簡單到沒有人能夠原諒自己——「每一個波段高低點都是那麼清清楚楚，明明白白地標在圖上，我怎麼會沒看到

呢？」

其實我所發明的五十多種操盤術，每一種都是這麼簡單，這麼有效，而**「登峰造極操盤術」是截至目前我所研究出最令人震憾驚嘆的操作系統，是舉世無雙，百分之百完美的操作系統**，對每一個買賣點的要求嚴苛到最大不可以超過的 30 ～ 50 點，正常應該是「一點都不差」的才對，尤其是過去 30 年的週線、月線，更是幾乎沒有誤差！所以我一直認為「登峰造極操盤術」是所有技術分析者最是「夢寐以求」的無價之寶。但若沒有經過我用「點金棒」點明，肯定你是研究一輩子也是枉費心力。

操盤手本來應該要遠離群眾、棄絕掌聲、特立獨行、與眾不同才是，若非有必要，根本不應曝光，所以各位讀者能見到我的機會，絕對不多；而像「登峰造極操盤術」這麼好的操作系統，我肯定捨不得講太多次。所以我的發表會你一定要把握。

Stock's
Prediction

發表

不用大腦操盤術，提示短線第二個買點位置為 5500 加減 50 點或 5380 加減 50 點。

實證

5 月 29 日最低點 5417，但反彈只到 5745，彈幅不如預期，未達 5950 目標，波動走 RUNING，後一波從 5199 反彈到 5690 順利解套並獲利。

啟示

以前人說股票市場是吃人市場，史托克說那是學藝不精者的必然下場，在股市裡只有真正的專業才能生存，不必相信全能。

007 台灣股市 VS 上帝之手

NEWS 產經日報 84.6.12（一）

　　上帝之手每每在股市雕琢出一個兼具藝術與美感的神蹟。其優美俐落的手法，每次都讓我如癡如醉，神往不已。

　　或許您會問我真的有 6 個「完美滿足點」都落在 5417 嗎？真的「一點都不差」嗎？真的歷史上每個高低點都是那麼完美嗎？我的答覆是「千真萬確」。在週線上有四個完美滿足點在日線上有一個，在小時線上有一個，在收盤價線上 5524 也是，而且全部都是，「一點都不差」的「完美滿足點」。你覺得神奇嗎？不可思議嗎？難以相信嗎？

　　為了印證我的說法，我將在 6 月 15 日下午 2 點，在中興票券大樓（詳見今日報頭廣告），舉辦這場在台灣還是獨一無二，絕無僅有的**「登峰造極操盤術」發表會會中我將以「點金棒」為有緣的讀者打開「智慧之眼」帶領諸位讀者進入黃金之門一起鑑賞「股市之美」，觀賞 30 年來「上帝之手」是如何以其完美無瑕的手法，雕塑台灣股市成為具有驚心動魄，震憾人心，處處皆美的藝術傑作。機緣難得，您一定要把握。**

　　在這場發表會中，我將印證月線、週線、日線數以百計的實證，來證實「股市完美理論」並藉此推翻股市是「隨機漫步」的無聊說法。**如果你曾在 4673 悲痛欲絕，在 8813 哭天搶地，在 12682 傾家蕩產，在 6365 心灰意冷，在 7228 失望透頂，卻至今仍百思不得其解，那麼您絕對應該**

來了解；又如果你沒有買在 2241—4645—2485—3098 這些可以讓你致富的歷史低點，那你更應該要來參加；；因為你將在這裡找到一切的答案。

若你了解了「登峰造極操盤術」，了解了「完美滿足點」，了解了「上帝之手」的技法，你將從此遠離慘賠的苦難，為自己打開了黃金之門。

目前反彈行情仍將持續，只是進行速度很慢而已，為什麼會很慢呢？因為這還是空頭市場，空頭市場反彈的特性就是「以時間換取空間」，反彈時間由低點算起統計上應有 6～8 週，若當做不規則波來計算也應有 4～5 週，反彈幅度估計 500～600 點，高點暫估 5950 加減 50 點處。讀者可以短來回操作，漲個 6～7 天就賣，跌個 5～6 天就買的方式操作，看好第二季業績具爆發力的電子股，其他金融、紡織、塑膠長線仍不看好，小心操作。

84 年 6 月 15 日史托克舉辦第一場演講「登峰造極操盤術」為有緣者破解台股過去三十年，神奇的「上帝之手」是如何精雕細琢，讓台灣股市過去三十年來，每個歷史高低點，皆呈現出無瑕的完美，史托克稱之為完美理論。隨手一比，順手一點，多少紅頂商人、富商巨賈頓時成為街頭流浪漢、牢中獄友。

008 鬼斧神工，處處皆美

NEWS 產經日報 84.6.19（一）

真不敢相信，在股市一片低迷，我所舉辦的這場獨一無二，絕無僅有的「台灣股市 VS 上帝之手」、「登峰造極操盤術」發表會，開放報名的第一天就已登記額滿，發表會當天也是座無虛席。到場的來賓有多家投信、券商、法人及外資的操盤手，還有十數位遠從屏東、南投、台南、台中，遠道而來的讀者，而且看得出來很多都是股市高手。

我知道很多讀者對於我所說的「完美滿足點」、「上帝之手」「登峰造極操盤術」感到有些誇張、懷疑，甚至感覺到好像是「天方夜譚」只有親自來到現場參加的貴賓，才能深刻了解到這 2 小時課程的珍貴。發表會一開始，我就藉著「點金棒」做為指引，帶領著貴賓們一同鑑賞偉大的「上帝之手」是如何以其優美俐落的手法，鬼斧神工的技巧將台灣股市雕琢成為具有驚心動魄、震撼人心、處處皆美的藝術極品。

我以數以百計的實例印證台灣股市不管是月線、週線、日線，每一個高低點都有「一點都不差」的完美情形，讓會場上的來賓們驚異不已，我相信只要來賓們牢牢記住這些「上帝之手」的技法，便能從此遠離慘賠的苦難，為自己打開了黃金之門。會後我問來賓們的感覺如何？他們都覺得實在太美了，也都恍然大悟，原來股價的變動竟是這麼有韻律，這麼簡單，這麼的完美，而且幾乎是絕對的完美。我相信他們都已經成為「股市

完美理論」的忠實信徒，也為自己能夠來參加這場發表會感到幸運，因為股市漲跌奧祕都盡在其中。

在股市方面，5417 有 6 個完美滿足點，故仍是主跌段之底部，但為了滿足 6719 到 5125 的 1.618 比例及滿足從 12682 — 6717 — 5916 的延伸 X 線及滿足 7180 到 6599 與 6167 的軌道下沿線的位置，故以複式、不規則的方式來完成底部，若是你有注意到 5318 就是剛剛好一點都不差的落在此點，依據「汽缸理論」通常代表賣力的衰竭，底部即將浮現的信號，因此除非有重大的利空，我認為 **5350 附近應是最佳買點**，讀者們應該勇敢嘗試才對。另外對於這次講座報名不及的朋友，謹在此向您致歉，史托克日後若有再辦講座時，請您絕對要把握，因為有多位來賓都認為，像「登峰造極操盤術」這麼好的東西，要是將心比心，他們也會捨不得分享的。

發表

不用大腦操盤術，第三個買點位置 5318 附近建議勇敢承接。

實證

6 月 22 日最低點 5199 點，此波反彈到 5690，反彈幅度 500 點。

啟示

史托克第一次對外發表「登峰造極操盤術」，令許多來賓驚異不已，自然法則竟然如此神奇，可以一點都不差地雕琢股市，但也一定會有人心想技術分析常常是事後諸葛，如今事隔多年了，史托克並不想當神，但也已辦了近 20 場演講了，每一次都是事前發表、事後驗證，股市數十年如一日，依然如此美妙，依然是一點都不差的完美。

009 趨勢是你的好朋友

NEWS 產經日報 84.6.26（一）

操盤手心法：「趨勢是你的好朋友，多頭市場就做多，空頭市場就做空，賺錢必然愜意輕鬆；反之多市做空，空市做多，後果常是口袋空空。」近日在一茶館中，看到了一幅字畫，上面寫著：

「人有人意，我有我意；合得人意，恐非我意；

合得我意，恐非人意；人意我意，恐非天意；

合得天意，自然如意，順從天意，萬事如意。」

這幾句話讓我感觸良深，沒錯「人意我意，畢竟都不是天意」因此只要是「人意」要去預測行情（天意），總是難免有發生錯誤的可能。**操盤手心法又說：「不要把自己當神，也要拒絕別人把你當神，否則最後會變成神經病。」**能調適好自己的心態，獲得身心平衡的人，才能成為一個好的操盤手。

回顧股市從 7228 至今已整整跌了八個月，指數跌了 2029 點，到底原因出在何處呢？若要詳細道來，可以細分七十多項，寫成萬言長篇，講上五個小時，投資人早已虧損累累，心情鬱卒，再聽這些豈不徒增懊惱。簡言之，就是「政府政策」。政府為了及早加入 GATT」使台灣早日成為亞太營運中心，積極推動金融國際化、自由化、制度化，固然是用心良苦，卻也成為股市大跌的病因所在。

　　為了國際化，必須放棄以前對產業的所有壟斷保護行為，因此所有不具國際競爭力的產業皆將漸遭淘汰，另外又增闢投資管道。及不斷擴大資本市場規模，致使股市資金日益失血；為了自由化，將來外國公司都可來台上市，台灣投資人也能自由買賣外國的股票，到時投資人就會貨比三家，因此本益比必然向下調整；為了制度化，放寬漲跌幅、延長交易時間、課徵證所稅、實施款券劃撥、開放融資融券，也將使主力絕跡，成交量周轉率也將下降。這是國際化所必須付出的代價。

　　指數最低跌回 5199，碰到 12682 — 6719 — 5916 及 5091 — 5125 兩條 x 線，又是收盤線 7180 及 6599 連接 6167 及 5537 的軌道下沿線，而 5199 到 6599 又是 5199 到 7180 的 1.618 倍比例，指標處歷史低檔，再加上**統計台灣歷史下跌幅度如 5267 到 3142 跌 2125 點，6365 到 4250 跌 2115 點，5459 到 3306 跌 2153 點，而 7228 到 5199 已 跌 了 2029 點，幅度相近，再怎麼樣也應該做中級反彈**，再加上圖形顯示「汽缸理論」的壓縮現象，故我堅信必將有 C 波反彈出現，所以上週標題以「賣力竭盡，底部浮現」為題，認為是最佳買點，幅度一般為 600 點左右，故仍應高出低進操作。

發表

C 波反彈幅度一般為 600 點左右，建議應做高出操作。

實證

84 年 6 月 26 日反彈最高點 5690，彈幅 500 點。

啟示

史托克實在是一個最喜歡順勢而為，躺著睡覺，不用大腦的操盤手，喜歡輕輕鬆鬆，喜歡閒雲野鶴，喜歡自由自在。有人說，人生在世，應該要發光發熱，否則就枉費一生，也有人說，專業就應該要讓所有的人看得見，為了證明操盤術所言不虛，史托克為此只好繼續潦下去。

010　技術分析 VS 基本分析

NEWS　產經日報 84.7.10（一）

　　在所有投資的領域裡，一直涇渭分明的劃分為兩大派系，基本分析派及技術分析派，兩者經常是相互敵視、水火不容，一般投信法人都屬基本分析派，對技術分析者經常嗤之以鼻，認為若只學會一些簡單的技術指標就可在股市縱橫無阻，任意揮灑，那也未免太容易了，又認為如果技術指標真這麼好用，那麼只要電腦設定程式，有買進信號就買，有賣出信號就賣，那還用得著什麼操盤人，所有分析師都可以回家吃自己了。因此基本分析派將技術分析派視為江湖術士、走方郎中，並劃分界線將其歸類為市場派，認為技術分析派，僅就一張圖表，卻有十幾種看法：而且忽多忽空，毫無規則可循，故極端排斥。

　　反之，一般中實戶、散戶都屬技術分析派，對基本分析派也是經常反唇相譏，反問基本分析派用了那麼多博士、碩士，每天開會討論，參觀報告，政治經濟，利率匯率，產業財務，搞得分析人員人仰馬翻，帥老兵疲，但結果又怎麼樣呢？大部分績效表現都還不如定存。因此技術分析派批評基本分析派只懂理論，不識實務。這種情況就類似中醫與西醫互相敵視的情況相同，但因西醫都屬高級知識份子，社會地位較高，故中醫較受委屈，但請你想想流傳五千年的草藥、針灸、氣功真的毫無價值嗎？我相信所有中國人沒有人會否決這些已經陪伴中國人走過長久歲月的傳統醫

術，只是中醫良莠不齊，醫術高低水準差距懸殊，又常有「獨門祕方」、「傳子不傳女」、「留一手」的惡習因此幾千年下來，終於造成中醫的沒落，實在可悲可嘆。

其實只要能救人就是好醫生，誰管你是「中醫」還是「西醫」。同樣的只要能夠賺到錢就是好操盤手，誰管你是「基本分析派」還是「技術分析派」，你說對嗎？在盤勢上，目前**仍是盤整局，所以不用看太好，5700 附近可站在賣方**，因為趨勢是你的好朋友。個人認為盤整結束後，仍將要破底，目前的反彈是為了製造下跌空間，表現在外則是反彈空間小，反彈時間長，目前以低價跌深的個股反彈為主。要注意空市搶反彈有如刀頭舔血，獲益目標不要設定太高，絕對不要太貪心。

Stock's Prediction

發表

盤整結束後仍將要破底，5700 點附近，應站在賣方。

實證

84 年 7 月 12 日反彈最高點 5670 點，隨後立即跌破 5000 點。

啟示

不管技術分析或基本分析都是易學難精，史托克的經驗，前五年都在走冤枉路，再五年才能登堂入室，至於能否融會貫通、天人合一，要看個人的造化了，可惜的是，大部分的人在前十年都已陣亡了。

011 不用大腦操盤術

 產經日報 84.7.17（一）

你釣魚嗎？你去過釣具店嗎？各種釣竿，各色魚餌，配以各號魚鉤、各類魚線、各式釣法，還有各類的魚訊消息，真是琳瑯滿目，直讓你眼花撩亂，雖浸淫 10 年也不敢自稱專家，問題是你需要了解這麼多嗎？真正的重點在於用什麼方法抓魚，懂得法門，不用看書，也釣得到魚。

股市中也有數以千計的研究理論，若你問我：「股市的學問這麼多，我們是不是全部要懂才能賺到錢？」我的答覆是──**股市的學問雖多，理論也不少，只是大部分的學問及理論，實證的結果常是「理論一大套，照做馬上套。」所以理論並不重要，關鍵的重點在於──哪裡是買點，哪裡是賣點，懂得竅門，就能賺錢。不懂理論，反而沒有包袱。**

股市裡永遠每天都有不確定因素，請你想想每天都有這麼多的資訊，這麼多消息，這麼多利多利空，所以報章雜誌的內容永遠是多空看法分歧（看法一致更可怕）；分析師的嘴裡也總是掛著「可能、如果、或許⋯⋯」等等字眼，讓你每每自陷於矛盾之中，把你的頭腦塞得滿滿的，讓你無從判斷，舉棋不定，無法動彈，這些就是包袱。

成功的操盤手只專注三件事情：（1）掌握趨勢；（2）掌握人性；（3）掌握買賣點。其他的通通不重要。所以我的老師以前就告訴我，凡是成功的操盤手必然具備一種特質就是──輕鬆、快樂、自信。為什麼

呢？因為他們完全不受外界消息影響，也不太看盤，只依據一些高正確率、簡單易行的研判技巧買進賣出，避免想太多而自陷矛盾之中。如此才能做到操盤手心法：「該進則進，該出則出，該跌不跌則進，該漲不漲則出。」的空靈無我的境界。

也因此我認為**最好的操盤術就是躺著睡覺操盤術，第二好是隨便看看操盤術，第三好是嘴巴唸唸操盤術，第四好是手指動動操盤術，第五好是比比畫畫操盤術（只用工具比一、二下或畫一、二條線）。我統稱這些操盤術是「不用大腦操盤術」。**其特色是簡單、明確、正確率高。說起來好像很簡單，不過這卻是積十數年苦心統計印證所得之精華。

盤勢看法：短期仍是盤整走勢，不要看太好，5700 附近站在賣方。長期看法則如「北港銅鐘」——空——空——空。

啟示

　　史托克不斷以不用大腦操盤術來驗證股市的韻律規律，在股市裡有學問的人不一定能賺錢，富甲一方的人也不一定會贏，看得懂線圖，才會有錢途；學會操盤術，多空才有數；不用大腦，股票才能做得好；躺著睡覺，股票操作呱呱叫。

　　操盤手必須有中心思想，了解什麼才是獲利的真正核心，資訊有許多的假象，會誤導你的想法，使你做出錯誤的決策。

012 吃角子老虎理論

NEWS 產經日報 84.7.24（一）

　　大盤破底了！連續三週史托克一再提示讀者「趨勢是你的好朋友」、「空頭市場應作空，賺錢必然愜意輕鬆；反之空市作多，後果常是口袋空空」、「長期看法是北港銅鐘——空——空——空」甚至赤裸裸地提出警告「大盤將再破底，千萬不要看太好」、「搶反彈有如刀頭舐血，絕對不要太貪心」、「5700 附近要站在賣方」。不知道你看到了沒？不知道你聽進去了沒？船沈以前跳船了沒？若答案是肯定的，我要向你道一聲「恭喜」。

　　我認為**股市有兩個重要的理論，就是——「吃角子老虎理論」及「擦鞋童理論」**。「擦鞋童理論」相信大家都耳熟能詳，就是當群眾一致看好，社會游資已全部用盡，當然只有崩盤一途。而「吃角子老虎理論」就是說過去在賭城裡有一個人被稱為吃角子老虎天才，他玩吃角子老虎幾乎是十賭九贏，後來被人發覺他的祕訣就是每當他要玩之前，必定先搖晃機器，測試機器的重量，若很重，他才肯玩，因為這表示先前的玩家都是輸錢的，反過來說就是他中大獎、贏大錢的「機率」相對高太多了。

　　近年來有幾位一直跟我保持密切聯繫，並因而逃過這長達九個月空頭浩劫的幾位上市公司、券商投顧、外資法人機構的研究操盤人員，或者是曾經聽過筆者演講上課的學生都知道，早在去年大家都上看 8000 點

時，我就以多種操盤術測得 7200 點多頭結束，並堅持股市「正常」將跌到 4750 點附近，眼看著大盤這幾天就快到達我早先預估的低點位置，心情是既期待又怕受傷害。**但回頭看看市場早已屍橫遍野，血流成河。這時我不由自主地想起了「吃角子老虎理論」——贏大錢的機率太高了。**

這波大跌我認為央行調降存款準備率的「空包彈」遠比「中國導彈」的威力強十倍，原本即將到口的糖果，央行突然縮手不給了，主力們覺得受騙上當，當然要把大盤打下來，因為「不給糖，就搗蛋嘛！」結果剛好碰上中國試射飛彈，當然跌得更兇了。至於大盤能否在 4750 附近止跌，要看大家對台灣有沒有信心。

盤勢看法：我愛台灣，我對台灣有信心，所以跌破點 5000 我要開始進場，希望你跟我一樣有信心，也希望央行幫股市一個忙——快發糖果嘛！求求你！

發表

不用大腦操盤術，第四個買點，破 5000 點要進場買進。

實證

84 年 7 月 26 日跌破 5000 點最低 4926，之後隨即拉升至 5335。

啟示

操盤手必須精研兵法，深知人性，以逸待勞，以小搏大。以最小的代價，獲得最大的勝利，攻心為上，划謀為上，與其每日進出，百戰百勝，不如精算買點，重打七寸，躺著睡覺賺大錢。

013 高檔拚命玩，
低檔不敢玩？

產經日報 84.7.31（一）

變數一：總統提名選舉；變數二：立委選舉；變數三：三黨分治，變數四：加入WTO衝擊；變數五：鄧小平死亡；變數六：產業競爭力日益衰退；變數七：證所稅、土所稅課徵；變數八：國營事業民營化，官股大量釋出；變數九：投資管道日增，股市籌碼大增，變數十：不動產市況低迷，變數十一……。你喜歡聽利空嗎？史托克可以唸一百多個利空給你，還可以再加油添醋，無限延伸，寫成一本比「一九九五閏八月」更灰色的巨著，讓你心亂如麻，膽戰心驚。但是史托克要告訴你千萬不要上當。

股市每次跌到低檔，一定是融資大量斷頭，融券大量增加，投資人不敢持股，法人更不敢加碼，有持股也是短線有賺就出，市場中壞消息一大堆，散戶沒信心，法人沒把握，通常這就是底部區時投資人的心理狀態。史托克最喜歡研究盲點——基本分析的盲點，產業分析的盲點，財務分析的盲點。因為全世界的人都知道，在股市裡贏家永遠只佔10%，而大部分人之所以成為輸家，是因為他們不知道盲點在哪裡。

舉個例子來說吧！如果明天SOGO百貨服飾用品全館五折，你的反應如何？又如果全館三折，你的反應又是如何？我告訴你我會怎麼做——我會徹夜守在門口等開門衝進去大肆「血拚」一番，而且高興得要命；而

070

在股市裡，你猜怎麼著，股價已經腰折，甚至打三折，卻反而沒人敢碰，股票好像變成了毒草，怎麼會這樣子呢？史托克也想不透，反正就是「人性」吧！**人性的盲點就是「在高檔拚命玩，在低檔不敢玩。」**

說這麼多，就是要告訴你一個**操盤手心法：「股價便宜，就是最大的利多」**而且是實質真正的利多。基本面的東西不要想太多，自己嚇自己是沒有必要的。**史托克認為 5 千點以下都屬中長期買點，明年至少可以看到 6 千點，而且史托克腦中還有一張圖，說不定會讓你看到 8 千點。**誰敢說不可能呢？7 千點時我說要跌十一至十三個月，正常要跌到 4750，那時也是很多人認為不可能，現在還不是快到了。

盤勢看法：短期因為央行還不肯發糖果，所以行情也好不到哪裡去，5350 附近先出再說吧！

發表

　　5350 附近，先出再說，並認為 85 年的股市會很好，至少看 6 千點，甚至 8 千點。

實證

　　84 年 7 月 28 日指數最高 5335 點隨後跌到 4474，85 年台股漲到 7000 點，86 年漲到 10000 點。

啟示

　　散戶你的名字簡稱「被害人」，法人你的外號叫做「大肥羊」。高檔自己害自己，低檔自己嚇自己，這就是人性！

014 股市贏家不是人

NEWS 產經日報 84.8.7（一）

「今年好慘哦！」、「今年行情好不了！」、「不要玩了，休息吧！」，投資人在目前階段，心中惶惑不安，大家到底在害怕什麼呢？讓我們研究一下，在研究前請先準備好產經月線圖，讓我們一起回顧歷史。

1. 中國因李總統訪美，大肆叫囂，民心浮動？請你回顧民國六十年十月我宣布退出聯合國，股市從 119 點飆漲到 514 點。

2. 鄧小平死亡可能引起大陸內亂？請你回顧六十五年九月毛澤東死亡，股市從 257 點飆漲到 688 點。

3. 總統、立委選舉，可能造成三黨分治，鬥爭內亂？請你回顧七十七年一月蔣經國先生崩殂，股市從 2241 點飆漲到 8813。

4. 四信風暴引發金融危機及營建倒閉風？請你回顧十信事件後，股市及不動產是否開始飆漲好幾倍。

5. 中國演習試射飛彈，威脅我台灣安全？請你回顧八十年一月聯軍向伊拉克開戰，股市從 3142 飆漲到 6365。

6. 調查局收押新嘉義幫主力？請你回顧股市那一次大底沒有主力出事才怪。

7. 台幣大貶，資金外逃？請你回顧六四天安門事件後，香港股市飆漲幾倍。

史托克再請你想想，一連串的金融風暴、跳票危機、股票斷頭、主力收押，代表什麼——代表股市實在跌太多了。這也是告訴你低檔有限的信號。再仔細的想，股市若沒有這些利空的發生，股票怎麼可能這麼便宜，本益比怎麼會這麼低，政府怎麼會這麼積極做多，央行怎麼肯調降存款準備率，利率怎麼會調降，台幣怎麼會快速貶值，外資開放的速度怎麼會這麼快。

我想你一定覺得很奇怪，明明是利空的事件，卻被我解釋為利多，簡直是神經病，簡直不是人。那你就對了！請你記住以下的**操盤手心法**——**「行情總是讓人想不到的」、「群眾永遠是錯的」、「大家看法一致一定錯誤」、「贏家永遠是少數」，所以結論是——「股市贏家不是人」**

最近有讀者問我，你一直強調「正常」會跌到 4750，那麼「悲觀」的話呢？會跌到多少？對不起！我暫時不敢講，以免擾亂人心。不過無論如何 4750 附近，有好幾個完美滿足點在那裡，是一個很美的位置，所以我一定會把握這個機會買進，讀者你敢陪我嗎？或者還是把我當成不是人也可以。

> **· 啟示**
>
> 最大最多最壞的利空，打造出最好最棒的買點。暴跌的隔壁，住著暴利。低檔時一定要強迫自己做到一件事「忘掉利空」。贏家都是神經病，唉！
>
> 90 年 10 月的歷史最低點的 3415 點也是如此。97 年 11 月 3955 也一樣每次的歷史低點，哪一次不是如此。

015 有人流眼淚，有人流口水

產經日報 84.8.14（一）

　　今天又大跌了，看到股票這麼便宜，史托克已挑好股票，並開始進場。但當我今天向公司提出大膽買進的建言時，他們都說我「神經病」。

　　我還記得第一次被罵是在 78 年 1 月 4645，那時史托克是錢雜誌投顧的股市主筆，我提出報告認為股市會漲到 12000 點，當場被罵「放屁」（79 年 2 月台股漲到 12682）；第二次是在 1 萬多點，那時史托克在壽險公司投資部，我提出報告認為日本及台灣股市將崩盤，（詳見本書預見崩盤大危機，79 年 10 月台股崩跌到 2485 點）沒有人理我；第三次是在 5267，我警告會有大跌，有人瞪我；第四次是在 3142 我報告是最佳買點，他們懷疑；第五次是 6365 我報告會跌 3000 點，他們笑我；第六次在 3098 我報告是絕對買點，他們不語；第七次……。最近一次是在 7228。我報告指數會跌到 4750，他們還是猶疑。每一次的反應都是這樣，所以我更有信心。**因為他們不知道「登峰造極操盤術」及「飆漲暴跌操盤術」的可怕威力，只要一出現都是 2、3 千點以上的飆漲暴跌。（請讀者對照本書目錄之後台股週月線走勢圖）**

　　於是我忍不住了，就開始投稿財訊快報——告訴大家「不要祈禱趕快逃命」；之後又執筆產經，又辦了一場在台灣甚至是全世界獨一無二的「台灣股市 VS 上帝之手」發表會，講述「登峰造極操盤術」及「上帝之

手操盤術」。與會者很容易領會7000點之上為什麼要逃命，不逃命就該死的道理，及為什麼「正常」要跌到4750的原因，還有「上帝之手」塑造股市的完美手法；**此後我開始寫專欄，嘗試用我獨創的「不用大腦操盤術」，試圖在不理性的空頭市場中，完全掌握每一個買賣點，事實證明成果還真不錯**，我還曾經提示讀者塑膠、紡織、金融，長期空頭仍未結束，要小心操作，到現在股價幾乎都腰斬了。

指數今天跌破了4750點，其實我早有預感，因為大家都看4750，那麼結果要嘛就不來，否則就是超過，因為「行情總是讓人想不到的」，如果大家都想的到，李森怎麼會出事，楊瑞仁怎麼會出事，葉傳水怎麼會出事！幾十億、近百億就這麼不見了，自己傾家蕩產、妻離子散、身敗名裂不說，還害得多少無辜投資人每晚做惡夢、流眼淚。可是你知道嗎？史托克及我的幾個摯友最近也常做惡夢——夢見我喜歡的股票被人捷足先登。還有我們不流眼淚——只流口水。

盤勢看法：短線上星期六是個好買點，趕快挑些好股票多買一點吧！統計不反彈的機率是零。先賺個短線再說，目標先看4900附近。

發表

不用大腦操盤術第五個買點。請大家趕快挑一些好股票,多買一點,因為統計不反彈的機率是零。

實證

84 年 8 月 14 日收盤價最低的 4503,此波反彈到的 4906,與目標相符,第二天 8 月 15 日下引線最低點就是 4474,是歷史低點,從此低點不再,三年後漲到 10256。

啟示

天才與神經病只有一線之隔,英雄與瘋子只有一線之分。

016　絕不逆勢操作

NEWS　產經日報 84.8.21（一）

　　操盤手心法之一：「絕不逆勢操作、不要有低檔有限情懷」。

　　操盤手心法之二：「絕不逆勢操作、不要有績優股情懷」。

　　操盤手心法之三：「絕不逆勢操作、不要有捨不得情懷」。

　　各位讀者，這三條心法，你千萬要謹記在心。絕不容許你稍有疏忽遺忘，否則立刻就會葬身股海。由古至今已有數不清的英雄好漢，因不識此三條心法，而被股市埋葬，落得個傾家蕩產，身敗名裂，妻離子散的結局。

　　史托克這十多年來的觀察，發現時下的台灣不管是銀行保險業、投信投顧，或是一般的法人機構，幾乎都是憑著幾位主事者的經驗感覺在操盤，而很少有一個真正可以完全規避風險，又能穩健獲利的操盤策略。因此只要主事者一個不小心判斷錯誤，或看錯行情，常常就會造成公司一場無法挽回的浩劫。我很難得聽到有國內金融機構賺到錢的，大部分都是慘兮兮的。

　　賠錢的過程經常是這樣的——

　　1. 開始總是「渴望」——沒有問題！這次買進一定包賺，聽說某大戶在敲進，打算拉到多少價位（買了之後價格不漲反跌）。

　　2. 接下來就是「希望」——沒有關係！這股票是績優股，低檔有

限，等反彈高一點再出吧（股價不反彈而且愈跌愈兇）！

3.然後就是「失望」──沒有辦法！沒想到會碰到 ×× 事件，非戰之罪（股價愈跌愈不像話）。

4.最後就是「絕望」──沒頭路了！公司則損失慘重住進了總統套房或加護病房。

一個好的操盤手，經驗年資不是重點，聰不聰明並不重要，學問高低也不是問題，最最重要的是他有沒有「操盤策略」──一個可以看錯，但不會做錯的操盤策略，一個能兼具規避風險，及穩健獲利的操盤策略。

操盤策略的要點：

1. 掌握趨勢，順勢操作，因時制略，因勢而變；

2. 控制風險在 3 ～ 5% 之間，該貪則貪，該守則守，該進則進，該退則退，以最小的風險博最大的利潤；

3. 依勢道強弱，制定短、中、長期策略，妥慎規畫資金運用成數。

盤勢看法：台幣貶值代表有些人對台灣政局信心不足，盤勢要等這些沒信心的人出清後，股市即可落底。4900 已到，短線可先行出脫，盤整一、二週後應該還會再來測底，屆時一定要大膽買進。

發表

4900 點可先行出脫，交待回頭測底時要大膽買回，是不用大腦操盤術第六個買點。

實證

8 月 17 日高點來到 4906。

啟示

當主政者或企業主，人才不用，用奴才；好人不用，用爛人；能人不用，用奸人，就已命中註定垮台覆沒的命運了。不知道人才價值的公司終將消滅無蹤，但是否是真正的人才，需要時間的驗證。

017 安居樂業，民之所欲

NEWS 產經日報 84.8.28（一）

　　台灣的政治好熱。街頭巷尾大家都在討論著誰夠資格來做台灣的第一任民選總統，是李登輝？是林洋港？是彭明敏？是陳履安？是王建煊？是許信良？還是……。突然這麼多人跳出來想當總統，真是沒想到。有人很憂慮，史托克卻很高興，因為──民主本來就應該是這個樣子的。

　　報章媒體上充斥著「統一 VS 獨立」、「中國人 VS 台灣人」、「勸進 VS 勸退」、「誠信 VS 責任」……種種不同的論調。一下子好像大家都有話要說，而且都還是大聲地說，公開地說，一點也不怕晚上會被憲兵抓走，或突然在這個世界上消失。有人認為這樣社會會很亂，史托克倒覺得很不錯，因為──自由本來就應該是這個樣子的。

　　哪一種政見，哪一個黨，能爭得民心的支持，就可獲得執政權，而整件事情的關鍵就在於這些政治人物是否真正知道──「民之所欲」。誰當總統，與民何關？統一獨立，干我屁事。**民之所欲只有四個字─「安居樂業」。就是擁有一個安居之所，而且有一個待遇足夠養家活口的工作。**因為──照顧人民是政府的天職。

　　前日碰到一位計程車司機，他說他每天跑車 12 個小時，每月賺約 5 萬元（相當於一家公司高級主管的待遇），但付了房租、稅費、兒女的學費後，常常連吃飯錢都不太夠，所以健保只好退掉，鄉下的年老父母已是

無力供養，買房子更是天方夜譚。中產階級像這種情形的可說是比比皆是，只好拼命搞投機、撈偏門。

年輕的一代，背景好的，好逸惡勞，崇尚享受，好高騖遠，憑藉其家世背景，成日只想不勞而獲，一夜致富，抱持的觀念是「有錢就是老大」、「用錢滾錢，賺錢最快」。而不善讀書、背景又差的，對未來更感到絕望，認為做勞工，賺錢少，沒出路，於是開始「走黑路，賭爛命」。抱持的觀念是「有槍就是老大」，「成則發財，敗則槍斃」。因此社會治安無可避免愈形惡化了。這也就是最近金融風暴，及街頭暴力產生之遠因，執政者一定要謹記教訓。

盤勢看法：股市將利用這段政治紛擾時期，洗清沒信心的浮額，因此有反彈還是出。

發表

股市將利用這段政治紛擾時期，洗清沒有信心的浮額。洗盤期間高出低進，有高要出。

實證

大盤在 4700 到 5200 間盤整數月之久。

啟示

勞工是經濟的基石，青年是國家未來的棟樑，當基石崩毀，棟樑腐化，再受金融風暴、泡沫經濟、政治惡鬥、企業出走、資金外流、資源誤用、黑金淘空、國際經濟惡化、產業結構調整、高檔護盤，股市怎會不崩盤？

018 股市三猿祕錄

NEWS 產經日報 84.9.4（一）

　　最近有位熱心的讀者朋友，找到了史托克，她說她是我的忠實讀者，史托克所寫的每篇文稿，她全都蒐集齊全。她認為史托克文稿的特色就是買點、賣點，該進、該出都提示得非常明確，沒有也許、可能、如果、觀望這些含糊的字眼。而最難得的是許多次預測都是在指數還沒發生前，就已預估好等著它來。

　　經過她的統計，在四個半月中史托克共有十三次提示買賣點，有二次失敗（預估賣點沒出現，但最後也都能順利解套並賺錢）。這十三次依照時間順序分別為 6500 附近（指數加減 50 點）賣，5667 附近買（買點沒來）；5500 附近買，5850 附近賣；5500 附近買，5950 附近賣（賣點沒來）；5350 附近買，5700 附近賣；5000 附近買，5350 附近賣；4500 附近買，4900 附近賣。最後**結算下來即使在今年空頭市場中，依著史托克的提示即使只做多不做空，也能淨賺 1700 點，若是連做空一起算，那就賺更多了。**她很想知道史托克是如何做到的。

　　其實在股市裡百分之八、九十的高低點都是可以預測的，但看你敢不敢果斷的做動作。股市心法中曾提過三猿祕祿，就是那三隻分別用雙手遮住眼睛、耳朵、嘴巴的猴子，它們分別告訴你不要看盤，不要聽消息，不要與人討論行情，不要受任何人、事、物的影響，腦中除了趨勢、策

略、買賣點之外，其他通通要忘掉。因為在股市裡最大的敵人根本就是自己，而想要戰勝心魔最好的方法就是——不聽、不看、不說、不想。讓腦子成為一片空白，忘記了貪、嗔、痴、迷的沈重包袱，心境才能平和安詳，進入空靈無我的境界，而操盤手只有在沒有壓力之下，才能真正看透股市眩目的外表下，那個簡單、優美、單純的本質。

有一首詩可以代表史托克的心境——所有複雜的背面、皆有單純的真理。如此簡單、如此優美、如此懾人，或需數十年光陰、數百年光陰、數千年光陰，或有機會發現，才真正了解，並相互自嘲，真理何以如此單純，人類又何其愚蠢，近在咫尺，卻天邊撈月地尋找。

盤勢看法：短線仍是三角盤整格局，4900 點附近仍要站在賣方。
盤整結束還要再跌一段，即可落底。

發表

4900 點短線仍應站在賣方，並認為會走三角盤整局。

實證

此波指數攻上 5265 點，比預期高一些。
註：史托克在空頭市場以「不用大腦操盤術」逆勢作多，到此就已淨賺 1700 點。

啟示

自然絕不跳躍，任何事物的變化，必有其節奏韻律，掌握住其中的韻律變化的奧妙，就可以做出精準的預測。

019 陰包陽什麼都別想

NEWS 產經日報 84.9.18（一）

　　史托克早在去年十月 7228 點就正式宣告多頭結束，指稱股市將進行 11 ～ 13 個月的崩盤，那時我知道很少人能夠聽得進去這種潑冷水的話語，當時我列舉了很多基本面的理由，包括政府政策、資金籌碼、產業趨勢、投資環境、投資管道、不動產危機、稅制、證券市場國際化、制度化之影響、競爭力衰退……等等的理由。

　　而其中有一樣最最重要的問題我卻遲疑再三，不敢向各位讀者提及，那個問題就是台灣歷史將破天荒地由人民自由選舉出第一位民選總統。你知道這代表什麼意義嗎？這件事情正是赤裸裸地代表台灣與大陸分裂分治的事實，是另一種形態的台獨，而這對於一向強烈主張「一個中國」的中國而言本來就已是「心中有氣」，不意李總統竟然突發奇想，在此時大張旗鼓進行「康乃爾之旅」計畫及「加入聯合國」計畫，終於導致中國「怒火中燒」，對李總統展開文批武鬥，也導致股市又重挫千點，並引發了金融危機。

　　中國一向視台灣是他的未過門的媳婦，認為台灣終將投入他的懷抱，多年來對台灣早已施展其吸金大法，一方面吸引台商大量投資大陸，其策略仍是「只要來十個王永慶，台灣的外匯存底就沒了」，另一方面讓台灣的產業仰賴大陸市場日深，屆時即可展開操控，達到以民逼官的效

能。這次紡織、塑膠、鋼鐵股的暴跌正緣因於此。而這些事都早在史托克盤算之中，如今反正事情都已經鬧開了，我就直言不諱了，只希望這些事端最後都能大事化小、小事化無，雙方都能用智慧與耐性來處理，千萬不要用武力干戈來解決，則是萬民之幸，股市之福。

　　政府在短短幾週內，釋出十多個利多，使指數衝抵 5200 點，而**5250 點附近通常是空市反彈的陷阱區，又同時有三條壓力線觸及此處，當然是賣點**，尤其是 K 線上出現「陰包陽」，操盤手心法；「陰包陽，什麼都別想，先出再說」。

盤勢看法：距總統選舉還早，有必要這麼快漲嗎？放利多，只是為了建立信心。但漲太多，外資可能跑掉，對台灣產生落井下石的危機，如此就無法讓外資陪台灣同舟共濟，共同渡過這段政治過渡期，政府當然要深思吧！

發表

　　5250 點附近是反彈陷阱區，當然是賣點先出再說。

實證

　　10 月 9 日最高 5265 點，此後跌到 4530 點，打第二支腳，三角型底部墊高。

啟示

　　政治絕對會影響經濟，政治經濟學是操盤手要關心的課題，要注意經濟絕對敵不過政治，尤其是在股市高檔區。

上帝之手操盤術，
4474 空市已結束

NEWS 產經日報 84.9.25（一）

　　操盤手心法：「基本分析可以開拓視野，產業分析可以幫助選股，但真正能賺取暴利的仍然要靠技術分析」。但是技術分析的種類繁多，到底哪一種才能讓人賺取暴利呢？

　　史托克還記得十多年前，與諸多戰友在期貨市場挑燈夜戰，不眠不休，一心一意只想著一件事情——「擊敗市場」。戰友們多的是台灣一流大學的高材生，有的專精基本分析，有的專攻產業分析，有的則鑽研技術分析。個個滿懷雄心壯志，每一個人都認為自己是天縱英才，一定可以滿載而歸。

　　結果不到一年，這些戰友紛紛傷心抱憾地離開期貨市場，他們除了輸掉了金錢與時間，更糟糕的是輸掉了自信與自尊。史托克還曾在此親眼目睹台灣政府買到天價的黃金，天價的大豆，天價的玉米，這些事情都曾讓我感嘆惋惜，悲憤莫名，也因此立下宏願一定要擊敗市場，成為一個卓越的操盤手。

　　史托克較為幸運，一生中遇上幾位明師傾囊相授，才逐漸了悟**股市的漲跌原來就是人性的表徵，只要深入了解了人性，就可以輕而易舉地抓取買賣點**，因為股市真的是藝術、美學、力學、韻律、人性的總綜合，**所有的買賣點都是清清楚楚地標示在線圖上，只要再輔以操盤術及操盤策略**

來控制風險，則勝算至少應在九成以上，這正是操盤手心法所說的：「股市沒有風險，就怕沒有控制風險的方法。」

讀者們一定會想，人性那麼複雜，真想去了解，不花個三年五載，恐怕很困難吧！對不起！您又錯了，史托克只要十秒鐘，就可以讓您了解。這方法實在是太簡單，簡直是簡單的太過分了。我想全台灣的分析師或是投資人要是知道了這個方法，一定會想乾脆一頭撞死算了，所以我稱這套操盤術為──「一頭撞死操盤術」（註：後改稱為「上帝之手操盤術」）。因為我認為全世界再也找不出比這種操盤術更簡單、更能有效抓取大頭大底的方法。

這套操盤術告訴史托克 7228 多頭市場結束，空市開始，將大跌十一到十三個月。又告訴史托克 4474 空頭市場結束，多頭開始。所以如果您不懂這套操盤術，這波下來還不知道要空頭回補，那您準備倒大霉吧！

發表

4474 空市結束，由 5250 回檔到 4530，回檔時間將完成十三個月，多頭即將開始，此波拉回空頭若不回補，準備倒大霉。

實證

4474 果然是大底，面對中國導彈危機，史托克毫不畏懼，認定 4474 是大底，言人所不敢言，為人所不敢為。

021 空頭這麼多，當然要做多

NEWS 產經日報 84.10.2（一）

　　股市實在是個很奇妙的地方，在你拚命看很好的時候，它偏偏要跌；在你拚命看很壞的時候，它反而要漲；愈覺得安全，它偏偏最危險，愈覺得它很危險，它偏偏最安全。你希望它往東，它偏偏往西；你期望它向南，它偏偏要走北。**總之股市的特色就是──「不按牌理出牌」。**

　　君不見4500點附近，中國試射導彈，人心恐慌之極，卻是絕對買點。5200附近央行調降存款準備率，卻反而是賣點。擠兌事件頻仍，建築公司倒閉盛行，資產營建金融股不跌反漲，電子股業績頻創新高，前景展望俱佳，近期反而連連下跌（真好！這下子外資跑不掉了。）反而地雷股國票、光男、三富、羽田大漲。日本因不動產泡沫，引發金融機構鉅額呆帳問題，專家認為日本股市幾年沒行情，結果才兩個多月，指數上漲了四千多點，最近大家紛紛改口看多，股市反而在振興方案提出後，反向下跌。

　　美國股市在3500點附近，就有一大堆人提出美國股市將崩盤的警告，認為美國的福利支出不斷增加，財務赤字、貿易赤字不斷擴增、貧富差距懸殊、種族糾紛頻傳、美鈔大量印行、幣值不斷趨貶、鋼鐵紡織汽車生意愈來愈差，已被東南亞國家、日本所取代，擔心民眾失業沒有工作，地方區域銀行因不動產低迷成百上千的倒閉，教育支出龐大、教育品質低

落、犯罪率大幅上升，認為美國已淪為二流國家，結果呢？道瓊指數已漲到了 4800 點還要漲。講這麼多是要告訴大家一個**操盤手心法：「心要放下，人要躺下，不自尋煩惱，不自找麻煩，不要杞人憂天，不要自以為是。」**

史托克認為 4474 空頭已經結束了，所根據的理由是有八種以上的操盤告訴我應該是沒錯，但我還不放心，我一定要用「登峰造極操盤術」在日、週、月線上找到七、八個以上，而且是一點都不差的「完美滿足點」才敢放心地肯定 4474 是空頭結束的大底，史托克已找到了。需知過去這 30 年來所有的大頭大底百分之百一定有「完美滿足點」出現，這是「上帝之手」的偉大神蹟吧！近期史托克或將舉辦一場「一頭撞死操盤術」發表會（後改名為上帝之手操盤術），屆時再來詳談。

盤勢看法：空頭這麼多，當然要做多，4900 附近買進，持股抱牢。

• **發表**

4474 是空頭結束的大底，理由是根據八種以上的操盤術驗證。而大頭大底一定會有一點都不差的滿足現象，因為過去 30 年都是如此，到現在 104 年還是如此，到現在還是如此好用，建議 4900 點附近買進後持股抱牢。

同時也是「不用大腦操盤術」第七次買點。

022 火車要開了，請趕快上車

NEWS 產經日報 84.10.9

　　報載元大集團終於翻空為多，認為指數有攻達 6000 點之機會。我還記得就在今年年初台股 7000 點附近，遇到了元大基金經理人吳振杰，閒談間我們有志一同都認為多頭已結束，應該要保守。筆者並告訴他：「我已零持股」，並發表看法認為股市至少將持續走跌 11 到 13 個月。

　　當天史托克曾聽到一個坐在鄰座的某法人機構協理，大肆批評元大的基金持股怎麼可以這麼少，簡直是亂來。我忍不住當場反駁他，我說一**個操盤人敢在市場上百分之九十都看好盤勢時，特立獨行，獨排眾議，大幅減碼，勇於面對媒體眾人的壓力指責，若非有大智慧、大勇氣的人是絕難做到的**。事後果然證明元大績效遙遙領先其他各基金，而吳兄也已升任總經理，實在可喜可賀。現在元大又率先翻空為多，看法又跟史托克不謀而合，心中真是無限高興，有了戰友我已不再寂寞，衷心祝福他們操作順利，讀友們可否願與史托克在這段多頭路上攜手同行呢？

　　我曾在「台灣股市 VS 上帝之手登峰造極操盤術」的發表會上，以過去 30 年的日週月線圖為例，列舉台灣股市歷史的每一個高低點。百分之百都是經由上帝之手精雕細琢而呈現讓人嘆為觀止完美無瑕的神蹟，而這星期四下午史托克將舉辦的「一頭撞死操盤術」發表會（後來改名為「上帝之手操盤術」），將讓你深刻明白人類無可救藥的愚行，何以會一再的

發生，而你將學習如何輕鬆地賣到最高點，而且崩盤再也傷不到你。

　　史托克一向認為股市本來就像是個物競天擇、弱肉強食的野生叢林，十個人進來玩，本來就應該是一個人贏，九個人輸，這是我深信不疑的股市真理，這種自然生態，也不容人們任意破壞，包括史托克在內。因此史托克絕不輕易顯露這些奧妙絕倫的操盤術及對個股的看法，君不見很多技術分析工具自從被投資大眾廣泛運用後，最後都淪為主力大戶獵殺散戶的陷阱。因此好東西我從來不講太多遍，所以請您務必要把握住機會。

盤勢看法：依「飆漲暴跌操盤術」、「隨心所欲操盤術」、「倒
　　　　　　行逆施操盤術」史托克認為行情這幾天將大漲。切記
　　　　　　操盤手心法：「當船要沈時，要趕快跳船；火車要開
　　　　　　時，要趕快上車」買進金融股。

發表

　　建議買進金融股。

實證

　　初升段上漲，金融股漲幅最大最快平均 50% ～ 80%。

啟示

　　84 年 10 月 12 日史托克發表第二場演講「上帝之手操盤術」確認 4474 為大底，此操盤術可以破解人性無可救藥的愚行，永遠擺脫崩盤套牢的夢魘，會讓您銘記教訓，了悟大中小崩盤的歷史經驗法則，買最低且賣最高絕非夢事。

023　操盤手十大法寶

 產經日報 84.10.16

　　史托克統計過去這 30 年來的股市資料顯示，股市的波動有一定慣性及韻律，而這種慣性，數十年都是這樣的，從來都沒有改變，也就是說數十年來人們一直不斷地犯著同樣的錯誤，歷史也一直不斷地重演同樣的老故事，這一點實在太值得大家用心去研究，去思考。**這次演講的主要內容，就是要向大家說明股市的自然法則，一直是千篇一律的，單純而簡單。再接下來的工作就是如何運用這些自然的法則，配合技術分析工具，完美掌握飆漲暴跌的大行情，及大中小波的每一個買賣點。**

　　史托克將技術分析的範圍劃分為十大項，命名為「操盤手十大法寶」內容分別是——

1. 波浪理論（包括波浪型態、比例、角度、幅度）。

2. K 線理論酒田五法。

3. 股價型態及測量理論。

4. 趨勢線及軌道。

5. 缺口與對稱理論。

6. 支撐壓力及帶區。

7. 移動平均線與乖離。

8. 成交量。

9. 循環期間。

10. 技術指標。

對所有的技術分析工具，都應詳加分類統計，找出人性在多頭市場，在空頭市場，在盤整時期的韻律及慣性。

所有的操盤手對這十樣技術分析工具若能確實深入瞭解，融會貫通，便能輕易地觀察出多空力道轉變的時機。注意到韻律及慣性的改變，體會出常態變態的轉折，能如此就能逐步克服股市波動的盲點；再配合週線、月線的韻律及慣性，就能充分掌握大格局、中格局、小格局的變化，了解風險與利潤的比例，加碼或減碼的時機，崩盤點及絕對買點的位置，股市陷阱盲點所在，自然就能洞燭機先，趨吉避凶，穩操勝券，無往不利了。今年股市大跌，不管法人、投信、實戶、散戶都傷亡慘重，原因就在於沒有長線大格局的看法，不知道股市之韻律，將至少有 11 到 13 個月的下跌。人非聖賢，誰能無過，操盤手有時也會看錯方向，這點無可厚非，但今年趨勢向下這麼明顯，卻仍懷抱績優股情懷，或下檔有限情懷，完全不做動作或故意不執行停損，這種錯誤是不可原諒的。

盤勢看法：依操盤手心法：「多市看支撐，空市看壓力」，史托克認為政府仍極力做多，故只要收盤 4950 點支撐不破，多頭格局仍在，選股方向仍是金融、航運、紡織，還有物超所值的電子股。

你若能深入瞭解自然法則,股市波動的慣性及韻律、常態及變態,就能破解股市轉折的奧祕,漲跌的起源,就能把複雜的變成簡單的,把不可能的變成可行的,把虧損的變成獲利的。

024 台灣股票俗擱大碗

NEWS 產經日報 84.10.23

「波浪理論」在技術分析領域中，享有至高無上的地位，即使將它稱之為「股市聖經」也不為過。誰能通曉波浪理論的各種變化者，便能輕易推估未來數年甚至數十年的股價走勢，但是能達到這種出神入化的境界者，實在是鳳毛麟角，屈指可數，即使是被舉世公推為波浪理論宗師的「Prechter」，也是照樣會看錯行情，這是因為波浪有自衛的能力，當大家都這麼看時，它就開始產生變化，你認為應該要有第五波，它偏偏沒有，或者變化成複式、楔型，讓你想破頭也猜不著。所以史托克認為，能發現波浪理論的一定是個天才，但要了解，正確研判波浪的也要是一個天才。可惜我們大多數人都不是天才，史托克也不是。

只是最近台塑、南亞股價跌破 40 元，市場上依據經驗法則認為指數將跌落到四千點；外資大殺電子股，大家認為電子股的獲利高峰已結束；江澤明善意的回應被解釋為有惡意的陰謀；中國黃海演習被解讀為中國犯台的開端；民眾認為立委選舉三黨將不過半，政治亂象將難避免；央行黔驢技窮除了再調降存款準備率外已無利多可放。

史托克的看法則是台塑南亞跌到 40 元，上半年 EPS 已 2.4 元，到年底本益比豈不在 10 倍以下太便宜了；美國股市科技股本益比約為 27 倍，**台灣電子股本益比 10 倍以下比比皆是，太便宜了**，當然要賣美國來

買台灣囉；江澤明的談話至少有和緩兩岸近期緊張關係的作用；黃海演習把好些績優股股價打下來，可以買到那麼多物超所值的好股票真是太好了；三黨不過半，選舉都還沒到，幹嘛杞人憂天，況且三權分立，互相制衡，對人民也不見得是壞事啊！央行存款準備率調降空間大的很呢！如再開放外資上限，只要達到摩根史坦利的開放標準，外資馬上蜂擁而來，**史托克的幾位海外基金經理人朋友 11 月左右將大舉匯入，不要讓他們把便宜貨撿光了**；第四季是出口旺季，業績易好難壞；香港已到 1 萬點，台灣至少有 6 千的實力；美國又創新高，科技股又漲了；台股許多個股的本益比超低，股價淨值比也超低，甚至很多是十年來最低價；聰明的你當然知道，**隨便買些績優股也比把錢放在利率會愈來愈低的銀行好；台灣股票真是俗擱大碗。**

發表

　　台灣股票俗擱大碗，尤其電子股本益比都在 10 倍以下，外資虎視眈眈。11 月將進來掃貨，提示大家無論如何都應該買些股票。

實證

　　4474 漲到 10256，電子股漲！漲！漲！漲翻了天，平均漲幅約 3 倍，真是俗擱大碗。

025 量少成谷，人人喊苦

NEWS 產經日報 84.10.30（一）

　　一九九五閏八月終於平安渡過了，這個深植人心的話題，在今年一整年使台灣人民陷入惶惑不安、焦燥不已的境地，這種毫無科學依據，只憑靈異幻想的傳說，竟能讓這麼多人信以為真，由此可證明當人們面對不可預知的未來時，不免期待於神佛的渡災解難，卻也顯示出一個問題——人心真的是很虛弱、很善變。

　　傳言曾有人在 CBOT（芝加哥商品期貨交易所）門口處掛著一幅牌子，上面寫著：「此處乃是杜鵑窩，不是傻子或是瘋子，請勿進入。」**其實不管是期貨、股票、外匯、商品，或任何金融商品的市場，人性的表現都是一樣的，那就是——高檔是瘋子，低檔變傻子。**

　　史托克要告訴你一個適用於古今中外，任何市場，而且幾乎是顛撲不破的，**操盤手心法——「量大成峰，人人發瘋；量少成谷，人人喊苦。」**這心法告訴我們，在一個高檔區，天價區，價量一定是波濤洶湧，因為大戶在量大時才好出貨。但是人性卻往往是在那個時候產生化學變化，明明是最危險，人們卻變得最瘋狂，大舉的投入資金，去享受那危險而短暫的快感。相反的，歷史告訴我們，當成交量低迷、眾家法人投信散戶嚴重受傷，甚至最後開始認賠殺出，或退出股市時，往往就是一個低檔區、谷底區。明明是最安全但是人性卻又變成很虛弱，認為沒有量不會漲，而且還

會愈看愈低，或自己找一些理由、藉口，恐嚇自己不要加碼，甚至出清並放空。後來發現股價卻愈漲愈高，於是整個人都變傻了。

史托克的看法則是千萬不要太迷信投信、外資、主力、自營商，他們除了錢比較多外，操作方法不見得高明多少，因為他們也是凡人。是人就有人性，人性就是——高檔是瘋子，低檔變傻子。

今天報載九月份景氣對策信號為黃藍燈，八月份景氣燈號也修正為黃藍燈了。「黃藍燈」讓大家都很擔心，卻是史托克最喜歡的燈號。因為根據歷史的統計，台股股市在黃藍燈出現後通常再等三、四個月，經常就是一個多頭市場的開始，至少也有四到六個月的行情可以期待。看到黃藍燈叫好——史托克是瘋子。

啟示

在股市裡想要賺點錢其實不會太難，你只要肯多花一些時間多研究看看別人是怎麼失敗的，你就會知道怎樣做才會成功；還有不要相信外資、投信、法人進出，因為他們經常是股市受害人，崩盤受災戶，尤其是在高檔區，每次都是他們在大買特買。

026 舊愛放一邊，新歡擺中間

NEWS 產經日報 84.11.7（一）

　　市場有傳言，這波績優股的大跌是因中資意圖擾亂台灣金融，刻意打壓台灣股市的龍頭股，破壞金融秩序，意圖影響台灣社會秩序及選情；也有人怪罪是外國法人機構看壞兩岸關係前景，所以大殺電子股，以致引起投資人對台灣的未來景氣經濟產生疑慮並失去信心；更有人把這些績優股的暴跌歸罪於呂安妮，認為就是她使得台塑集團股東在一個月內損失500億，並產生績優股比價崩潰效應。史托克只知道政府積極作多，但是史托克也很擔心若是股市漲太多，外資可能跑掉，並對台灣落井下石，那是我最不願看到的結果，故在9月中提出警告，希望外資能陪伴台灣同舟共濟度過這段政治過渡期，**並在10月初提示初期買進低價金融股認為應該是主流**，果然外資投信持有的股票都大跌，史托克看好的股票不但沒跌多少，甚至有的已經創新高了。（我想上帝一定聽到了我的禱告。）

　　有關台塑、南亞、台化的大跌，有人將之歸罪於呂安妮事件，其實她真的是無辜的；至於外資大殺聯電、國巨、台積等績優股，這也是必然的，並非看壞台灣股市；還有人說是中資故意在台灣擾亂股市，製造不安，這種說法我不太相信，這種行徑不異自廢武功，又如同是肉包打狗，**不出半個月一定被排隊苦候進場，有如餓狼的其他外資一掃而光。**

　　史托克的看法是，這是外資的一石二鳥之計。以台塑為例，股價38

元，估明年賺 3.5 元；國巨股價 54 元，估明年賺 5 元；以聯電為例股價 70 元，估明年賺 10 元；而新上市股華邦、茂矽，承銷價約 90 元，估明年約賺 18 元，用算盤打一打後，他們會怎麼做？當然是殺台塑、殺國巨、殺聯電，除了可以把大盤打下來，更能夠把茂矽、華邦的浮額嚇出來，也才吃得到便宜貨。這就是操盤手心法所說的：「舊愛放一邊，新歡擺中間」的兩面光手法。而**電子股就是史托克的新歡最愛。你懂了嗎？**

發表

金融股是此波主流，但電子股才是史托克的最愛。

實證

第一波由金融股先攻，此後電子股大漲平均約 3 倍。

啟示

自然法則就是不成長就淘汰。幾年前報載中資意圖顛覆 14 個集團，以引發島內金融危機，分別是：（1）新巨群（2）東帝士（3）安峰（4）瑞聯（5）台鳳（6）宏國（7）禾豐（8）長億（9）華榮（10）力霸（11）和信（12）國泰（13）聯電（14）台積電。現今已有多家不支倒地。企業能否成長要看老闆英不英明，英明的定義就是：知才、用才、遠見未來。

027 超級大變點，總是在冬天

NEWS 產經日報 84.11.14

　　自 10 月以來投信、外資不斷調節聯電、台積電、國巨，而投信基金則大出塑化、紡織，你打壓我基金，我就砍你股票；你整我，我整你，雙方鬥智落得頭破血流、兩敗俱傷，真是何苦來哉！有趣的是殺出這些股票後，換股都集中到茂矽、旺宏這些明年業績具爆發力、本益比超低的股票身上，這正是史托克上週所提到的操盤手心法：「舊愛放一邊，新歡擺中間。」的手法。

　　所以並不是台塑不好，或國巨不好，也不是聯電不好，而是因為茂矽、旺宏太吸引人，外資投信當然馬上就「移情別戀」了。其實史托克心知肚明，外資是拚命想進來，因為台股今年跌幅達到 32%，世界排名第一，已被外資鎖定為第一目標，只可惜央行門禁森嚴，而且距總統選舉還有一段時間，央行也不會太急於讓股市上漲，因此這次調降存款準備率的幅度當然是「氣死人的少」。

　　史托克在前次演講時曾提及 **7228 的崩盤，在時間序列屬於中級崩盤，到 4474 才只 11 個月，時間太短了，有必要拖長到 13 ～ 15 個月才夠。平均為 14 個月，**推算時間應在 10 月到 12 月之間，至於指數是否會跌破 4474，依歷史統計只有百分之二十的機會。回檔 0.618 處為 4700 值得一試。

　　首先要請您看「產經月線圖」，民國 60 年 10 月 118 點為最低點，62 年 12 月 514 最高點，63 年 12 月 188 最低，64 年 12 月 292 最低，65 年 10 月 257 最低，67 年 10 月 688 最高，69 年 10 月 596 最高，72 年 12 月 434 最低，76 年 12 月 2241 最低，78 年 1 月 4645 最低，78 年 12 月 7888 最低，79 年 10 月 2485 最低，80 年 10 月的 4032 最低，83 年 1 月 3098 最低，83 年 10 月 7228 最高。統計告訴我們，歷史高低點出現在 10 月有 4 次，出現在 12 月至 1 月初有 7 次，這正是股市的「年關結帳效應」。因為到了年底所有的散戶、法人都要過年結帳，像今年跌得那麼慘，法人反而不敢承擔再加碼的風險，甚至會被要求執行停損或減碼以控制風險，怕萬一再跌或加錯碼了，可能有人職位會不保；散戶則因已近年關必須籌錢過年，也只好殺出認賠，因此籌碼通常在此段時間獲得歸宿，也醞釀隔年大漲的契機。這就是操盤手心法：「超級大變點，總是在冬天」的理由。

啟示

　　「TIMING IS EVERYTHING」時機就是一切，不管你是學富五車，或是億萬富翁，抓不準時機、找不到買賣點，到最後的結局還是成為股票斷頭客、股市失意人。

　　時間循環是技術分析中極為重要的課題，操盤手要特別留意。

028 大盤連跌一年多，買進賺錢機會多

NEWS 產經日報 84.11.20

　　眼睜睜的看著紐約道瓊指數已攻抵 5000 點大關門口，倫敦金融時報指數也已攻過 3600 點大關，香港恆生指數也一度攻過 1 萬點；而回憶從前台灣股市在 1 萬點時，紐約道瓊指數、倫敦金融時報指數、香港恆生指數都還在 2000 點、3000 點鬼混。到今天看看別人，想想自己，台灣股市的表現簡直是「遜斃了」。昨天有一位美國重量級券商友人來訪，當他得知台灣電子股超高的獲益及超低的股價後興奮之情溢於言表，他說他的老闆未來最看好的就是台灣的電子股，因為兩年多來美國的高科技都漲了十幾、二十倍，到現在本益比還是都在二十五倍。**他認為明年開放外國自然人投資後，說不定美國科技股飆漲的歷史又會在台灣重演。**

　　史托克非常瞭解──**在股市高檔時，人性一定是意氣風發；而在股市低檔時，人們一定是噤若寒蟬。**因此如果你仔細地觀察自己周遭的投資人表現落寞寡歡，不敢跟你提股票，說話低聲下氣，甚至忍不住殺出認賠，還勸你不要玩時，通常就是底部的徵兆。反而是股市人聲沸騰，口若懸河，聲稱他買什麼、賺什麼，你千萬別真的去買，因為高檔不多了。

　　還有一個更簡單研判股市高檔低檔的辦法，可以完全不必用到腦子，那就是股市心法：**「大盤連漲一年多，買進賠錢機會多；大盤連跌一年多，買進賺錢機會多。」**從去年十月 7228 算起，下跌已經超過一年

了，現在當然是低檔區。史托克還記得股市在 7000 點時，外資、投信、自營商拼命看好，幾乎每家投信持股都接近九成，法人銀行買股票買基金幾乎都快買爆了；現在跌到了 4500 點，外資、投信卻紛紛認賠殺出，看壞減碼，法人也紛紛執行停損或贖回基金。數十年來這種情況周而復始，屢見不鮮。史托克雖感到遺憾，卻也無奈，這正是股市的「年關結帳效應」，實在是劫數難逃啊！

盤勢看法：依據「上帝之手操盤術」從 7228 點起算測量滿足點位在 4500 點附近，若金融補跌則要回補 4250 點缺口。目前所差不多，不買可惜。

Stock's
Prediction

發表

外資極度看好電子股，開放外資後一定會大買。再次強調，認為 4500 點附近是上帝之手測量滿足點。

實證

11 月 18 日 4530 點為回檔最低點，為三角型第二低點，是「不用大腦操盤術」第八個買點。

啟示

大自然的法則就是物競天擇，適者生存，年關效應就是用來淘汰股市弱勢族群的致命手段，操盤手一定要學會反其道而為。

要談判不要戰爭，
要富足休談統獨

029

產經日報 84.11.27（一）

　　12 月 2 日立法委員選舉，明年 3 月 23 日正副總統選舉，全國各地的候選人無不使出渾身解數，絞盡腦汁，以爭取選民支持。而在未來的這段日子裡，人民將以自己的選票來選擇合意的政黨、合意的總統、副總統，合意的立法委員、合意的政府型態，間接影響到台灣未來的政治財經政策，也將影響到你我及子子孫孫未來的命運前途，更將影響到股市未來中長期的興衰。因此這兩場選戰對我們國家及所有的民眾來說，實在是太重要了，問題是應該如何選擇才是正確的呢？

　　史托克認為有三個最重要的原則一定要把握：第一個原則是絕對不能破壞族群融和。過去只要是選舉，就一定有候選人故意挑起省籍情結，冀望爭取多數的本省人選票，打擊少數的外省候選人。其實台灣的民眾是全世界最不會仇外的民眾，即使對曾經殘殺過無數台灣同胞的日本人，我們也能以德報怨，您想想關公、媽祖是外省人的神；耶穌、上帝是外國人的神，釋迦牟尼、觀世音菩薩沒有一個是本省人的神，可是國人仍是虔誠頂禮，根本就沒有人在意。你看上次省長選舉，本省人照樣把票投給宋楚瑜這個外省人，這證明台灣省籍情結不大。

　　第二個原則是絕對不能破壞社會安定。史托克希望政黨暫且放下統獨之爭。因為若是急於統一，在兩岸所得差距如此懸殊之下，勢將造成台

灣的整個生活品質低落，這點我們可以從東、西德統一後的情況得到一些教訓；更不能急獨，因為提出台獨主張，無異是對中國的一種挑釁，一旦引發戰端，輕者會無糧無電，重者要拚死流血，更引起社會不安，投資不前，企業外移，就業機會減少，經濟景氣將步入嚴重的衰退。

第三個原則是絕對不能破壞經貿利益。台灣是個海島國家，經貿是台灣的命脈，台灣去年轉口到大陸為 160 億美元，進口 18 億美元，我們享有 142 億美元的順差，對大陸出口依存度高達 17.22%，但這還是低估，因為除了香港轉口大陸之外，尚有轉運及漁民非法走私未計入。您想想台灣這麼多人靠大陸生活，這種大客戶跟他只能討價還價，千萬不要吵架打架。

盤勢看法：4500 點附近是歷史統計的大買點，不要錯過。

發表

苦口婆心，嘮哩嘮叨，一再強調 4500 點附近是歷史統計的大買點，分配別人財富的大契機，千萬不能錯過。

實證

大盤由 4530 點漲升到 5209 點。

啟示

台股由 10393 點大跌至 90 年底 3415 點，也正是由於政治奪權、黨派互鬥、罷黜專業、人事浮動、無心國事、加速掏空所致，當主政者的重心放在政治時，經濟自然被犧牲了。史托克早已預見。

030 放下多空消息，相信統計分析

NEWS 產經日報 84.12.11（一）

　　股市在自營商、外資、投信莫名其妙大肆殺伐之下，大盤果然在史托克所提示的「上帝之手操盤術」歷史滿足點的 4500 點附近止跌並開始彈升。這就是自然韻律的力量，歷史的神祕法則，簡單的讓你覺得不可思議。

　　這次的漲價，史托克心裡很難過，一方面是惋惜國內的投信、自營商，果然如史托克先前之所料，在 4500 點附近紛紛執行停損，認賠殺出，看壞減碼；更吐血且最難過的事，就是這一批便宜貨竟然讓史托克的幾位海外基金經理人朋友撿走了（史托克早在去年底就告訴他們今年 11 月可進場，並曾經在 10 月文中就提示這些外資會在 11 月中左右大舉進場，提示不要讓他們把便宜貨都搶走了。）

　　史托克之所以要孜孜不倦勤練各種操盤術，為的就是希望有朝一日，能替政府訓練一批操盤高手，能在國際市場上大賺外國人的錢（賺國人的錢沒意義），沒想到如今卻事與願違，反而變成了吳三桂，引外資來賺我們國人的錢，我真的好不忍心。不過回過頭想想，若能借助其力，將股市拉高，幫助一些投資人解套逃命，應也算是功德一件吧！

　　曾經有位高僧講述過一則故事——有位虔誠的信徒，有一天不慎跌下山崖，幸好他雙手及時攀住懸在半空中的一段枯枝，但沒多久雙手就酸

麻無力，於是他誠心祈求他最尊敬的觀世音菩薩拯救他，果然此時山崖上傳來一個聲音說道：「我是觀世音菩薩，只要你鬆開手，我自會救助你。」現在問題來了，如果你是那位虔誠的信徒，你敢不敢賭上你的生命放開那段枯枝呢？

說這個故事就是要告訴你，**在台灣有很多投資人很喜歡技術分析，也很愛好研究圖型。有太多太多的投資人都可以說是技術分析的信徒，日日夜夜地鑽研不懈，可是一旦真正的買訊出現時，卻自我設限於消息面，反而不敢相信技術分析的統計。**

就以大家耳熟能詳的 KD 指標為例，11 月中的時候月 K 值曾達到 13，月 D 值曾達到 19，統計過去的資料也都是歷史的低檔買點，偏偏在這時候，投資人卻往往不敢相信技術分析，不肯相信歷史統計，這豈不怪哉？愛它就要相信它才對啊。**操盤手心法：「放下多空消息，相信統計分析。」**既然愛畫圖，就要相信圖，否則不如把圖給丟了吧。

📈 **盤勢看法**：下週 5000 點有壓，拉回只要不破 4800 點，繼續持股、睡覺。

🏷 · **啟示**

史托克認為操盤術是創造財富的神兵利器，是智慧經濟的最高科技。史托克未來的心願，是期望有朝一日，能將一生所學及苦心研創的操盤術，替國家訓練 100 個頂尖操盤手，縱橫國際金融市場，替國家賺取大量資本利得，早日讓台灣脫離經濟強國壓榨，受外人剝削利用，還要看人臉色的代工經濟。

031 寧可錯殺，絕不套牢

NEWS 產經日報 84.12.18（一）

指數已攻過 5000 點了，市場人氣愈來愈熱，成交量也已放大到 619 億，投信、法人、分析師已開始全面翻多，低點沒人買，漲高拚命追，這正印證了操盤手心法所說的：「量大成峰，人人發瘋；量少成谷，人人喊苦。」及「高檔是瘋子，低檔變傻子。」的最佳寫照。

讀者們應該還記得，史托克早在數月前文章中就斷言過，4474 是這波空頭結束點，所根據的理由是有八種以上的操盤術告訴我應該是沒錯，更何況我曾用「登峰造極操盤術」在日、週、月線上驗證到七、八個以上，而且是一點都不差的「完美滿足點」，這是過去三十年來所有的大頭或大底必有的現象（史托克稱之為「上帝之手」）在大頭出現時股市至少跌 11 到 13 個月，正常則是 13 到 15 個月，平均 14 個月。所以當去年在 7228 出現這種日、週、月線的「完美滿足點」時，史托克就在文章中不斷提示警告，只可惜聽進去的人可能不多吧！這次史托克又在跌了 14 個月後的 4530 告訴大家這是「一頭撞死操盤術」的歷史大買點，你把握了沒有！

讀者們你一定想知道當大底出現「完美滿足點」時，股市又會漲幾個月呢？現在就讓史托克告訴您——**大多頭市場可漲 2 ～ 3 年，小多頭市場至少 10 個月，空頭市場則至少 6 ～ 8 個月。**而到 12 月為止才 5 個

月，所以目前還是安全的。至於這波上來是走大多頭或小多頭—史托克還在觀察，如果是小多頭，那麼明年將比今年更慘，而這種可能性說實在的從基本面看機率還真不小，這些觀點現在不方便說出來，理由之一是未必會發生。另外史托克怕不小心扭曲了股市的自然生態，破壞了股市的韻律及慣性，以後就難以掌握了。

　　史托克目前對後勢還不敢掉以輕心的理由之二是報章、媒體、投信、法人，最近紛紛又開始喊話「目前有的說 6200，有的說 6300，甚至有的說萬點不是夢，每當這種狗吠火車的情況出現，史托克就會不由自主的提高警覺，所以短線寧願先以小多頭看待之。

盤勢看法：下週大盤應有拉回，只要不破 4850 點，長線操作者
　　　　　　繼續「躺著睡覺」吧！若是跌破，依據操盤手心法：
　　　　　　「寧可錯殺，絕不套牢」，先行退出。

Stock's Prediction

發表

　　完美滿足點出現在大底時，小多頭市場至少會漲 10 個月，大多頭市場可以漲好幾年，即使是處空頭市場也有 6 ～ 8 個月行情，長線操作者不用擔心，可躺著睡覺，認為三角整理大盤仍會有一波拉回，估計時間在下週。

印證

　　股市大漲 2 年，24 個月。

第 ② 章

躺著睡覺
操盤術

>>>

長波逆勢操盤術之示範

Stocks

How To Make Money In Stocks

032 躺著睡覺操盤術

NEWS 產經日報 84.12.26（三）

　　近期閱讀了經建會委託長庚醫工學院對台灣國際競爭力的研究報告，在評比的八個已開發國家與八個開發中國家中，台灣遠遠落後於香港、新加坡之後，竟只比馬來西亞略高而已，由此可顯見台灣的國際競爭力實在可慮的事實，而政府部門卻仍毫無知覺於產業結構的惡化。

　　而這一切的起因乃在於過去台幣升值，熱錢流入，所造成的不動產暴漲，股市狂飆的後遺症，當時一支既無資產又無業績且年年虧損的股票竟可炒到本益比四、五百倍。不動產也漲到了一個正常的上班族，窮其一生努力亦無法獲得一個安居之所的高不可攀的境界。台灣股市竟創下了成交值超越美、日的記錄，不動產也創造了以 GNP 計算租金世界第一貴的記錄。

　　台灣便由此開始產生了無數的社會問題，而最大的輸家不折不扣是中華民國的全體國民及中小企業。輸掉的不只是我們中華民族勤奮簡樸的美德，亦使得所有務實踏實的老實人，人生價值丕變，認為投機才是聰明，老實人永遠受欺負，於是社會失去了公平與正義，國民開始有所憤怨，於是勞工意識、環保意識、消費者意識紛紛抬頭，對政府、勢力團體、資本家提出抗爭，不願再做任何犧牲奉獻，唱出「愛拼才會贏」要爭權益、爭福利，人人好高騖遠，個個只想不勞而獲。年輕人也認為反正不

管怎麼努力工作讀書，也看不到前途，於是走黑路、當牛郎、撈偏門，希望能輕鬆賺錢，一夜致富，因此社會治安、投資環境無可避免就愈形惡化了。

中小企業就更慘了，沒辦法的製造業者在台幣升值，外銷不好做，內銷市場亦紛紛被知名大廠瓜分，土地買不起，也租不起，新廠無處立錐，舊廠無地擴充，做了也未必有利可圖，賺的錢還不夠付租金及利息，勞工請不到也請不起。較有辦法的製造業也未必好過，錢賺的多，還會遭人綁架勒索，沒事還要應付勞工問題、環保問題、消費者問題，抗爭罰錢是小事，不小心還有挨告坐牢的可能，實在可悲啊！

盤勢看法：大盤已進入 5200 點空頭大壓區，因有巨量長黑 K 線出現，下週停損點改設 4980 點，不破就繼續睡覺，根本不用看盤，這就叫「躺著睡覺操盤術」。

Stock's Prediction

發表

　　5200 點空頭大壓，提議提高停益點，期待三角形第三支腳下壓。

實證

　　1 月 4 日最高 5209，隨即跌破 4980 點，停益出場。

啟示

　　台灣經濟惡化的源頭在此，泡沫的遺毒。

033 願做快樂操盤手，不做痛苦分析師

NEWS　產經日報 85.1.4（四）

「願做快樂操盤手，不做痛苦分析師」是史托克的一向主張，你想想史托克在 4530 點提示讀者這是歷史統計的大買點（所憑藉的方法，完全只靠幾根手指頭，知道方法的人一定會想一頭撞死，所以我取名為「一頭撞死操盤術」後因名字不雅而改為「上帝之手操盤術」）。之後接連五、六個星期，史托克只提示大家「繼續持股睡覺」、「不用看盤躺著睡覺」，**因為經過十數年孜孜不倦勤練各種操盤術所獲得的結論就是──「坐著賺，躺著賺，閉著眼睛賺，永遠都比每天操作賺得還多」，「短線賺銀、中線賺金、長線才能買大屋」，所以史托克才研究出這套操盤術**，懂得的人人生是快樂的，不懂得的人，人生是痛苦的。所以史托克一向是快樂逍遙的操盤手。

　　史托克最不喜歡做基本分析，因為只要每次一想到政治、社會的紛亂，逐漸腐化污濁的人心，總不免憂心忡忡，替國家人民的未來擔心，替台灣的前途憂慮，趁現在睡覺操盤期間不妨一起探討一下教育問題吧！我認為教育的目的應不只是訓練學生成為考試的機器，或只是單純的傳授知識，更重要的目的，應是培養學生的人格：一種「有我在國家會更好，有我在社會會更好，有我在家庭會更好」的人格。反觀台灣的教育幾乎完全被升學主義所把持，認為萬般皆下品，唯有讀書高；一切都以成績為取

向,成績就是一切。現在的父母看到子女,不懂溫柔擁抱,只會大聲喝斥:「快去看書!」其實讀書需要興趣,也需要天份,更需要培養,可是我發現學生們一旦讀得不好,或考得不好,常會受到老師家長的無情羞辱,長期下來人格常受扭曲,不免走向自暴自棄,自甘墮落之途,變成問題學生,甚至成為社會的敗類。何況不會活用頭腦,光讀死書是沒有用的。

盤勢看法:下週拉回不破 5050 點;繼續「躺著睡覺」,你相信嗎?運氣好時可以睡好幾年哦!祝您好夢。

Stock's
Prediction

發表

　　停益點提高到 5050 點;1 月 4 日當日為短波最高 5209 點,1 月 5 日破停損出場。

　　史托克心中看法認為三角打底將成,準備開始使用「躺著睡覺操盤術」;坐著賺、躺著賺、閉著眼睛賺,開始布局長線,順勢才能快樂無憂,認為運氣好時可以睡好幾年。

034 人生不如意事，十常八九

NEWS 產經日報 85.1.11（三）

　　基本分析八大法則——大前提、小前提、結論、過去、現在、未來、活動、延伸。最最重要的就是「延伸」，所謂的延伸就是以邏輯法推論聯想各種未來將推動的政策在「基本分析十四範疇」所將產生的影響，以推估未來的問題與風險，才能做到「洞燭機先」、「趨吉避凶」的地步。所以史托克將這套理論定名為「未卜先知操盤術」，這是史托克五十多種操盤術中我最討厭的一種，因為實在太傷腦筋，所以一年想個二、三次也就夠了，以免得了「股市憂鬱症」

　　以 83 年第四季為例，史托克看到融資餘額達到 2 千多億已接近滿載，這表示散戶全面看好，投信持股竟超過 9 成，這表示業內全面看好，而投信所推出的新基金竟然造成瘋狂搶購，一證難求。有一天某投信到史托克所任職的保險公司投資部，做新基金推出的募集簡報，史托克問他們募集情況如何，他們的回答竟是很難募集，因為法人機構的額度幾乎都買完了，這表示法人也已全面看好，全力投入了。

　　史托克原本就測量到 7228 附近應是歷史的大滿足點，這下子又聽到他們這麼說，心中就更加篤定了，因為市場全面看好，再加上法人業內都買飽了，散戶更用融資大買特買，試想多頭子彈都用光了，接下來當然會受到空頭的殘酷殺戮，這就是**操盤手心法所講的：「買力耗盡，是股市最**

大的利空」。

再加上當時史托克推斷政府心態，如果股市當時一直漲，漲到八千、一萬點，再來改選總統，選完後利多出盡，股市大崩盤，對於總統未來任期的政績是非常的不利，與其先漲後跌，「開高走低殺尾盤」讓全民留下惡劣印象，還不如先跌後漲，讓政績「開低走高拉尾盤」有利。另外台灣人民第一次自己選總統，雖然很爽，但是史托克想到大陸那邊一定會很不爽，一定會發生一些「語言口角」甚或「肢體衝突」

最後最重要的參考則是操盤手心法：**「人生不如意事十常八九」，大家都看八千點，股市怎麼可能讓大家都如願以償**，所以史托克認為七千就該下車了。史托克乃提醒讀者務必要提高警覺，高檔只要大量不漲，則要切記寧可錯殺，絕不套牢。

感想

　　買力耗盡，是股市最大的利空，散戶死絕，是股市最大的利多，股票市場絕對沒有讓散戶全部賺大錢的道理，當散戶群聚，就是漁夫下網收網之時，也是操盤手應當迅速逃離之時，若你毫無所覺，就是大禍臨頭之日。

035 風險在腦中，停損在手中

NEWS 產經日報 85.1.18（三）

　　史托克在上週曾提到「**基本分析八大法則**」——**這是股市分析人員訓練自己的眼光，推估未來情勢，了然未來問題與風險的法門。**

　　舉例而言，政府要推動亞太營運中心是為「**大前提**」，做法上千頭萬緒有許多的「**小前提**」——諸如「金融國際化」、「金融自由化」固為其中要點；但「金融制度化」、「金融紀律化」絕對是更優先於國際化、自由化，因此政府須先訂好一套遊戲規則，才能安心地開放外人來參與。所以財政部的專家們急於修改法條，建立合於國際規範的金融制度，並嚴格管制惡性炒作者，杜絕內線交易，務使台灣金融制度邁向制度化、紀律化。

　　在「**過去**」台灣投資管道太少，股市規模太小，又免證所稅，國民儲蓄率高，社會游資過多，外匯管制又嚴，對董監主力的管制又鬆，致使台灣股市淪為董監主力的炒作天堂，他們為所欲為，股票滿檔時就發佈利多，拉抬股價出貨；股票倒光了就開始五鬼搬運製造帳面虧損，壓低股價補貨，可憐無知的散戶飽受蹂躪踐踏。就證所稅而言，跟佔 93% 的股市散戶何干，但對炒作大戶而言那就影響重大了，史托克看法是炒作大戶賺大錢多繳稅是天公地道的，只是外資法人部分須避免雙重課稅倒是真的。可惜因為股市正處低迷，中國又要開始文攻武嚇之際，必須借助外資撐

盤，更重要的是不能影響到總統選情，唉！當專家遇到了政客，好的政策也只好停擺了。而「**現在**」仍有一些「有識之士」致力於股市制度與紀律一勞永逸的改革，如擴大股市規模、推動公營事業股票上市、擴大店頭市場規模、推動指數期貨、放寬外匯管制、增多投資管道、改革新股上市上櫃制度、改革交割制度、改革財務預測制度、重大訊息公告制度。

「**未來**」這些改革的「**活動**」及「**延伸**」的影響效果將會像一把把的尖刀插到炒作大戶的心臟，但大戶也必有反撲之舉，「**結論**」當然會影響到未來整個股市的生態，所以讀者們今年操作切記以下的操盤手心法：「風險在腦中，停損在手中」

**盤勢看法**：5050 點支撐變壓力，短線者先出再說。

• 發表

5050 支撐變壓力，短線者先出再說。

• 實證

85 年 1 月 19 日指數最高 5073 點，最低跌到 4672 點。

• 啟示

一個操盤手要不斷的成長，就是要不斷地找問題來問自己、考自己、磨練自己，翻查過去歷史來找答案，推演未來，定下結論，擬定現在的策略、行動方針。

036 投資環境評估 30 要項

NEWS 產經日報 85.1.29（一）

　　日前經建會邀請國內外業者，進行當前投資障礙座談會，包括台塑、台泥、宏碁、東帝士、燁隆以及工總、中小企業協會、美僑商會、歐洲商務協會等國內外重量級廠商與工商團體，均向政府反映，目前影響國內外業者投資意願最鉅者，分別為：非經濟因素部分的兩岸關係緊張與政治不安定，以及施政泛政治化引起的效率不彰。至於經濟因素則首推環保、土地與勞資問題。

　　一般企業在選擇設廠地點或評估投資環境時所考慮的因素不外——

1. 所得稅率高低。
2. 投資有無優惠獎勵措施。
3. 外銷有無關稅優惠。
4. 有無配額管制。
5. 利益輸送方不方便。
6. 政治安定。
7. 社會治安良好。
8. 行政效率高。
9. 勞工是否充足、素質高低、工作勤奮、薪資便宜好溝通。
10. 當地是否有良好政商關係，可獲得政府保護或特權壟斷。

11. 土地成本是否便宜，有增值暴利。

12. 有無工會團體抗爭、勞保退休制度。

13. 原料副料是否便宜充足。

14. 環境污染管制少。

15. 電源、水源是否充足便宜。

16. 銀行服務水準、貸款難易、成本低。

17. 內銷市場腹地大小、銷售管道通暢。

18. 電訊通訊設備齊全便宜。

19. 資金調度或取得是否方便。

20. 氣候溫濕度是否適宜。

21. 運輸成本設備是否低且充足。

22. 上中下游是否配合。

23. 資源是否豐富。

24. 物價是否穩定。

25. 幣值是否穩定。

26. 法令執行嚴不嚴格。

27. 反商情結是否嚴重。

28. 當地政府民眾是否歡迎。

29. 有無賺取匯差利差的機會。

30. 當地股票不動產是否有炒作機會，共計 30 個要項。

　　台灣過去之所以能夠創造出舉世聞名的經濟奇蹟是因為：一・政治安定；二・社會安定；三，人民勤奮；四，人工成本低廉；五，物價穩定；六，匯率穩定；七，政府收入大於支出；八・行政效率高；九，有獎勵投資租稅優惠；十，上中下游配合良好等等因素。

　　而以現在的角度來分析這 30 個要項，就可以非常清楚的認識到當台灣與東南亞國家比較，競爭力及比較利益確實已大不如前了，而政府若還不力圖振作，放任黑金橫行，政客亂為，則中華民國的國運危矣！

盤勢看法：4850 點是上升趨勢線均線支撐，因量縮太快，有機會做反彈，可少量玩玩，短線者設 4650 點停損。

Stock's
Prediction

發表

　　4850 點附近短線可買，85 年 1 月 29 日當日最低 4681 點，短線者設 4650 點停損，可少量玩玩。

啟示

　　金字塔之所以建得高，是因為最基礎最下面的基石堅實無比，一旦民心腐化，爭相追逐泡沫，不思正業，只想不勞而獲，政客只想爭權、掏空，則國運危矣。

037 基本分析死亡盲點

NEWS 產經日報 85.2.5（一）

　　最近接連有好幾場由投信公司及投顧公司舉辦的大型演講會，紛紛對今年的股市暨產業提出看法，通常的形式就是一開始先秀出國內景氣情況預估如國內生產毛額成長率，民間消費成長率、政府消費成長率、民間投資、商品及勞務、匯率、利率物價、貨幣供給額等情況；其次再秀出國際主要國家的 GDP 成長率預測等資料；再接下來就是講到各產業的情況變化，供需情形；這種演講會形式幾乎都是千篇一律，很少有什麼新鮮事。史托克曾在授課時，對這種模式提出一些質疑，以國內生產毛額成長率為例，82 年為 6.3，83 年為 6.5，成長 0.2，所以股市由 5125 漲到 7228，漲了 2 千點；而 84 年 GDP 數字為 6.4，衰退了 0.1，所以指數由 7228 跌到了 4474，而今年的 GDP 數字有人估 6.2，有人估 5.8，依此推論，將來指數是要跌到 3200 囉！

　　史托克曾把長期利率、本益比，景氣對策信號與加權指數對照比較起來，所得出來的**結論是——股票市場是領先指標，股票市場與景氣實在沒什麼關係**。你看美國去年 GDP 成長率跌到 2.9 股市照樣大漲特漲，利率連連調升六、七次，股市反而飆得更兇，所以如果你以為只要弄懂了景氣變化就一定可以在股市獲利，史托克可以肯定地告訴你——你鐵定會很失望的。

基本分析最大的盲點就在於：

1. 每天都有大量的資訊產生，但一個分析者卻只能研讀小部分資訊，且當他在研讀時，事實上，那已經早就是舊聞了。

2. 基本時勢情況，時時在改變，沒有定則，任何狀況隨時發生。

3. 基本分析資料總是由理論家、學者所提供，而通常他們並不懂股票。

4. 基本分析所獲得的資料，通常是個人的主觀意見，他只告訴我們他所希望我們知道的事情，中間往往參雜了個人的偏見，及對事實的歪曲，以符合其目的之說法。

5. 基本分析反應之資訊及事實，總是在多頭市場的頂部或空頭市場的底部才出現，而此時要一個基本分析者迅速推翻自己的立論是相當困難的，通常他都會固執其說法，直到其損失慘重為止。

6. 最大的問題是，基本分析論者，都無法告訴你多頭市場的高點，或空頭市場的低點，是否該適時獲利了結，或應該大膽進場的時機。

盤勢看法：4900 點反彈壓力，搶短者勿貪。

· 發表

　　4900 點是反彈壓力，搶短者勿貪。

· 實證

　　85 年 2 月 13 日最高 4882 又跌回 4675。型態完成三角形第三個低點。

· 啟示

　　技術分析若有一百個盲點，則基本分析則有一千個盲點，要成功就要拼命努力把自己的錯誤減到最少，減到最小，成功要有一百個理由，失敗卻只要一個理由。

　　史托克這 20 年來，所有的買賣關鍵點預測準確無比，從來不是依經濟基本面，完全是依照操盤術掌握股市的律動。

038 技術分析的迷思

NEWS 產經日報 85.2.12（一）

　　很多投信法人機構，乃至於一般投資人，一向都以為「技術分析」是一種最簡單不過的工具。只要花個十天、半個月就能了解，甚至只要知道簡單的上交叉就買，下交叉就賣的基本原則，就可以進場操作賺錢了，所以一些法人機構對技術分析一向是避而不談，認為只講技術分析好像太沒水準，所以歷年來都高談闊論，經濟、景氣、匯率等等比較深奧難懂的題目，這樣才能顯現出他們的智慧與學問。

　　史托克還記得十多年前，初進期貨公司上班，一開始期貨公司就開始教授 KD、RSI、MACD、圈叉圖，不到一、二個星期就開始鼓勵大家招攬客戶下單，結果就是九成的營業員不是自己賠一屁股，就是把親友客戶的錢賠光光，所以我開始瞭解技術分析好像不是期貨公司講的這麼簡單，期貨的錢也好像不是真的那麼好賺，史托克仍堅持一直不斷的拿小額的資金去練習實驗，希望精益求精，找出盲點。但是結果還是輸多賺少。

　　我愈學愈迷糊，因為我開始發現技術指標多達數百種，甚至上千種，足以讓你眼花撩亂，有的說要買，有的說要賣，你說怎麼辦；技術指標又分長期、中期、短期。長期說要買，中期說要賣，讓你無所適從，你該怎麼辦；技術指標要死不死的還經常會出現騙線、鈍化，老是讓你買在最高，殺在最低，讓你欲哭無淚，你能怎麼辦？十個技術分析者有十一種

看法，有時你對，有時他對，讓你摸不著邊際，而且時多時空，非常善變，你要怎麼辦？

　　就在我一片懊惱失望之際，幸好遇到了我的第一位恩師的指點，才逐漸懂得執簡馭繁的技巧，也才瞭解**數以千百計的「技術指標」也只不過是技術分析範疇的十分之一。恩師並逐一點破技術分析的盲點，史托克因此獲益良多，將之歸類成為「操盤手十大法寶」，並以此邏輯推演出五十多種勝率至少百分之八十以上的操盤術。這些操盤術，都必須經過千錘百鍊，長時間的驗證，每一種都必須能獨立操作，控制風險，獲取暴利。**

盤勢看法：總統大選時限逐日逼近，選舉前後中國應有影響選情
　　　　　動作，短線者保守為上策，等待三角型突破變盤信號。

· 啟示

　　在股市裡一般投資人賺錢是意外，虧損是常態，大賺是病態，這就是「肥羊理論」。當投資人獲利豐厚，就是宰殺時機。

　　史托克的操盤術就是由此理論倒推，檢視發生錯誤的原因，產生盲點的理由，整整花費了 30 年的時間，不斷地修改、嘗試、驗證，目的就是學習如何避免失敗，更加接近成功。

039　生活導師 VS 殺戮戰士

NEWS　產經日報 85.2.26（一）

　　對中國人而言，乙亥金豬年總算過去了，對股民而言，這隻豬簡直就是「病豬」、「瘟豬」，股市竟然從豬年頭 7200，摔到豬年尾 4800，簡直是標準的、不折不扣的「摔死豬」、「瘟死豬」。由最高點到最低點，整整下跌了 2700 點，聽說外界死傷慘重，基金經理人及法人操盤人被換下了 N 個。

　　去年史托克曾警告 7228 無論在日線、週線、月線上全部都是一點都不差的完美滿足點。而且還是型態滿足、幅度滿足、比例滿足，通常統計上這種重大滿足點一旦出現，股價「至少」要整理或盤跌十一到十三個月，請大家不要祈禱，趕快跳船。果真指數整整下跌了十一個月，在 **4474 出現了另一個日、週、月線全部都是一點都不差的完美滿足點止跌。而依統計即使是空頭反彈，至少都有六到八個月的反彈，若是小多頭最少十個月，若是大多頭則有好幾年的上漲，估計時間已六個多月了，多空即將在 4900 到 5000 點附近決勝負**，目前政府全力做多，對岸則極力打擊，人心則觀望不前。

　　在史托克眼中，**股市是人們最好的「生活導師」，也是「人性的修練場」**——它教我們要有「勤奮心」，不可偷懶怠惰，要勤做功課，要勤於修練；它教我們要有「靜思心」，要能高瞻遠矚，與眾不同，不要人云

亦云；它教我們要有「不動心」，要能在多空雜陳的股海中處變不驚、莊敬自強；它教我們要有「勇敢心」，當行情來臨時、機會降臨時，不要猶豫不決，要果斷積極；它教我們要有「平常心」，勝不驕、敗不餒，做最壞的打算，做最好的準備；它教我們要有「懺悔心」，精益求精，絕不自滿，隨時思考己過，知錯必改；它教我們要有「知足心」，不能貪得無厭，看不懂就要少做，不好做就別硬做。

　　另一方面股市又扮演著「殺戮戰士」，它沒有「仁慈心」，沒有「同情心」，它每天無時無刻不在考驗我們，試煉我們，只要人們有一點「驕惰心」、「得失心」、「虛榮心」，或顯露出一絲人性的弱點，它就開始修理我們，殺戮我們。君不見古今中外有多少炒作者、投機者最後的結局總是——「傾家蕩產」、「妻離子散」、「家破人亡」。唉！股市是人性的修練場，卻也是無知者的墳場。千萬要小心！小心啊！

發表

　　最後再次強調 4474 是大滿足點，即使是空頭反彈都至少有六～八個月反彈，小多頭最少十個月，大多頭甚至可漲好幾年。當時史托克感覺，每週都要寫一篇專欄文章，預測短線看法很是繁亂、無聊，於是央請社長同意，此後只有當台股有重大轉折才來發表文章。此後回歸看好就該躺著睡覺的操盤手，不做痛苦解盤的分析師，隨即停筆，暫別「人壽看盤」專欄，隨後股市突破三角形整理展開二年大多頭行情，指數由 4474 大漲到 10256。

040 躺著睡覺操盤術，8599 多頭要小心

NEWS 產經日報 86.5.7（三）

產經的老朋友們，史托克先在此向大家問好。史托克生性疏懶，又不喜歡曝光，自從 84 年 10 月中發表「上帝之手操盤術」，向讀者們宣告 4474 是「登峰造極操盤術」的空頭完美結束點，故 4474 將是歷史大買點，請讀者千萬不要錯過，不久即停筆「人壽看盤」專欄，專心選股躺著睡覺操盤去了，到今天多頭已走了一年半，想必大家賺翻了。今日再度執筆，是希望提醒大家要小心了。

史托克在 86 年 3 月 14 日（6 成股票在 3 月中出現最高點），鑒於幾個國際重要股市都已到達「上帝之手」之測量點，即將大幅回檔，而台灣股市也即將碰觸「登峰造極操盤術」之完美滿足點位置，意即大盤將進入大整理，史托克乃特意於當時**舉辦了一場「躺著睡覺操盤術」**發表會，最重要的目的是希望藉此機會警告與我有緣的讀者，股市即將進入大整理，看到 8500 點以上都應減碼，股市將進入來回震盪出貨階段，請與會者減碼，並相信史托克的統計分析，到今日也已獲得印證。

史托克曾於 4474 附近，提示讀者，史托克的外資法人朋友將大舉進場，主要目標是瞄準電子股，如今我們的獲益率平均約 3 倍，而目前已進入調節階段了。近期大股本的三商銀帶動指數滾量拉升，應屬後段掩護撤退行動。

史托克曾在 83 年底 7228 時向產經讀者提示是歷史滿足點，當船快沈時，不要禱告，趕快跳船。現在史托克依據統計，擔心股市又將進入大整理，讀者們可趁有小波反彈時減碼。史托克的忠告就是——多頭請小心。

演講

86 年 3 月 14 日，史托克發表第三場演講「躺著睡覺操盤術」，告訴讀者 8500 點以上要開始減碼，三商銀滾量拉升為出貨撤退動作。

此操盤術是史托克的最愛，買進後只要注意沒有變態情況產生賣點，就可以一直躺著睡覺，是操盤術的最高境界，「閒閒無代誌，睡覺賺大錢」，為長線操作的經典之作。

041 月線滿足點，行情大修正

NEWS 產經日報 86.5.14（三）

　　昨日有位曾參加史托克在 3 月 14 日舉辦的「躺著睡覺操盤術」發表會的老讀者來電，表示幸虧他聽完史托克演講，在即將碰觸滿足點之際有即時減碼，**此波產業、金融股的大跌，一點都沒有受到傷害**，真是萬幸，否則這一年多來辛苦賺到的錢可能又泡湯了，希望日後若再舉辦類似的發表會時，務必特別通知他參加，因為他不願意錯失，更承擔不起損失。

　　史托克曾在 84 年舉辦一場「登峰造極操盤術」發表會，在會中我以日線、週線、月線舉出數以百計的實證，向來賓們證實「股市完美理論」的存在，舉凡 30 年來台灣股市的崩盤點諸如 4673 — 8813 — 12682 — 6365 — 7228，又或是台灣股市可以讓你致富的諸如 2241 — 4645 — 2485 — 3098 — 4474，無一不是一點都不差的完美滿足點。

　　而這一次的最高點 8599，也正好是月線的完美滿足點，而且跟 84 年當時的 7228 一樣，型態滿足，幅度滿足，時間滿足，比例滿足，這到底是「造物者」的鬼斧神工，亦或單純只是「自然法則」的鐵律，史托克也不想知道，我只知道只要多頭出現月線滿足點，就是行情要大修正的時候，看錯方向者不死也會脫層皮，這就是史托克為什麼特意在三月中舉辦發表會的主因。

盤勢看法：「月線滿足點」出現，通常表示會有數月的修正整理，即使最強勢的多頭也至少要整理三個月，多頭可以趁此機會休息，等待超跌的反彈買點出現。

發表

　　3 月 19 日 8599 是月線滿足點，預測至少整理三個月。

實證

　　大盤如預期拉回整理近三個月，回檔最低點在 5 月 13 日 7893 點，而金融股、產業股的歷史天價幾乎都在 86 年 3 月 14 日形成，從此再也見不到新高點。而台股末升段僅有電子及證券股創新高。

042 人性永遠不變

產經日報 86.5.21（三）

在股市裡要成為專家很難，要成為贏家卻很容易，因為專家什麼都要懂，什麼都要分析，每位分析師、專家好像個個都上通天文、下通地理，群眾以為他們是神，他們也都將自己比擬為神，因此他們可以預測出明天會漲會跌，哪一支股票將要大漲，每天可以帶著會員們衝進殺出好幾回，這種本領實在讓史托克敬佩不已，但實在是太累了。

史托克認為**要成為專家太難，但要成為贏家卻容易多了，只要懂得方法，則輕鬆愉快**，大家一直以為股市是「隨機漫步」，事實上股市大盤的走勢變動一直都是有韻律、有節奏，為此，史托克也曾在 84 年舉辦過發表會，帶領讀者共同欣賞「上帝之手」是如何在歷史的每一個高低點，精準而完美的雕塑出這個完美無瑕的作品，讓與會者親身體會到震撼人心、驚心動魄之美，認識一下人性標準的錯誤模式。

史托克有數十種預測大盤高低點的方法，但仍希望極力去避免，因為預測是最大的風險，真正的贏家重視的是選股及操作，而大盤只是做為控制資金成數的依據工具，買賣點一年出現不了幾次，故不必放太多的心力，其中大盤最重要的法則是──**「高檔要減碼，低檔要回補，突破要買進，跌破要認賠。」**以軌道圖為例，8599 及 8758 很自然的顯現出賣訊，因此高檔要減碼，7900 附近是軌道低檔，若不破上勾則要回補，但

若跌破則要樂於認賠,退出休息,等待更好、更便宜的價位來臨。若不跌破則繼續持股,躺著睡覺。此外不要 5000 點不敢買,7000 點買三成,9000 點買十成,「低檔不敢玩,高檔拚命玩。」不過這就是人性,人性是永遠不會改變的。

發表

    7900 附近是軌道低檔買點,若不破上勾則要回補持股,繼續躺著睡覺,並提醒人性會高檔拼命玩,應該要減碼持股。

實證

    5 月 13 日見 7893 低點後到 5 月 30 日,三度測試 7900 點,不破軌道低檔。

043 高竿釣客 VS 奸滑老魚

NEWS 產經日報 86.5.28（三）

　　史托克最喜歡用「釣魚」來喻論股市，因為每個參與股市的投資人，無不認為自己是高明的「釣客」，希望在股海中能經常釣到大魚，滿載而歸。殊不知在股海中人人可為「釣客」，但人人也都是「游魚」。而最不幸的是，投資人成為「游魚」者佔絕大多數，能成為「釣客」者鳳毛麟角而已。股市之中真正「高竿釣客」當然是指董監大戶主力作手，其他包括法人投信投顧外資，充其量只能稱之為──「奸滑老魚」。「釣客」深諳「釣引之道」；「老魚」熟識「索餌之訣」。其他一般散戶則如小魚小蝦，最後通常淪為「釣客」或「老魚」之養分佳餚，這就是股市食物鏈，股市散戶的宿命，幾百年來從無例外。

　　史托克過往執筆「人壽看盤」專欄時所提示的「操盤手心法」之靈感，許多皆是引自中國最古老的兵法──**「姜太公釣譜」，這部兵法內容分「釣引篇」及「索餌篇」，前者攻中帶守，後者守中帶攻，據傳凡能精通此兵法者，進可安邦定國，退能經商致富**，史托克野心不大，僅將其延伸運用在此詭譎多變的股市，倒也效用神奇，揮灑自如。

　　董監大戶對一般散戶的習性知之甚詳，做量、做價、做線圖；拉高、壓低、傳耳語；利多、利空、放消息，投其所好，目的只為引魚上鉤，如果投資人冷靜想一想，一家上市公司如果淨值 10 元，賺 1 元，本

益比 20 倍，股價至少 20 元；賺 2 元，股價馬上變 40 元；賺 3 元，股價馬上跳上 60 元；其實真正說來淨值也不過增加 2、3 元，而資本利得卻可賺上三、五倍，除權前賣掉不用繳稅，無怪乎今年許多大戶競相學習「國揚模式」，紛紛想「借殼上市」，請你想一想，正正當當的做生意，投資一塊錢生意能賺五毛錢，50% 已算是暴利，弄個「借殼上市」，灌水 EPS 1 元，可以賺 20 元，投資報酬率 2000%，天啊！多好賺啊！

盤勢看法：上週提示，7900 點遇黃金五行線，及軌道支撐，根據 10 年統計反彈至少 300 點，有回補者 8200 點以上可先拔檔，中線壓力 8300 點，等候大盤再拉回測試 7900 點軌道支撐，再定策略。

Stock's Prediction

發表

7900 點附近有五行線軌道支撐，即使空市買進，至少都有 300 點反彈可賺，應買進，壓力先看 8300 點。

實證

86 年 5 月 30 日最低只到 7975 點，立即出量強力上攻。

啟示

「借殼上市」灌水 EPS 一本萬利，主力經常利用「本益比」這個鬼東西，害人精，坑殺投資人。上市公司也常藉由灌水盈餘來影響股價，藉此篇文稿提醒大家要小心，勿著其道。

044 操盤手的價值

產經日報 86.6.4（三）

一個**操盤手有沒有價值，取決於三個基本因素。首先是對大盤的掌握度，對大盤若沒能掌握，則資金配置就會不正確**，例如可運用資金有 10 億，只投入 10% 即 1 億，即使讓公司賺一倍，也不過賺 1 億，對一家 10 億資本額的上市公司，貢獻的 EPS 也不過 1 元，對股價的影響只不過 20 元而已（本益比 20 倍，漲為 20 元，市值增至 20 億）。若能掌握大盤，丟入八成資金，即使只獲利三成賺 2.4 億，貢獻 EPS 為 2.4 元，對股價的影響可能是 40 元，市值增至 50 億元，財富暴增 40 億元。

第二個基本因素是選股的能力，操盤手的最基本任務就是精選個股，決定投資金額，努力創造績效，經常看到法人精挑細選出的潛力股，只買個 30 ～ 50 張，看到股價漲上去就不買了，美其名為逢低買進，實際上是對自己的選股沒有信心，因為既然是潛力股，即是預期至少有 50% 至 1 倍的漲幅，因此追高也是必須的，股價會漲，表示看法正確、選擇正確，又怎能期待有人把股價打下來讓你買呢？勇於佈局才是最重要。多頭市場還沒有結束前，一定要買主流股，絕對不要退而求其次；「主角」、「配角」、「龍套」的角色定位要清楚。多頭市場買到「龍套」還好，就怕買到「佈景」，連動的機會都沒有。

第三個也是最關鍵的基本因素是買進賣出策略的擬定與執行。股票

操作基本上應該是很輕鬆的，尤其是在多頭市場，只要看對大盤走多頭，選對個股不鬆手，就可以躺著睡覺是最好的策略，**史托克在「躺著睡覺操盤術」發表會中，曾將史托克任職壽險公司自85年6月起會議紀錄的選股投資組合，依此套操盤術，計算到86年的選股換算投資報酬率為299%。**

　　操盤人在多頭市場，最大的錯誤經常是── 1. 看好沒買；2. 看好買太少；3. 看好只賺一點點就賣掉了。操盤手只有靈活運用策略才能彌補這些缺失。操盤人的價值就取決於策略上「應對進退」的功力。

盤勢看法：央行放利多，力守7900點軌道支撐，且打下三根釘子線，短線應進場做多，先看 B 波反彈。選股可考慮（1）股價跌深；（2）權值不錯；（3）本業不差的低價紡織，中價位含高權值的電子股，及高獲利低本益比的證券股。店頭市場的長期潛力不可輕忽，宜提前佈局。

發表

　　7900點軌道支撐能力守不破，且打下三根釘子線，要進場做多，建議買進高權值電子股、證券股及低價紡織股。

實證

　　大盤由7900點上漲到10256，此波電子、證券股漲幅近一倍。

045 了然人性，投其所好

NEWS 產經日報 86.6.11（三）

在 3 月 14 日史托克發表「躺著睡覺操盤術」的同時，史托克同時展示了從 85 年 6 月到 86 年 2 月之選股績效，換算年報酬率為 299%（壽險機構不能融資融券，不能買獲益由虧轉盈的轉機股，尤其是借殼上市股），在場有投資人問到**選股的訣竅是什麼？其實這個問題實在再簡單不過了，答案就是——了然人性，投其所好。**

史托克一直避免在文章中提示個股，頂多只提示類股，主因是不希望散戶一窩蜂介入，破壞了量價線型，請你想想散戶要吃主力的貨，怎麼能如此明目張膽。**主力拉抬股票，必須精算籌碼，若散戶太多人上車，車子超載嚴重，勢必也無法開動，反而容易出現主力放棄操作或反向殺出的情況。**散戶要賺大錢，只有剛好搭上主升段行情，或者是碰到了菜鳥做手才有機會，主升段都賺不到，那也未免太遜了。

4500 點附近，史托克曾提示買進金融股，到 6000 點附近則殺出金融股，佈局電子股及證券股。主要原因是 4500 點初升行情是由政府主導，操盤人都是金融機構人員，這些人都偏好金融股，因此要先買金融股；主升段外資投信主導，換上新世代的操盤手，這些人年紀輕、學歷高，他們的選股邏輯簡單得很，只有每股盈餘、本益比，所以他們一定會去挑選電子股及證券股，對高本益比的金融股及成長性差的傳統產業股一

定是興趣缺缺。因此如果你這一、二年沒賺到錢,我肯定你絕對是因為你沒有體會出「投其所好」的緣故。

　　不過他們不知道「風水是會輪流轉」的,舉例而言電子股的力捷,史托克投資至今報酬率約 10 倍,證券股及某他電子股平均獲利約已二至三倍,但是到了今天許多投信都已認同了這個想法,最可怕的是散戶也開始這麼認為,以致於電子股融資不斷擴增,投信持股比例也節節高升,成交量幾乎佔大盤六、七成,如果電子股那麼好,史托克很好奇到底是誰在供應籌碼呢?

盤勢看法：仍視為反彈格局,8500 附近找賣點,逐步出脫證券股、電子股,搶反彈是刀頭舔血,短期電子、證券已獲利近三成,勿貪。

・啟示

　　選股有如選美,不能自以為是,須了解人性及預見未來的成長力、爆發力,具備豐富的題材,可為眾人所認同者,必須新鮮可口,具吸引力,則散戶法人不請自來。反之猶如老太太跳脫衣舞,可能給你錢你都不想看呢!力捷當日 235 元,最高到 276 元,現在剩 4 元。

046 財富被人分配，分配別人財富

NEWS 產經日報 86.6.18（三）

　　史托克昨日前往科學園區參觀上市公司，途中與數位基金經理人談及電子股這一年多來股價炫目耀眼的表現，他們的看法是幾乎大多數的電子股股價都已反映了今年甚至明年的業績展望，以本益比的觀點看來，實在不太合理，尤其近期外資連連賣超，預期第二季的業績並不理想，故加碼甚為謹慎，反而趨向小幅調節的策略，但也不敢大幅減碼，因為不知道高點在哪裡。

　　許多投資人抱怨市場為什麼漲來漲去都是電子股、證券股，而他們所持有的其他產業股則有如「棄嬰」一般，不少個股跌回 5000 點附近，甚至有的還跌破 4500 點的低點更創低點，深深感嘆為什麼自己的運氣那麼差，到底要到什麼時候才能時來運轉，不停的問自己是否應該認賠殺出產業股，改追電子、證券股。

　　其實每個人的一生中都有四次大轉折點，除了是否出生在富貴世家，是你無法選擇之外，其他的三次大轉折，分別是婆嫁對象、事業選擇、及投資判斷。做選擇需要眼光及智慧。若你錯失了機會，做錯了選擇，則財富與你無緣，即使你天生富貴，你的財富還是會被拿出來被人分配；若你選擇對了，則是你去分配別人的財富。

　　史托克 83 年警告 7228 是歷史滿足點，股市將至少整理盤跌一年；

又在 84 年底提示 4474 是歷史大買點，警告空頭要回補，否則會倒大霉；今年 3 月又再警告 8758 已滿足，行情將出現大修正；7900 提示買進電子、證券股，連續多次的精準預測，若還是無法幫助讀者在每次股市財富重分配時，幫助你站在分配別人財富的這一方，那可真印證了一句古話——「神仙難救無命人」啊！

盤勢看法：指數已迅速上衝到前波高點，並出現急漲跳空現象，史托克看法仍是 B 波反彈格局，統計上 B 波都有的 600 ～ 800 點的幅度，目前已進入多頭陷阱區，操作上在接近反彈目標區時，獲利的股票已可先行出脫，等待拉回。

Stock's Prediction

啟示

　　人們生存的技能中最重要的關鍵是理財的技能，理財技能中最重要的關鍵是買賣點的抓取選擇。買賣點的掌握方法，價值連城，萬金難求，能掌握買賣點，就能夠快樂的獲利、幸福的生存，就掌握了機運、財富，及未來的錢途與前途。

047 央行心戰喊話，電子居高思危

NEWS 產經日報 86.6.25（三）

　　香港回歸進入倒數計時；基金改型賣壓接踵而至；三商銀民營化官股釋出作業展開；除權行情已近尾聲，拆款利率飆漲到 8.323% 創近兩年新高；外資陸續獲利了結匯出；國民大會修憲爭議不斷；李宋正面鬥爭，政情紛擾不安：股市暴天量 2500 億，許家棟再度心戰喊話，警告居高思危，自負盈虧；央行總裁許遠東暗示股市飆漲若成為長期趨勢，並且威脅到物價穩定，則央行會調整貨幣政策。投資人身處此種環境下，應如何自處呢？

　　憑心而論指數雖已上漲到 9000 點，但是由選股的角度來看，仍然是遍地黃金，除了電子及證券股有所謂的「飆漲」情況外，許多個股仍處在 5、6 千點的低檔位置，因此就目前來看仍然是多頭格局，至於電子、證券股是否即將步入中線整理，史托克不願預測，因為**預測是操作的大忌，若沒有深厚的統計基礎，是很危險的。「預測」就好比神箭手威廉泰爾要用箭射他自己孩子頭上的蘋果，不能有失誤、不能有萬一，否則他的孩子馬上就會當場死亡，試問這是何等危險的事。**

盤勢看法：依統計月線滿足點出現，整理時間通常有 6 至 8 個月之久，故多頭在此仍要小心，漲幅大者賣壓較重，史托克已於上週佈局低價壽險、營造、資產、長纖布、鍍鋅鋼等股，投資人可參考。

· 啟示

先知才能勝出，先覺才知轉折。

要知戰時——知時用勢，見機不失。

要知戰地——善用環境，巧於佈置。

要知敵情——查訪情報，了解優缺。

要量己力——資源配置，焦點原則。

要有戰略——輕重緩急，進退應對。

要有戰術——兵貴神速，攻其不備。

要能權變——不如預期，隨機應變。

深謀遠慮，謹慎小心，知情達變，戰無不勝。

048 國之所欲,常在我心

NEWS 產經日報 86.7.9(三)

「民之所欲,常在我心」這句話是李總統登輝先生的名言;相反的「國之所欲,常在我心」則是股市投資者所必須用心去揣摩的。君不見李總統在 4500 點附近大聲疾呼「要讓股市漲回去」、「要讓離開台灣的資金後悔」,想當時多少大企業集團,紛紛將資金轉移海外,到了今天才紛紛回頭,認錯做多,這些對國內沒信心的資本家活該倒霉,只是苦了些投資他們公司股票的小股東,只是這些大老闆到此時才力圖翻多,恐怕要事倍功半了。另一個有趣的問題是李總統說要讓股市漲回去,當初就在想,是漲回 10000 點?還是 12000 點?答案現在似乎是呼之欲出了。

央行副總裁許家棟幾度心戰喊話,警告「居高思危,自負盈虧」。央行總裁許遠東暗示「股市飆漲」若成為長期趨勢,並且威脅到物價穩定,則央行會調整貨幣政策。昨日指數站上 9300 點,央行立即進場大量沖銷,並強調不會讓資金太鬆,警告股市已有虛浮現象,綜合這些情況,表示央行希望「股市降溫」,但由政府十大任務看來,目前任務都尚未完成,因此做多意願仍濃,這意謂股市未來幾個月大盤將走盤整,但個股仍有相當表現空間。電子股尤其是 IC 代工、封裝,未來當然還是主流,只是記住低接為宜,所炒做的概念是「轉投資公司上櫃概念」切記!

盤勢看法：三週前所選低價壽險股已獲利 3 成，技術性操作即可，請自籌賣點，營造股及低價資產股平均獲益也已 3 成，仍可續抱，長纖布及鍍鋅鋼仍處谷底，預期也會有 3 至 5 成上漲空間。

感想

　　86 年 7 月 9 日大盤指數 9400 點，許遠東、許家棟出面警告「居高思危，自負盈虧」，這些有眼光、有經驗、有見識的財經專家，碰上了凶惡的政客，最後也只有下台一鞠躬了。中華民國會被這些政客害慘、害死。

049 相信統計學，宜出不宜進

NEWS 產經日報 86.7.16（三）

　　有讀者來電問史托克，他原本持有不少低本益比的產業股，買進後不但不漲，反而下跌，虧損慘重；卻見電子股連連飆漲，本益比都已達到40、50以上，實在看不過去，於是跑去放空，卻又慘遭軋空，不信邪再加碼放空，不料電子股最近反而飆得更兇，目前幾乎是輸得傾家蕩產，欲哭無淚。

　　在多頭市場放空，或在空頭市場做多，史托克都視其為「特技表演者」，同樣的在多頭市場或空頭市場預測最高點或最低點，史托克也都尊稱其為「算命大師」。史托克曾統計過，並長期記錄股市贏家的特質，及股市輸家的特性，研究出**股市投資失敗有三十六個盲點，其中，常犯的第一個盲點就是——「把自己當神」；第二個盲點就是——「不肯認錯」；第三個盲點就是——「沒有策略」；第四個盲點就是——「不設停損」；第五個盲點就是——「沒有耐性」**……等。

　　其中「本益比」是最大的陷阱，所有做基本分析者最後通常都是喪生於此。許多大師級的操盤人，他們深知本益比是害人精根本不看本益比，甚至根本不看盤，他們不想表演特技，也不願當算命大師，他們只抓趨勢，重視統計，勇於認錯，忠於策略，深具耐性。

　　電子股此波強勢旨在反應有些轉投資公司即將申請上櫃，業外收益

豐厚，故不能以正常本益比去規畫，何況**股市絕對不是正常的，也沒有所謂合理的；太過理性的人是賺不到暴利的**，只有學會「躺著睡覺操盤術」的人，才能成為真正的股市大贏家。

**盤勢看法**：短線建議電子股已不宜再加碼，七月底前應是找賣點
　　　　　　而非找買點，保守者可買進漲幅落後的「非電子類的
　　　　　　IC 概念股」。指數行將遇 9700 點線型大壓，就大盤而
　　　　　　言，宜出不宜進，要相信統計學。

發表

　　電子股已不宜再加碼，七月底前要找賣點而非買點，9700 點以上宜出不宜進。

實證

　　7 月 31 日指數收盤價 10066，為左肩最高點，除 IC 股外，絕大多數電子股在七月底出現天價。

050 政府當前十大任務

NEWS 產經日報 86.7.23（三）

今年以來，台灣股市投資人若沒有投資電子股或證券股，則縱使指數已經升到接近萬點邊緣，卻有很多的投資人因投資「慘」業股，損失慘重，許多傳統產業股股價已跌破 4500 點之起漲點，更有為數不少的股票，跌破 2485，創下歷史最低點。反觀電子股卻是「萬千寵愛集一身」，股價紛紛站上百元俱樂部，多少專家跌破眼鏡，錯失行情。

史托克在 4500 點即已提示讀者，「電子股是史托克的最愛」，當時即著眼於政府之政策走向，政府近年有十大任務必須完成，這十大任務內容如下——

（1）建設台灣成為福利國，必先建設台灣成為科技島，因此科技股必成為主流。

（2）增強產業競爭力，以因應加入 WTO 之衝擊，電子股還是最優先。

（3）帶動民間投資，創造就業機會，當然還是電子股。

（4）推動台灣成為國際金融中心，放寬外資限制，限制台灣資金流出，調降存款準備率，營造股市多頭環境。

（5）充裕股市資金動能，以利官股釋出。提升國家競爭力——創造大多頭環境。

（6）加速公共建設，帶動內需產業，促使經濟成長——故下半年營造、建設、資產是主流。

（7）以股市帶動不動產，幫助金融機構解決逾放問題，避免再度爆發金融危機。

（8）製造繁榮景象，贏得年底縣市長選舉。

（9）創造台灣有利環境，增加兩岸談判籌碼。

（10）完成憲政改革，鞏固中樞領導，剷除黑金勢力，因此未來多頭環境仍是不變的。

盤勢看法：電子股是否已先行拔檔？純就指數而言，大盤拉回壓力甚大，但因指數失真，就長線而言，可開始佈局營造、建設、資產。就短線而言，可考慮金融股及漲幅落後之「產業電子概念股」。

啟示

說明電子股成為史托克最愛的原因，因為多頭市場主升段一定要選「最有希望的產業、最有潛力的公司、有夢有未來的股票」，更因為電子股是政府、台灣未來的前途與錢途。

051 操盤手的挑戰

NEWS 產經日報 86.7.30（三）

　　最近媒體爭相討論，台灣加權股價指數站上萬點到底健不健康？央行的貨幣政策會不會緊縮？電子股的這種漲法是否太離譜？事實上這些問題應該留給經濟學家去操心，而對於一個操盤手而言，這些並不值得討論，因為操盤手的天職是賺錢，因此操盤手沒有悲觀的權利，操盤手的職責就是不斷的找尋有潛力的明星股，擺脫自我人性的束縛，在每一個策略操作的買賣點出現時勇於執行，在判斷錯誤致使股價與預測走勢相反時樂於認錯。而**操盤手最大的挑戰則為──**

（1）多頭市場時，尋找最具潛力的標的，以最好的策略，賺取數倍於大盤漲幅的獲利。

（2）在多頭市場結束，空頭市場來臨時，能全身而過，避免掉財富被人重分配。

（3）遇空頭市場時，也須更專心注意找尋每一個超跌的反彈及大波段的反彈波，積少成多，累積利潤。

　　就第一項而言，曾參與史托克發表會的學員都是見證，史托克在 85 年第三季建議買進的個股如台達電、日月光、宏碁、農林、聯強、力捷、年興、智邦、台積電、豐泰、啟阜、利奇、光寶、長興。85 年第四季建議證券股，仁寶、環電、寶成、光罩、永光、華通、鴻海、矽品……等

股，若能依「躺著睡覺操盤術」操作，保守估計獲利應至少在三倍以上。至於第二項及第三項任務，更是白紙黑字，產經的老讀者都是見證人。

盤勢看法：電子股漲勢已近波段尾聲，尚有餘力者應為持有大量年底即將掛牌或上櫃的股票，諸如福雷、矽統、德碁、世界先進的個股，但以低接短打為宜，獲利目標以 20% 為宜。但其他非電子股卻持有大量低成本、高股價的上市電子股，或即將上櫃的個股，如：台聚、東元、宏璟、交銀，則一定要記得納入投資組合中，另鍍鋅鋼及長纖布底部確立，持股抱牢。

・**發表**

7 月 30 日再次提醒電子股漲勢已近波段尾聲，時值一萬點歷史高檔，電子股天價出現。

・**啟示**

史托克每次演講、文章大半都是在逆勢操作，別人逆勢操作死傷慘重，史托克逆勢操作卻十拿九穩，是真實力。

NEWS 產經日報 86.8.6（三）

052 股市與釣魚之道

　　每個投資人，無不希望能在股海中經常釣得大魚，滿載而歸。但是不懂得釣魚之道，也不知道釣魚的技巧，又沒有釣魚的工具，更不知防身保護自己的方法，至頭來幸運的僅撈到一些小魚小蝦，不幸的卻遭股海吞沒。**在股海中人人都自以為是「釣客」，殊不知在主力眼中都是「小魚小蝦」，不信等到多頭結束，就可以發現投資人的最後結局總是慘不忍睹的。**

　　而想成為「釣客」，釣到「大魚」就必須先提到姜太公姜子牙，因為自古以來，想成為「釣客」者都供奉其為祖師爺，姜太公以離水三寸之釣勾，釣得周文王紆尊降貴，為其拉車，並封其為相，為周朝奠下八百年的基業，並為自己釣來千秋萬世，永垂不朽的盛名。

　　其所著的《姜太公兵法》是所有兵法的原身，分為「釣引篇」及「索餌篇」。用在股市「釣引篇」為主力所必修；「索餌篇」為散戶所必修。對操盤手而言則都是必修。因為在股市中人人可為「釣客」，但人人也都是「游魚」。今天先來談談釣引篇的內容，其中提到**凡欲釣魚要修練四樣功夫，第一層功夫就叫「反求諸己」，所謂反求諸己，是要釣者先衡量當前的環境及自己的能力及資源，及要釣的對象及方法，套句投資術語就是做好「可行性分析」「風險評估」「進出策略」，例如只能承擔五斤**

的竿，不可貪心去釣十斤的魚；**自己只有三分計謀，不可去挑釁十分心機的高人；沒幾斤力氣，不可去鬥重量級拳王**；同理用在股市上就是沒有錢不要擴充信用；沒有技巧不要玩投機股；以國內電子股為例，想與美國霸主對抗，走自有品牌之電子公司無不鼻青臉腫，而走代工路線者，則吃香喝辣，這可從智邦與友訊或中強與源興的股價看出其差距，若能即時認錯則股價潛力不小，餘話後敘。

盤勢看法：電子股自去年 7 月起漲至今已近 13 個月，注意本月可能利用震盪出貨，要有風險意識。

· 發表

　　電子股震盪出貨，要有風險意識，86 年 8 月 4 日指數最高 10167 點，電子股紛紛見頭大跌，聯電由 175 元跌至 23 元，傷亡慘重。

053　百戰百勝操盤術

產經日報 86.8.13（三）

　　兵法云：「知己知彼，百戰百勝」，投資人想要悠遊於股海獲取大利，絕對不能只靠消息明牌，否則到頭來總是一場空的。因為主力也是人，太多的狀況不能掌握，就算主力是你的好朋友，特別照顧你，但散戶願不願意跟？會不會有高手跳進來對做？是否政治經濟產生巨大變化？資金是否足夠？內外圍是否想抽腿……？這些都是未定數。因此凡是主力對外宣稱某某股票要拉到多少價位，史托克一律視之為煙霧彈，你若相信他，你就是白癡。**把自己的目標曝露出來的主力，不是騙人就是白癡。**

　　但在股市裡真正肯下功夫努力去研究產業分析、技術分析、心理分析、籌碼分析、政府心態、業績盈餘、業外資產、情報研判、法人動態的實在少之又少。《姜太公兵法》裡所謂的「反求諸己」就是要先衡量自己的能力以決定要釣的對象，或用以衡量眼前對象是否可釣，如果你偏不反求諸己，就像連基本「換氣功夫」都不會，就想下股海釣大魚，到頭來哪個不是竿折線斷人落水，賠了夫人又折兵的。

　　也許讀者會問，**股市學問深似海，沒有十年的功夫哪學得好？難道要修習十年才能入股市？史托克的回答是至少應先學會防身保護自己的方法，並具備有釣魚的工具。**史托克可能於近期發表兩套操盤術，絕對可幫助投資人免於套牢，並可獲取暴利的方法，這兩套操盤術名稱為「絕不套

牢操盤術」及「百戰百勝操盤術」。免於套牢只是最基本的功夫，最重要的是能百戰百勝，史托克使用這些操盤術都已有數年的期間，其功效實在是「好的不得了」。

・啟示

　　很多投資人跟史托克一樣苦練多年，孜孜不倦、努力不懈，用心研究股市的學問及理論，十八般武藝樣樣精通，可以說是七竅已經通了六竅，只差一竅沒通，就因為沒有高人指點。

　　史托克的操盤術威力卻是如同洋槍洋砲，你實在不必花費十年八年，苦練十八般武藝了，只要瞄準扣板機就好了。

054 反求諸己，投其所好

NEWS 產經日報 86.8.20（三）

釣魚原本是件小事，不值一提，但是聖人曾說：「雖小道必有可觀焉」，你若仔細想想，這釣魚的「釣」字，還真蘊藏著不少道理呢？鳳求凰要釣、凰引鳳要釣。事求人要釣，人謀事也要釣。小國事大國，最好先釣以增加分量。大國欺小國，更要先下餌才方便下手。可見，人生、社會、政治、軍事都少不了一個「釣」字，但是要怎麼釣呢？用在股市就是主力要怎麼釣引散戶呢？

上週史托克提過第一層功夫就是要先能「反求諸己」，**當主力要有本事，看不懂趨勢，找不出題材，籌不足資金，不會做量價，摸不清人性，抓不到散戶的心，只會拉不會出，手法拙劣，誤以為多頭市場只要有錢敢拉，配合耳語媒體就可以大撈特撈，殊不知最後的結果當是身陷囹圄，白費功夫。**

經過「反求諸己」，主力實力夠了，且決定了對策，接著就要摸其習性，開始第二層的功夫「投其所好」，凡晝伏夜出的晚上下竿、夜伏晝出的白天下餌；喜吃植物餌的不用蚯蚓，中意動物餌的兔下地瓜；又有喜愛風流倜儻，出手大方的，便用風流倜儻，出手大方釣他，更有偏好身材高挑，長髮披肩的，就以高挑身材，披肩長髮吸引。**用在股市，主力要精通股市韻律及人性的好惡，熟悉技術量價壓低拉高吃貨出貨洗盤之法，放**

煙霧明進暗出，放消息暗進明出。更要抓得住政府心意，政府喊科技島就做電子股，政府叫營建好就拉營建股，政府喊兩稅合一，就拉高淨值高配股，不懂「投其所好」，則事倍功半，死路一條。

**盤勢看法**：上週二文中報紙漏印最後一段，內容為營建、營造、鍍鋅鋼、長纖布漲幅逾 2 成可先出脫拔檔，金融股看好交銀。本週特別可找尋跌深的 IC 代工、封裝、監視器及證券股短線操作，仍以 20% 為宜。

・啟示

　　股市是一個殺人不見血、搶劫不用刀、詐欺沒有罪、借錢不用還的地方，主力似虎狼，處處是陷阱，步步有危險、陰謀詭計不斷，虎豹豺狼橫行，須以操盤術防身保護自己。

　　投資人須謹記，壞人不做好事，主力很少是好人，所以要小心，最好不要相信。

055 定心靜守，躺著睡覺

NEWS 產經日報 86.8.27（三）

釣客先衡量自己的能力、工具、見識、訊息後以決定要釣的對象，或用以衡量眼前的對象是否可釣，先做好釣魚的第一層功夫就是「反求諸己」。接下來就是要摸清要釣的對象的喜好、習性、弱點、盲點，以決定應下之誘餌，**姜太公曰：「以餌取魚，魚可殺」就是說在「投其所好」之下，殺之有理，雖死無憾，這就是身為釣客的第二層功夫「投其所好」。所以在股市中遭主力坑殺，被消息矇騙，被耳語欺哄，不用悲憤，只能自嘆技不如人罷了！**

釣客接下來第三層功夫就叫「定心靜守」，誘餌既下，除非是那些沒頭腦的小魚，否則沒有馬上一口吞下的，那魚總是會思之再三，才做取捨，所以釣客只有耐心等候，魚不上鉤，頂多再下誘餌，以促進其食慾，擾亂其判斷，若魚兒仍無動靜也不可灰心喪志，反要細心省察，是時間不對，還是地點有誤，是誘餌不對味，或是鉤子太明顯？最忌諱心無定性，才在東邊三分鐘，又到西岸兩分鐘：阿珠不見回音，轉頭就找阿花；總要**如姜太公所說：「安徐而靜，柔節先定」。這層功夫就叫「定心靜守」。**

史托克覺得這層功夫最難練，故創設「躺著睡覺操盤術」來幫助自己達成定心靜守的最高境界，**使用這套操盤術即使已賺了 5 倍、10 倍，仍能續抱持股，不為所動。**若再配合「百戰百勝操盤術」則更是如魚得

水，賺取暴利。史托克預計在九月中旬舉辦一場「百戰百勝操盤術」發表會，有意參加的讀者可預先報名。

盤勢看法：上週建議封裝、監視器漲幅已二成，交銀漲幅已近三成，IC 代工及證券股漲幅僅一成，讀者可持續留意交銀及封裝日月光。

啟示

　　86 年 8 月 27 日當日最高點 10256 為歷史最高點，史托克測得 10256 處是「登峰造極操盤術」、「上帝之手操盤術」、「躺著睡覺操盤術」、「百戰百勝操盤術」等多種操盤術的滿足點，乃表示要舉辦「百戰百勝操盤術」告訴大家大賣點將出現。

056 當機立斷，百戰百勝

NEWS 產經日報 86.9.3（三）

　　指數在一週內跌了一千點，**史托克早在七月中就提示讀者電子股宜出不宜進，八月則將進入震盪出貨期，一再提示讀者要特別小心注意「利多好出貨」**，讀者若是經常追蹤本欄，當機立斷，應可在七月中以高價出脫電子股，而可逃過此劫，免受主力屠戮之苦。

　　在股市中有太多的陷阱，史托克以釣魚為喻，提醒投資人，這世間有許多大小游魚活得懵懵懂懂、冒冒昧昧，有路就走，見餌就食，全不知餌中竟會有鉤，鉤上竟會有線，線外竟會有人，人手竟會有刀。史托克統計過投資有 36 個盲點，其中大部分已在以往「人壽看盤」中的「操盤手心法」中做過提示，**投資要成功需要很多的條件，但只要一個盲點或錯誤，就可能是全盤皆輸，而這些只是釣魚兵法中「反求諸己」中的一小部分而已，其他如「基本分析十四要項」、「產業分析一○○條」……等都只是「反求諸己」之內容，投資人豈可不慎，豈可不知。**

　　曾上過史托克「登峰造極操盤術」、「上帝之手操盤術」，及「躺著睡覺操盤術」之學員當能輕而易舉抓到此波最高點，而且仍然與過去 30 年的歷史高低點一樣，仍然是一點都不差的滿足點。方法仍然是那麼簡單，股市永遠是充滿了藝術之美。有學員問「為什麼史托克操盤術發表會永遠都只辦一場，為何不多辦幾場？」史托克的回答仍是「決不破壞股

市自然生態」，以免破壞了股市的韻律及節奏，因此只有有緣之人方能得知，方能遇到。因此史托克預定在下週舉辦的「百戰百勝操盤術」你絕對要珍惜。

**盤勢看法**：大盤將陷入盤整，盤整期將達數月，休息睡覺吧！

啟示

　　散戶的盲點弱點太多，貪懼本性難移，容易吃虧上當，聽到了耳語魅惑，受到了媒體催眠，就會不由自主、自信滿滿地盲目進出。須知貪婪恐懼會使你看不到前面的路，盲目的自信會使你萬劫不復。

057 百戰百勝操盤術，10256 歷史大賣點

NEWS 產經日報 86.9.10（三）

　　史托克研創了五十幾套操盤術，可以依股市不同的狀況，都能達到獲取暴利、絕不套牢的目的，史托克第一場發表會「**登峰造極操盤術**」，講述的內容就是——台灣的每一個歷史高低點，都是呈現完美的現象，整個結構處處呈現藝術之美。史托克相信在分析界這還是第一次有人**以藝術的角度去剖析股市**。

　　接下來第二場發表會的內容是「**上帝之手操盤術**」講述的內容就是——台灣股市的崩盤歷史法則，破解人性無可救藥的愚行，幫助學員永遠擺脫崩盤套牢的夢魘，若能深刻了解，在股市中要買最低，賣最高，絕非夢事。今年三月金融產業股的崩盤點及此次 10200 點的崩盤點，皆在其中。史托克相信在分析界這也是第一次有人**以韻律慣性去解析股市**。

　　其後的「**超凡入聖選股術**」、「**躺著睡覺操盤術**」則是史托克十數年來操盤術實戰的心血結晶，史托克在操盤術研創過程中，尚未發現有比「躺著睡覺操盤術」更輕鬆，**能賺取更多暴利的方法**。

　　而預定將於本月十九日（星期五）舉辦的「**百戰百勝操盤術**」則在史托克心中，視為**操盤術的中心思想，操盤術靈魂之所在**，為目前所知操盤術中幾乎是盲點最少的，且賺取的暴利亦不在「躺著睡覺操盤術」之下。史托克極少對外發表操盤術，因為實在是捨不得，故請讀者要珍惜機

會。時間、地點請留意近期報頭，比照往例，廣告只刊一天，只辦一場，
有緣者得之。

盤勢看法：就大盤指數，精確說應是指電子、證券股，今、明日
將分別遇黃金五行線買點，將會有 10 ～ 15% 反彈，
套牢者暫勿殺低，空手者可尋急跌股介入搶短。其他
類股也將彈升。

演講

　　86 年 9 月 19 日史托克發表第四場演講「百戰百勝操盤術」，確認
10256 為歷史大賣點，大盤將整理至少三個月。

實證

　　大盤整理三個月，由 10256 跌至 7040 跌幅 3216 點。

058 操盤術的精髓

NEWS 產經日報 86.9.24（三）

　　多位住中南部的讀者來電反應，史托克的「百戰百勝操盤術」發表會時間宣布得太匆促，星期四見報，星期五舉辦，訂機位都來不及，致使錯失機會深感遺憾，因此希望史托克再辦一場，以償心願。史托克首先對這幾位每次都從屏東、高雄遠道而來的好友致最深的敬意，您們的學習熱忱，讓我衷心感佩，未來若史托克有機會再舉辦操盤術發表會時，當優先通知，並提前一星期宣告，敬請原諒。會場中幾位忠實讀者出示過往史托克所寫的專欄剪報，並作圈注筆記，讓史托克印象深刻，非常感謝這些讀者的支持。

　　史托克曾以「登峰造極操盤術」展示股市藝術之美；以「上帝之手操盤術」展示股市韻律之美；今以「百戰百勝操盤術」展示股市線條之美。史托克一直感嘆為何投資人都不去注意這些簡單易學的方法，而且這些操盤術的正確率極高，十次操作，最多一次失敗，而即使失敗頂多也只是損失 3%，而每次賺錢至少都有 15 ～ 20%，尤其是碰到大行情時，都能從頭賺到底，而且多次都是買到最低點，賣到最高點，買進賣出都有絕對的依據，風險與利潤都能加以精算，買點賣點的掌握簡單易判，這次來參加發表會的學員，當能有所體悟，這才是操盤術的精髓。原來股市所有的買賣點，都是那麼清清楚楚地展示在我們的眼前，而投資人竟然都視而

不見，而經過史托克簡單的解說後，許多學員的反應就是 10200 不賣股票，簡直是——「該死」！

盤勢看法：大盤將整理至少三個月，幅度至少約 1500 點，盤整期少做多看。尤其避開法人及散戶持股太多的電子股，短線搶反彈則以價位 30 元以下加工絲股為佳。

Stock's
Prediction

· 啟示

　　「操盤術是紀律的遵守，操盤術就是經驗的累積，操盤術就是智慧的結晶，操盤術是獲利的保證」股市一向如此美妙乖巧，世人何以如此煩惱神傷。

059 最大利空，買力用盡

NEWS 產經日報 86.10.1

　　電子股自七月底下跌至今，幾已腰斬，想當時在七月中幾乎所有的媒體、第四台、名分析師都一致看好電子股，更有多位名嘴告訴投資人，應緊抱電子股長期投資，導致幾乎所有法人、投信、散戶一窩蜂買進，可是大家完全忘了以前史托克在「操盤手心法」提示的「大盤連漲一年多，買進套牢機會多」、「買力用盡，就是最大的利空」。

　　猶記指數在 4500 附近，電子股本益比才 10 倍，史托克即指出電子股是史托克的最愛，但當時幾乎所有的基金都在打壓電子股（因為怕基金改型），最後籌碼盡歸外資手中。而當指數衝上 9000 點，電子股本益比約 35 倍，史托克即指出七月底電子股宜出不宜進，小心八月主力利用利多出貨，但當時幾乎 95% 的人瘋狂追捧買進電子股，能在此時對投資人提出警告者有如鳳毛麟角，因為畢竟贏家永遠是少數，這就是**操盤手心法──「股市贏家不是人」**的道理。

　　目前許多人以為電子股已腰斬，應該不會再跌了，史托克認為這種想法是危險的，電子股的最大危險就是「庫存」及「應收帳款」，MMX世代交替造成庫存跌價及消費者對價格的觀望、功能的等待、新產品的成熟期待，將使買氣遲緩，而台灣是資訊產品的代工中心，業績好壞端視美國景氣，美國股市多頭已走了八年，利率未來只會升不會跌，對消費能力

將有所阻礙,而台灣上市公司不斷擴充產能供過於求,而資訊產業即將進入銷售淡季下,自宜多看少做,保守為宜,若有反彈還是減碼為宜。

盤勢看法:指數已跌回上升趨勢線下沿 8700,選股可選已整理六至八個月的水泥、長纖布、鍍鋅鋼、營建、PE 塑膠股為佳。

・啟示

　　財富金字塔的尖端,只允許少數人立足,大部分的人只是苦力、工人、墊腳石。在股市裡什麼都不可以完全相信,尤其是你自己,往往就是最大的敵人。因為股市的一切煩惱皆自找,若能把一切問題煩惱丟給操盤術,則可無憂。

060 相信政府，相信總統

NEWS 產經日報 86.10.8（三）

　　外匯市場最近熱鬧得很，中央銀行為了打擊投機客，捍衛新台幣，聯合大型行庫在匯率、利率上展開「圍殺」投機客的動作，而投機客則仍有一些外商銀行頻頻向廠商喊話，意圖引發台幣預期貶值之心理，企圖負隅頑抗，這場大戰使股市受到波及，投資人早已損失慘重，這次又遭重擊，情況慘不忍睹。

　　史托克在「百戰百勝操盤術」發表會及文章中已提示讀者此波「至少」整理三個月，「至少」跌幅 1500 點，有讀者問及「正常」跌幅會有多少，史托克的回答是──依「上帝之手操盤術」歷史統計跌 1500 點的機率為 10%，多市正常跌幅為 2000 點至 2200 點。計算跌幅達 2000 點，已接近滿足區，目前指數還在 8000 點，產業股猶如棄嬰一般，卻自三月起跌至今已八個月，還記得史托克三月時的警告，月線滿足點，至少整理三個月，正常要整理六至八個月，本月已接近尾聲，不必再殺低了，預期產業股本月中下旬可落底。

　　電子及證券股則因漲幅過大，除了少數史托克在會中提示過的電子股外，大部分都應做中期整理，投資人可趁反彈時找賣點，**電子、證券股最好的時機已過去了，未來反彈不要太沈迷本益比，只宜短線。**

盤勢看法：連戰說萬點是健康的，李登輝說買股票要趁早，政府
官員也紛紛喊話看好，股市卻大跌，他們不知股市自
然韻律之可怕，但至少顯示政府心態仍是做多的。史
托克告訴學員1萬點不賣股票是「該死」。可是只要
政府是做多，則股市還有多頭，多頭就在跌深絕望時
找買點，史托克向來最相信政府，最相信李登輝，李
登輝在4500點說要讓股市漲回去，要讓把錢匯出國外
的人後悔，他說到做到。現在同樣的情況又發生了，
賺取暴利的機會又來了，唉！「當別人流眼淚之際，
就是我們流口水之時。」十月中下旬找買點吧！

・發表

提示電子、證券最好的時機已經過去了。

實證

元大證券由195元跌到19.8元，大反彈後竟又跌到13.8元，本益比
是鬼。

・啟示

只有不務正業的政府，才會一天到晚叫人民買股票，政治人物不能替
百姓謀福利更是罪人，政府最重要的工作是：1.降低人民的負擔——壓通
膨泡沫；2.保全人民的生計——得樂業安居；3.健全人民的身心——能健
康安養；4.顧全人民的教育——知識跟上潮流。

061 捍衛人民財產，
央行表現真讚

NEWS 產經日報 86.10.15（三）

　　央行這次捍衛台幣的優異表現，直讓史托克豎起大拇指，這些國際投機客，好比強盜小偷，遊走國際金融市場，到處搶劫攟奪小國多年辛苦經營的果實，試想今年若央行被擊敗，台幣大貶，則進口物價大幅上漲，利率上揚，通膨顯現，企業倒閉，銀行受創，則台灣人民的生活將立即陷入痛苦的深淵，財產無形被搶走；外資**若發現台幣守不住，則更將加速賣股，惡性循環那將演變成一場大災難**，投資人豈可不知。

　　國內輿論有人主張，為了國際競爭力，台幣應該要貶值，其實台灣的出口產業，尤其是電子股，在大量現增灌水後，而且股價漲幅數倍者比比皆是，董監大股東，這一年多來，從股市撈到的已太多太多，公司體質好得不得了，這些「增肥計畫」就是未來應付不景氣的本錢，所以不用太擔憂它們，政府根本不用太保護他們了，以後應要求他們多繳稅，根留台灣，多創造就業機會，回饋台灣才是正途。

盤勢看法：史托克認為建設台灣成為科技島的階段應已完成，未來不必著墨太多，當然電子股跌深，自然會有2、3成的反彈，但未來選股的重點應以中低價位的營造、營建、資產，應有50%以上，甚至倍數的漲幅，因為史托克預期未來政府資源將以公共工程、營建做為推動景氣的火車頭，帶動內需景氣的繁榮。來參加史托克發表會的學員應馬上買進史托克提示的組合，持股三個月後，必有暴利。另會中有提示看好的電子股組合裡的中強、金寶、友訊、佳鼎、英誌、日月光、中環仍看好。

Stock's
Prediction

· 啟示

　　英明的決策來自於智慧，智慧來自於經驗的累積，經驗則來自於過去愚蠢的決定。成功背後的祕密就是失敗，一個成功的前面有 999 個失敗，主政者、企業主都必須能夠認清時勢，遠見未來、擘劃方向。

062 榮華富貴 VS 傾家蕩產

 產經日報 86.10.22（三）

　　當前公務機關及企業內部，人人傳誦著如下內容之打油詩：「苦幹實幹，撤職查辦；東混西混，一帆風順；任勞任怨，永難如願；盡職負責，卻遭指責；會捧會現，傑出貢獻；不拍不吹，狗屎一堆；全力以赴，升遷耽誤；推拖栽贓，滿排勳章；屢建奇功，打入冷宮；苦苦哀求，互踢皮球；會鑽會溜，考績特優：看緊國庫，馬上解雇。」

　　政府企業近年來，每天高談闊論要提升競爭力。其實主政者或企業主，要提升競爭力最首要的工作就是將此首打油詩的內容做成內部興革調查資料，拔除不適任的無能之輩，重用有才能之人，若找到真正有能力之人，將國家企業資源交在其手中，**只有人才才能使國家機器發揮最大的功能，產出最大的效益，替大家謀取最好的福利。反之若將資源交與無能之輩，則資源變廢物，機器變廢鐵，對國家及企業都將是一場災難。**

　　央行此次決策出爾反爾，威信全失，台幣大貶，外資大戶當然殺出股票，以規避貶值風險，造成股市連環下跌，史托克上週曾提示匯率絕不能失守，卻不幸而言中，央行失職，理當將不適任者拔除。而史托克受限於一週僅寫一篇文稿，無法即時警告讀者要迅速脫身，敬請見諒。

　　同理在股市中，真正卓越的操盤手，萬金難求，能夠經得起長期時間的考驗，在每次行情大轉折點提出警告，讀者應特別留意在這波萬點之

際，獨排眾議，叫出電子證券之分析師，都值得你密切追蹤，須知──**用對人能讓你榮華富貴，事業興隆：用錯人則會害你身敗名裂，傾家蕩產，**豈可不慎。

**盤勢看法**：史托克兩週前提示，產業股可於十月下旬落底，而證券電子的下跌也已近尾聲。史托克的外資朋友近日已紛紛聯絡上史托克打算在台灣股市再大玩一波，因此便宜貨千萬別再讓他們撿光了。史托克認為 7000 點附近極有可能是歷史大買點，至少有大反彈可期待，至少應佈局 1/2，先以看長做短方式買進，要勇於佈局，千萬不要「高檔拚命玩，低檔不敢玩」。

發表

7000 點附近極有可能是歷史大買點，至少有大反彈可期待，要勇於佈局。

實證

當時最低 7274 點，10 月 30 日最低點則是 7040。

啟示

一個國家或企業能否富強傑出，完全要看主政者、企業主是否英明，最簡單的識別方法，就是觀察其內部是劣幣驅逐良幣，或是良幣驅逐劣幣。

063

隨心所欲操盤術，
7040 點歷史大買點

NEWS 產經日報 86.10.29（三）

　　史托克最近接獲幾位老學員來電詢問：「什麼時候要再舉辦操盤術發表會？」史托克起初不知其用意何在，經詳問後才了解，他們每次只要看到史托克要舉辦操盤術發表會，就認定行情即將大反轉，因此史托克在七月底宣布要舉辦「百戰百勝操盤術」時，他們就將電子證券股全面獲利了結，並反手放空。

　　因為史托克在萬點之際即告訴讀者「宜出不宜進，相信統計學」、「整理時間至少三個月，跌幅至少 1500 點」，在發表會中並告訴學員，「正常多頭回檔統計約為 2000 ～ 2200 點」，「電子、證券最好的情況已經過去了，宜趁反彈出脫」。他們賺放空的錢，賺得很害怕，但是他們謹記住「百戰百勝操盤術」的法則──高角度下跌，死空不補。他們現在只想知道，史托克何時要再辦操盤術發表會？

　　預測指數是操盤手的大忌，但是史托克總忍不住想要根據史托克研創的操盤術，及 30 年的統計依據，以白紙黑字在專欄中發表，在操盤術發表會中說明，以接受市場的考驗，驗證自己的看法，事實證明 83 年底「登峰造極操盤術」提示 7228 點，歷史滿足點；84 年底「上帝之手操盤術」提示 4474 點歷史大買點；86 年 3 月底「躺著睡覺操盤術」提示產業金融要做大整理；86 年 9 月「百戰百勝操盤術」提示萬點電子證券股

要做大整理。

　　史托克在操盤手心法中，一再提示人性一向是「高檔是瘋子，低檔變傻子」；「高檔拚命玩，低檔不敢玩」。以聯電為例，175 元看多，65 元看空，175 元拚命買，65 元拚命賣，您想想好笑不好笑。其實依操盤手心法「股價便宜就是最大的利多」，只有在諸如「打飛彈」、「大崩盤」、「大利空」才有這種機會，現在機會來了一定要好好把握。

盤勢看法：指數已接近史托克上週提示 7000 點大買點的位置，要勇於佈局，另史托克預計在未來兩週內舉辦一場「隨心所欲操盤術」發表會，讀者可先預約。

發表

　　10 月 29 日指數最低 7089，10 月 30 日指數達歷史低點 7040，史托克以「隨心所欲操盤術」測得最低點將出現，乃宣佈將辦演講，請大家在 7000 點大買點位置勇敢佈局。

實證

　　7040 果然是最低點。

台灣股市最高機密

完美理論與操盤術

Stocks

How To Make Money In Stocks

064　操盤手的訓練

產經日報 86.11.5（三）

　　史托克在上次「百戰百勝操盤術」發表會中，一開始即以「分配別人財富，被人分配財富」為引言。告訴眾學員 10200 沒賣，財富就會被人分配；10200 有賣，則有權分配別人財富。今天史托克要說在 7000 點歷史大買點附近若沒買股票，則又將錯失一次分配別人財富的機會。**對股市投資人而言，股市的轉折點等於人生的轉折點；股市的買賣點等於個人貧富的分界點。**你的未來能否榮華富貴，取決於你是否做出正確的選擇，及做出正確的動作。

　　在股市中要成為卓越操盤手，一定要懂得策略；一定要懂得人性弱點；一定要懂得抓買賣點；一定要懂得資金配置；一定要懂得資訊收集……。在股市中想要存活、想要獲利，必須有方法、有訣竅，要學的東西很多，要記的東西也很多，這些事情都必須花時間。**訓練一個操盤手由生嫩到成熟，到精通戰略、戰術、戰技，至少要三年的時間。**戰技——技術分析；戰術——操盤術、買賣進出策略；戰略——資金配置、主流研判、個股選擇、風險利潤之衡量，都是重點。

　　操盤手剛開始什麼都要學，什麼都要知道，目的在於訓練敏感度、聯想力、觀察力、洞悉力、決斷力；能由小看大，也能由大看小；能在別人看多時，找出利空，也能在別人看空時，找出利多。其中最難的是要做

到與眾不同，反向思考。接下來要學的則是「忘記」及「認錯」，忘記預測，忘記自己的主觀意識，忘記自己過去人性的包袱。才能在行情不是如自己所預期時勇於認錯。**而操盤術就是幫助操盤手在由生嫩到成熟，由成熟到卓越的必要課程。通過此階段後操盤手即能進入「隨心所欲」的境界。**

盤勢看法：短短三天已有 900 點的彈幅，史托克認為好戲還在後頭，策略只有一個，就是——買進、買進、買進。「隨心所欲操盤術」發表會將在 11 月 14 日舉辦（詳見報頭廣告），史托克衷心期望，這次慘遭屠殺的「套牢一族」能在學會這套操盤術後，反敗為勝成為大贏家！

・啟示

　　在股市裡努力不一定有收穫，大學教授做股票可能輸得比菜籃族的歐巴桑還慘。股市進出決策有如開心臟手術，必須又快、又穩、又準。同樣是動刀，你會找肉販屠夫、剃頭師父、實習醫生，還是頂級名醫？找錯了，就有立即致命的危險。

065 操作股票應躺著幹

產經日報 86.11.19（三）

　　有不少的新學員常問史托克，為什麼史托克從來不做宣傳；為什麼發表會舉辦時廣告都只登一天；為什麼操盤術發表會只辦一次；為什麼只能給讀者一次機會。史托克的答案是——因為真的不想讓太多人知道；因為真的不想讓太多人學到：因為股市的食物鏈真的不容破壞；因為史托克實在捨不得。

　　每次史托克辦操盤術發表會，約有 1/3 的學員是從屏東、高雄、台南等地千里迢迢趕來台北，甚至前一天就先飛到台北；他們甚至不知道史托克要講的操盤術內容是什麼，他們是否早已知悉；他們只知道史托克絕不輕易舉辦操盤術發表會，每次舉辦發表會，即代表史托克認為股市即將面臨轉折，財富即可能將產生重分配；他們只知道史托克操盤術的內容真的是萬金難求，學會任何一套都足以改變其一生的命運。

　　因此史托克在會中均一再告誡，請學員們勿再外傳，以免破壞股市的生態，亦請尊重史托克之智慧財產權，**舉辦操盤術發表會之目的僅僅是希望在史托克的人生歷程中留下一些記錄，並將史托克在股市中所體驗出的一些心得與史托克有緣、相信史托克的讀者分享**。在此也要特別感謝這些一直支持史托克的讀者，謝謝您們。

　　「隨心所欲操盤術」所講述的內容是股市的韻律及力學；結束與破

壞,加速與轉折。整場發表會中,史托克帶領學員用眼睛去鑑賞股市之變化,幾個簡單的法則、多頭空頭、買點賣點幾乎都是明明白白清清楚楚的顯示在圖上,根本不必用到大腦,只要眼睛隨便看看就已一目了然。

這也就是為什麼成功的操盤手都具備一種特質就是——輕鬆、快樂、自信。為什麼呢?就是因為他們完全不受外界消息影響,也不太看盤,只依據這些高正確率、簡單易行的研判技巧進行買賣。**史托克常言:「操作股票,應躺著幹」就是熟練操盤術者的最佳寫照。**

**盤勢看法**:7000 點買好了股票的,就躺著睡覺吧!

演講

　　86 年 11 月 14 日史托克舉辦第五場演講「隨心所欲操盤術」,確認 7040 為歷史大買點,大盤將反彈三到五個月。

實證

　　大盤反彈五個月,由 86 年 10 月 30 日 7040,反彈到 87 年 2 月 27 日 9378,4 月 7 日 9337 完成雙頭,結束反彈,歷時五個月,漲幅 2338 點。

066 線圖、操盤術、統計分析

NEWS 產經日報 86.11.26（三）

　　史托克在這次「隨心所欲操盤術」發表會中，第一個標題就是史托克在指數 4500 點附近，在「人壽看盤」專欄中的幾個文章標題，諸如「高檔拚命玩，低檔不敢玩」；「空頭這麼多，當然要做多。」；「台灣股票，俗擱大碗」。內容談及當時所有媒體大篇幅報導的利空，諸如：總統選舉、立委選舉、三黨分治、加入 WTO 衝擊、鄧小平死亡、產業競爭力衰退、證所稅、土所稅課徵、官股大量釋出、股市籌碼大增、不動產市況低迷、中國試射飛彈、銀行擠兌頻仍、建築公司倒閉、外資投信自營商大殺股票，你是否對這些情況感覺熟悉。

　　股市每次跌到低檔，一定要融資大量斷頭、融券大量增加，投資人不敢持股，法人更不敢加碼，有持股也是短線有賺就出，市場上壞消息一大堆，散戶沒信心，法人沒把握，而通常這就是在底部區時投資人的心理狀態。你是否對這些狀況，有種似曾相識的感覺。

　　再來，您一定要瞭解──股市實在是個很奇妙的地方，在你拚命看很好的時候，它偏偏要跌；在你拚命看很壞的時候，它反而要漲；愈覺得安全，它偏偏最危險；愈覺得它很危險，它偏偏最安全。你希望它往東，它偏偏往西；你期望它向南，它偏要走北。你是否認同呢？

　　說了這麼多，就是要告訴讀者們，**在股市裡有太多東西都是假的，**

您千萬要記得——「在高檔要忘記利多，在低檔要忘記利空。」在股市裡史托克真正相信的三樣工具便是——「線圖、操盤術及統計分析」。史托克在「隨心所欲操盤術」發表會中，已講述多種操盤術均顯示 7000 點附近都是歷史大買點的理由，而通常這種大買點出現，股市至少都會有三到五個月的上漲，因此史托克認為 7500 點以下，都是中長期的買進區域，你相信嗎？

盤勢看法：打底已近尾聲，做帳行情將起。持股內容仍是電子三成，營造、資產三成，金融降為一成，中概股升為二成。

發表

　　7040 後股市至少上漲三到五個月。

啟示

　　卓越的操盤手，能在別人看不到一片烏雲時，
　　能嗅到風暴來臨的氣息。
　　在股市黑暗無光時，能預見光明的即將到來。
　　上漲時，危機意識不可無；下跌時，鴕鳥心態不可有。

NEWS　產經日報 86.12.3（三）

　　漢高祖在天下平定之後，某天，高祖召集群臣問他們：「項羽失去天下，而我卻能得到天下的理由是什麼呢？」群臣皆回答說是因高祖豐厚的賞賜緣故，高祖笑著說：「你們只知其一，不知其二。那是因為我能對蕭何、張良、韓信適才任用，並且完全信任他們，而項羽卻連一位謀將都不敢信任，如何能獲得天下呢？」這就是為什麼項羽一敗塗地的原因，這也是國民黨大敗的原因。

　　史托克經常去拜訪上市公司，經常會問董事長在他的公司中薪水比他高的有幾位，或年薪超過一千萬的有幾個人。**一家公司或一個國家有沒有發展，要看老闆的格局大不大、眼光遠不遠、策略精不精、制度行不行、情報實不實；而其中最重要的是人才多不多、戰將強不強，是否有良好的「菁英環境」可讓菁英發揮所長，而使整個企業步向「良性循環」**，若菁英一個一個離去，則表示這個企業已步向腐化，或進入排除異己、黑白混淆的「惡性循環」。這也是國民黨大敗的原因。

　　同樣的一個操盤手是否卓越，也在於其格局大不大。史托克在 7228 點告訴讀者要整理下跌 11 ～ 13 個月；在 4474 點告訴讀者至少會漲 6 ～ 8 個月，運氣好的話可以漲好幾年，叫大家買好後「躺著睡覺」；直至 8700 點附近提示讀者至少要整理 3 個月，正常要整理 6 ～ 8 個月；在

7900 點提示買進電子證券；在一萬點提示電子證券要大整理至少三個月；在 7000 點提示是歷史大買點，金融、產業皆已落底，認為股市將至少上漲 3～5 個月，叫大家買好後「躺著睡覺」。

我知道很多讀者很怕，壞消息那麼多，可是說真的 3000 點的跌幅在史托克的眼中仍只是小格局的崩盤；每天盯著盤面，忽多忽空，心情上下起伏，睡不安寢，食不下嚥，就是小格局，就叫做投機；反之如你能依史托克所囑在 7000 點買進電子、營造、營建、資產、中概股，至今平均應已有 2～3 成的利潤，已遠離了你的成本，你已可「穩坐釣魚台」、「躺著睡覺」等所有人都再度看大好或漲不動時，再悠閒的收割吧！這就叫做投資，這就是大格局。

盤勢看法：繼續躺著睡覺。

・啟示

老闆無能，員工可憐；主帥無能，害死三軍；領袖無能，禍國殃民。台灣經濟由盛而衰起自於 78 年，政府放任搞股票、不動產泡沫、政商掛鉤、黑金橫行、炒作淘空，全世界最高的房價、股價，全世界最貴的國防建設，全世界最貴的捷運、高鐵，把儉樸忠厚的心弄壞了。鼓勵南進，遇金融風暴，全軍覆沒；戒急用忍，客戶都到大陸，不去者就等於等死；政客語言暴力，好官氣得不如歸去，派系爭權奪利，菁英一個一個離去，教育百年大計，不能針對未來趨勢，不能防範未來，不能預見危機。

068 浩瀚股海中，閒雲野鶴遊

NEWS 產經日報 86.12.10（三）

短短一個星期，股市大漲漲了 1150 點，整體持股獲利已近四成至五成，讀者們您掌握到了嗎？請您想想，在這段期間若是您能學習史托克的方法——「躺著睡覺」是不是**賺得悠閒自在，輕鬆愉快，這就是操盤手的境界——「浩瀚股海中，閒雲野鶴遊」**。

操盤手在低檔危機中找利基、找買點；分析師在股價低檔時找問題、找困難。所以史托克一再強調，請讀者千萬記得「高檔要忘記利多，低檔要忘記利空。」讀者們能否做到呢？要成為一個卓越的操盤手，須具備的條件很多，諸如正確的觀念、精確的資訊、市場對手的思考、散戶的心態、長遠的眼光、精深的統計、專業知識的熟練、長期經驗的累積、果斷的行動力、敢於與眾不同的勇氣、市場趨勢情報的掌握、各產業的關鍵癥結、不如預期時的認錯與修正速度⋯⋯等等。

其中**史托克認為最最重要的是「觀念」**。史托克去年在書店買了一本書，書名就叫「觀念」——「許文龍和他的奇美王國」。史托克反反覆覆看了八遍，有很深很深的感觸，也有無限的欽敬。許先生身為 ABS 王國的核心領導人，竟能擺脫陳規，執簡馭繁，他不常上班，除了每週一天固定到公司主持會議之外，其餘時間經常都是跑去釣魚，他不喜虛名，不願到處受注目，他喜歡音樂，鍾情藝術，他認為「韻律」及「美學」使他

「開竅」，啟發了他的智慧。而史托克在股市中有許許多多的體悟也是來自於「釣魚」「韻律」「慣性」「美學」。因此史托克頗有遇到「知音」的感覺，親愛的讀者們，你能體會這種「浩瀚股海中，閒雲野鶴遊」的心情嗎？

自史托克執筆以來，不斷有讀者要求史托克能招收會員，也有投顧投信邀請史托克能加入其陣營，將來可以代客操作，史托克正慎重考慮之中，但心中一直有個疑問揮之不去，那就是，如果史托克說：「買好了股票，就躺著睡覺，睡一年，賺三倍再出。」我很懷疑，有哪個會員做得到。哈哈！

**盤勢看法**：11 月中「隨心所欲操盤術」發表會中，已提示 8500 有
　　　　　　大壓。短線者可先跑一趟，拉回幾天再買，中長線者
　　　　　　繼續躺著睡覺。

發表

　　8500 點有大壓。當日為最高點，跌了近 1200 點。

實證

　　86 年 12 月 10 日最高點 8532，跌到 87 年 1 月 15 日 7375 點，再漲到 9378 點。

啟示

　　只有順勢操作，且具備有大格局的操盤手，才能躺著睡覺，但對於大危機、大機會、大滿足點的來臨，卻又要能做到一葉知秋，了然於胸。

069 多頭要抱，賺錢要拗

NEWS 產經日報 86.12.17（三）

　　有一個笑話：王媒婆同時帶著西門慶及大牛到潘金蓮家求親，而王媒婆貪圖西門慶的媒人禮多，碰到潘金蓮後，就先暗中以手指了指大牛，再偷偷塞了一張紙條給潘金蓮，上面寫著：「大牛比較懶」，暗示潘金蓮要選西門慶，誰知潘金蓮看了紙條後，竟毫不考慮的選擇了大牛，現在請你猜猜看，到底是什麼原因呢？答案就在王媒婆的字條是由左向右書寫，而潘金卻是由右向左看。簡單明瞭的說就是潘金蓮把句子倒著看，看錯了方向，還錯了對象。

　　同樣的在股市中，同樣的一張加權指數圖或個股圖，卻是人人看法迥異，有人看空，有人看多；有人要買，有人要賣；看對了方向，就是大贏家，看錯了方向就是輸家；看對了之後再加上選對個股則大賺，選錯了個股則原地踏步；看對了，又選對了，若押太少還是沒有用，頂多小賺；就算又看對，又選對，又押多，若抱不久，只賺一點點就賣掉了，錯失掉大好行情，還是沒用。這些就是操盤手決定勝負成敗的關鍵點。

　　在書本裡，在文章中，到處充斥著叫人家「不要貪」、「不要怕」、「不要短線投機，要長期投資」，這些書或文章，看起來好像都對，其實都是廢話。書上叫人「不要貪」，試想，如果大家都不貪，又怎會投入股市，都把錢放定存不就得了，所以貪是應該的，貪本就是人性，也是社會

進步的原動力；書上又叫人「不要怕」這也是錯的，大家看好卻不漲，要怕；利多不漲，要怕；量大不漲，要怕。書上又叫人「要長期投資」說若是買台塑、南亞、台積電則投資報酬率達到幾十倍，可是史托克看到的是打成全額交割股，甚至下市的公司，數倍於這些績優公司。

「貪」與「怕」，是人性，要成為卓越的操盤手，必須做到「人貪我怕，人怕我貪」「高檔要怕，低檔要貪」；「賠錢要砍，賺錢要拗」；「空頭要閃，多頭要抱」，外界很多媒體看壞行情，史托克卻只想到：「大家都看不好，大盤為何會漲」。「競爭對手國受創，為什麼還要悲觀。」

盤勢看法：短線 8200 點以下找買點，長線睡覺。

· 啟示

股市裡最困難的是預測；股市裡最容易的是順勢；股市裡最害怕看錯方向；股市裡最糟糕是不認錯；凡是自以為是、不懂隨機應變、不知天高地厚、大錯又不認錯、無知又愛逞強、不懂偏又裝懂、自負又沒本事、貪心又沒腦筋，亂聽人言、不學智慧、不辨是非、不肯修練，最後的下場通常是慘不忍睹的，也不想想天下哪有白吃的午餐。

070 心亂則輸，心定則贏

NEWS 產經日報 86.12.24（三）

筆者曾與讀者們討論過「吃角子老虎理論」，就是很久以前有人去問一個賭場大亨，為什麼他每次賭吃角子老虎都能賺大錢，他死都不肯講，到後來大家不斷調查研究，才發現原來他在玩吃角子老虎之前，都會用力去搖機器，若發現很重，他才肯玩，否則寧可不玩。所以得到**結論是：當大家都輸得很慘的時候，才是我們應該進場去玩的時機；當大家輸得愈慘的時候，我們贏的機率愈大**，這位賭場大亨之所以能贏，最重要的原因是「贏在統計」。

又有人問一個賭場大亨。世間有沒有穩賺不賠的賭法，那位賭場大亨卻毫不考慮的回答有一種方法，可以穩賺不賠，那就是不管你有多少錢，只玩賭大小，而且第一次都只押 1 元，且每次都押「大」或賭單邊，若輸了則押 2 元，若再輸押 4 元，再輸則押 8 元，再輸押 16 元，即善用「倍數法則」及「機率法則」，只要贏了一次就能把輸的錢全部拿回來，並倒贏 1 元，然後再重新開始，又開始從 1 元開始。這種賭法之所以能贏，最重要的原因是「贏在策略」。

而第一位大亨之所以別人怎麼問他，死都不肯講的理由是：如果他把方法講出來了，知道的人多，以後他再賺大錢的機會就更少了，所以真正的贏家是不會到處去張揚他贏錢的方法及訣竅，這也是為什麼筆者每次

舉辦操盤術發表會，都是只辦一場的原因，也許這一輩子你就只有一次機會而已。至於第二位大亨卻毫不猶豫的將穩賺不賠的方法大方的傳授，是因為他知道，所有的賭客都是想一夜致富，不可能像他一樣那麼有耐性的去堅持一種看似愚蠢，實是聰明的方法。

其實筆者認為，**他們之所以能成為賭場大亨，除了他們「精於統計」、「善用策略」之外更重要的是他們「極具耐心、定力」不受他人情緒起落的影響。**操盤手心法「心亂則輸、心定則贏」。筆者之所以能心定，因為筆者的持股成本都在 7000 點，那麼多低成本的股票，除非「攻擊角度」跌破，否則還是躺著睡覺，也許哪一天醒來已一萬多點了也說不定。

盤勢看法：市場愈來愈悲觀，表示籌碼愈洗愈乾淨，筆者已買好了，你買了嗎？

· 啟示

在股市裡一般的投資人賺錢是意外，虧損是常態，大賺是病態，如果有一天你發現大家都處於大賺的狀態，你一定要想想「我何德何能，天下不可能有白吃的午餐」，要盡速落袋為安，以保安泰。

真正的專家，在信任一種技術之前，必經過長時間的驗證，不是一天兩天，不是一個月兩個月，要經年累月反覆驗證其可行性，才能安心依靠，要相信努力，不要相信天才，要相信專業，不要相信全能。

071 反璞歸真，跳出輪迴

NEWS 產經日報 86.12.31（三）

「滾滾長江東逝水，浪花淘盡英雄，古今多少事，都付笑談中。」史托克在股市已歷經十餘年的潛修，這期間看過多少股市英雄、好漢、主力、天王翻騰起伏，最後的結局卻常是「身敗名裂」、「妻離子散」、「家破人亡」能得善終者並不多見。請你想想這些擁有廣大人脈、金脈、深具群眾基礎，又有實力智謀的人物，其下場都是如此，更何況是一般散戶。

這也難怪許多曾上過課的學員，他們透露在他們學習、操作股票的過程中，他們自認自己實在是非常努力，每天早晨都看好幾份報紙，深怕漏掉任何消息；開盤後也都很認真的看盤，也到處蒐集交換各家投顧的「明牌」；收盤後到處去聽演講吸收資訊；回家後看晚報做筆記；吃完飯後開始研究線圖，打電話交換意見；到了星期假日還經常花大把鈔票去找老師學技術分析，學「超級指標」。這樣幾年搞下來後，發現時間用了很多，學費交了不少，生活品質很糟，親情更加疏遠，卻還是「賺不到錢」。

史托克給他們的忠告是：「反璞歸真，跳出輪迴」，想要賺錢就必須有快樂的心情；有歡愉的心情，才能反璞歸真；能反璞歸真，才能跳出人性的輪迴。**因此「忘記」與「認錯」是股市最重要的修練，要學會忘記**

自己、順服趨勢，市場不會錯，都是自己錯。有位朋友曾問我兩個問題，讓我感觸良深。第一個問題是：「人生最重要的事情是什麼？」第二個問題是：「你的前途將會是如何？」因為問題太嚴肅，將來太難預測，史托克想了很久，不知如何回答，後來他忍不住就告訴我第一個答案是「呼吸」，因為不能呼吸，人生就沒有了；第二個答案更簡單，就是「死路一條」，因為人一出生，最後一定是會死的。

　　人的生命短暫，所以更要珍惜快樂時光，更要常常保持赤子之心，**股票要愈做愈簡單，愈做愈單純，心情才會愈快樂，錢才會愈賺愈多，史托克這幾年來幾乎每個買賣點、轉折點都有為讀者抓到，所憑藉的方法，就是「不用大腦操盤術」，而「不用大腦操盤術」正是反璞歸真的境界。**

盤勢看法：股票買好了，設好停損點 7900，就繼續睡覺吧。

・**啟示**

　　努力必須有方法，學習必須有智慧，操盤術才是關鍵，轉折點就是一切，不懂操盤術，就會如同無頭蒼蠅，瞎撞瞎忙，讓無情的股市踐踏你的尊嚴，侮辱你的智慧，浪費你的時間，騙取你的財富。

072 技術分析的價值

產經日報 87.1.7（三）

「今天會漲？還是會跌？」，「今天會拉尾盤？還是殺尾盤？」，「今天為什麼漲？今天為什麼跌？」，「你看會漲到哪裡？會跌到哪裡？」，「你看高點會出現在幾月？低點會出現在幾月？」這是一般投資人最常問的問題。殊不知一天的漲跌在整個股市波動中，僅僅有如微小的細微波，只要趨勢不變，就不用太在意：預測明天會漲會跌，高低點多少，更是徒勞心力。試問如果你把整個心力用在這些無謂的雞毛蒜皮事上，又如何能做到「快樂」、「反璞歸真」的境界。

參加過史托克操盤術發表會的人，都能很清楚的認識到股市的「單純」、「韻律」與「完美」。史托克執筆三年時間中，不斷有人問史托克有沒有招收會員，史托克的回答一律是沒有。很多學員不解，外面別的老師拚命曝光，上電視打廣告，而史托克卻隱而不出；想參加會員，得到的回答卻總是「看報紙就好了」。憶及當初開始寫稿的原因是，在法人機構中，大家都看不起做技術分析的人，卻不知其實基本分析、產業分析、技術分析、籌碼分析，所分析的結論到最後不外四項「量、價、時、勢」，**而只有「技術分析」才能做到「審時」、「度勢」、「審機」，研判多頭、空頭、買點、賣點，抓取最高點、最低點、停損點、停益點，既可檢定趨勢，又可以做為攻擊、撤退、加碼、減碼之依據。以最小的風險，賺**

取最大的報酬的法寶。加以當時大家都在討論「隨機漫步」，恥笑技術分析者，史托克乃憤而投稿寫專欄，且文章中甚少提及基本分析，以白紙黑字方式證明技術分析者更可完全掌握股市脈動，甚至最高、最低點。即使在空頭市場都能掌握每一個反彈點，獲利率達 40 ～ 50%。

　　史托克更以股市是絕對的完美的「完美理論」與百來位學員分享——股市的「藝術之美」、「韻律之美」、「線條之美」，證明股市絕非「隨機漫步」，而是「絕對完美」。

盤勢看法：依據「百戰百勝操盤術」，「躺著睡覺操盤術」跌到7900 買進的賺賠比率為 8 比 2，故宜買不宜賣，低價跌深的電子股可買進。

發表

　　若跌破 7900，買進的賺錢比例有八成宜買不宜賣。

實證

　　87 年 1 月 8 日跌破 7900 點，最低跌到 1 月 12 日 7375 點，但隨即漲升到 2 月 27 日 9378 點，大漲 2000 點。

啟示

　　每天問會漲會跌，收紅收黑，表示心中充滿了貪婪及恐懼，而貪婪與恐懼，會讓你看不清前面的道路，賺不到大波段行情。

073 掌握常態，處理變態

NEWS 產經日報 87.1.14（三）

　　股票操作一定要有中心思想，史托克的中心思想就是「快樂」，想要「快樂」首先要做到的是「掌握常態，處理變態」，股市的買賣點有八成是可以預測的，因為那是「常態」，「常態」可以用統計、慣性、韻律來掌握。而「變態」則發生在非預期的情況，如「該漲而不漲」，「該跌而不跌」時就必須加以處理，否則眼看著行情像阿波羅 13 號一飛衝天；或像鐵達尼號沉入深梅。卻毫無動作，不能做到「釣魚兵法」第四法則「當機立斷」的動作，則會陷入痛苦的深淵。

　　「兵無常勢，水無常形，料敵在心，察機在目。」操盤者必須能臨機應變，捕捉戰機。基本分析、產業分析、財務分析，可以幫你過濾出有價值、有潛力的股票，但最終的關鍵仍是「什麼時候買，什麼價位買，什麼時候賣，什麼價位賣，什麼情況要追進或加碼，什麼狀況要砍倉或減碼。」所以在股市中絕對沒有「神的存在」只有確實掌握勝率與敗率，並確實做動作的「贏家」，做不到就會淪為股市波臣。

　　須知「兵者，詭道也。」操盤者焉能一成不變不知變通。**不設停損是操盤者的大忌，更是一般投資人不快樂的主因，而設停損是一門藝術，不知股市韻律、慣性、支撐、阻力，量價變化，往往一停損就殺到最低點**。史托克在「隨心所欲操盤術中」有提示與會者，贏家與輸家的差別往

往只在「一念之間」，及「一線之間」。有些學員研究股票已有多年，卻不知道正確的趨勢線如何劃，致使買點誤為賣點，則又是一種技巧上的錯誤，「錯誤太多，考慮太多」往往是賺不到錢的主因。「不設停損，一意孤行。」則是傾家蕩產的原因。

政府再次惡搞「匯率」，致使跌破 7900 點停損點，投資人持股信心再度受創，大盤則有待打底恢復信心，但中低價位電子股仍是強中之強。這應可回答 11 月初發表會中學員的問題。史托克說這波選股一定要選低價股，有董監改選，股本不要太大，過去沒飆過，籌碼不亂，有轉投資可望今年掛牌，獲益可高成長者，其實這些股票已在以前文章中提過數次了。

盤勢看法：其他電子股，「洗王」已接近完成，史托克已準備調整組合。

發表

電子股已洗盤完成，開始承接納入投資組合，1 月 12 日已跌到低點 7375 點。

啟示

過度著墨於基本分析，常會產生過度的期待，過度的自信，而失去戒心，因不知應變而受傷慘重。充滿自信是成功的因素之一，但謹慎小心才是成功的真正保證。自信、自大、自負、貪婪，會矇蔽你的雙眼、閉塞你的思考。

074 產業分析的價值

NEWS 產經日報 87.1.21

許多讀者問道：「在股市中，是否只要學會了技術分析，就可以通行無阻，穩當獲利？」基本上，史托克認為這種說法絕非正確。一般而言，史托克每天花費在技術分析或看盤的時間幾乎占不到一成（當然這是因為以往多年潛修，已能做到執簡馭繁的地步），而其他九成多的時間都花在產業分析上，因為除非你只是操作指數期貨，否則到後來仍是要進入個股的世界，你不可能盲目去投資一家你不了解、未來不知道會如何的公司？舉例而言，今日同樣是技術性顯現出買訊，有的股票可能只是曇花一現，小漲幾天，馬上又長黑破底，而那些真正經過篩選有價值的股票，可能從此以後再也看不到這種價位，長期持有可能讓您獲益數十倍，甚至數百倍。這中間的差距在於你能不能了解一家公司的未來獲利能力及潛力。

史托克的淺見認為，**產業分析的價值在於了解到——經營者遠見是企業的大腦，一流人才是企業的心臟，研究發展是公司的骨架，財務結構是企業的筋脈，資金運用是企業的血液，產品週期是企業的宿命，銷售能力是企業的雙手，管理制度是企業的雙腳，每股盈餘是企業的生命，每股營收是企業的養份，資產利用率是經營者的能力……。**

看一家公司有沒有潛力，要看——

1. 經營者能否找到並將最具利潤的產品。

2. 以最有效率的方式，最少的成本，最有效率的機器，善加運用國內外最便宜的原料、人工、製造費用，最低的稅率，最少的時間，縮短研發到生產、推出、銷售、運送、交貨的流程，運用代工、購併、策略聯盟方式快速成長壯大，搶佔市場，增加市場影響力，領導價格。

3. 以最佳的品質，最有競爭力的售價，最彈性的交貨，將貨品銷售到客戶手裡，造成口碑，增加新客戶，掌握老客戶。

4. 迅速收到貨款，快速獲益，避免呆帳，增加產品流速、周轉率。

5. 掌握不景氣時機再研發、併購、擴廠，垂直整合上、中、下游轉投資。

6. 景氣好時募集社會資金，改善財務結構，雄厚資本實力，並全力衝刺。

盤勢看法：低價電子可逐步換成中價電子股，以股本小者為佳。

啟示

　　產業分析的難度很高很高，消費者的喜好隨時在變、市場供需在變、機器原料在變、技術科技在變、競爭對手在變、政治經濟在變、利率匯率在變、上游下游在變、價格成本在變、訂單客戶在變、庫存應收在變、所以股票絕不是隨便買，隨時買，不要賣。這種想法多半會死得很難看。

075 比較利益法則、漲跌順位法則

NEWS 產經日報 87.2.4（三）

　　轉眼間，一年又過去了，許多史托克的忠實讀者，在這兩三週內依史托克的提示，買了滿手的電子股，這陣子的連續飆漲，他們既興奮、又害怕，過完年紛紛打電話來詢問後勢看法，因為真的沒想到電子股會這樣漲法。並不斷追問史托克的組合內容？及賣點應為多少？這些問題讓史托克頗感為難，因史托克並未參加投顧，依法只能講講盤勢，或講述類股，而不能推薦單一個股及買賣價位。這點尚請原諒，僅能告訴讀者史托克「過去」的電子股組合。

　　在 10 月底史托克的電子股組合為日月光、中強、金寶、仁寶、矽品、國巨、友訊、光罩、錸德。元月初的組合則是國豐、日月光、致伸、國巨、敬鵬、楠電、仁寶、所羅門、華泰。這些組合有的上漲 3 成、5 成、8 成不等，不知道讀者們有沒有選到這些股票？不知道讀者們有沒有大賺。今天我之所以把這些投資組合介紹出來，絕不是要讀者們再去追高，反而是要讀者們小心，史托克當時為什麼選電子股，主因是太多大股東自己套牢，有些則是為現金增資護盤，故不得不傾全力做多。

　　史托克曾在發表會說過有三種類股的老闆是股市郎中，因為其產業起伏很大，虧的時候虧死，賺的時候賺死，所以他們的股價絕不能用正常人的觀點去想像預測，這些股票只能在大家棄之如敝屣時，恐慌長黑破線

時買進，歡欣長紅巨量大家爭搶時賣出。好比是一顆「糖衣毒藥」，散戶愈熱，糖衣溶解愈快，未能及時獲利了結者，則會吞食到毒藥，這半年多來，相信讀者們應已有很深的體悟。

有人以為電子股、證券股、營建股本益比不高，很有投資價值，殊不知「本益比」也常常是「糖衣毒藥」，以最近報載東南亞股市有些藍籌股本益比跌至五倍以下者，多不勝數，亞洲遍地都是便宜貨，其投資價值更勝於台灣股市，若我是這些電子公司老闆，我會趁機將自己的股票拉高出貨，轉進東南亞這些超跌、慘跌的股票。這就是股市中的「比較利益法則」、「漲跌順位法則」，這些都是選股的精髓。

盤勢看法：電子股指標進入超漲區，至少先出一半，破了 10 日線全出。

· 啟示

從分析產業成敗的因素，到挑選出潛力個股，到進退應對的策略，史托克統計可能有一百個要項要注意，有一百個細節要留意，經驗與智慧是由大量的金錢、時間、血汗及無數的挫折失敗打擊堆積而成的，要千算萬算，要注意細節，還要快速決斷才能見機不失。

挑戰自我極限，
打破股市紀錄

NEWS 產經日報 87.2.11（三）

　　史托克一向行蹤隱密，從不留聯絡電話，但仍然會有神通廣大的讀者找到我，而且問的問題有些很好笑，有人問史托克是不是外國人？也有人問為什麼名字這麼奇怪？其實史托克這名字是英文「STOCK」直接翻成中文，而「STOCK」正是史托克的英文名字。

　　另有一位讀者說，他追蹤史托克已經很久了，起初是朋友強迫他一定要看專欄，開始時他認為坊間許多第四台的分析師一向胡吹亂擂，股票漲停板就說是他們買的，股票跌停板就說是他們賣掉後又反多為空大賺，說的比唱的還好聽，篡改造假，欺騙投資人的也為數不少，所以他絕對不敢輕信，因此為了驗證史托克的說法是否真實，還特地跑到報社去蒐集史托克過去的所有文章，因為只有報紙的白紙黑字，他才能真正的相信。

　　他說在股市這麼多年，能預測到歷史高低點者簡直有如鳳毛麟角，而能夠連續在 7228、4474、8599、10256、7040，五個歷史大轉折都能抓到，而且直指 7228 要整理到十一到十三個月：4474 至少會漲六到八個月，甚至一、二年；10256 附近說至少整理三個月；7040 指出至少會反彈三至五個月，而且事後都一一應驗，他實在不知道該怎麼形容，他想要是早拿個 100 萬元依照史托克提示去操作指數期貨，現在何止千萬了。

　　他也參加過數場史托克的操盤術發表會，看過史托克的每月選股組

合，投資報酬率之高，絕對遠遠勝過一些法人投信；再加上曾發表過的操盤術，幾乎所有買賣點都能掌握到，且對於風險的控制幾乎也能做到滴水不漏的境地，所以他問道一般分析師不是為名就是為利，史托克到底是為了什麼？是否有意願自行創業？他願意義務支助。

史托克的目標很簡單：「挑戰自我極限，打破股市記錄。」我希望在完成第六次抓到歷史轉折點，留下完美的記錄，印證自己的實力後，則功德圓滿，封筆退隱，以後有機會再正式向認同史托克的讀者朋友服務。

史托克暫定於三月十八日星期三舉辦一場演講，告訴讀者這波「搶錢逃命」行情應如何因應，如何選股。

· **發表**

　　史托克看大格局，這是一波搶錢逃命行情，史托克以「趨吉避凶操盤術」量測反彈已將接近滿足點，而基本面、資金面、產業面、技術面都顯示未來問題嚴重，乃決定辦一場演講警告大家小心崩盤。

077　台灣股市的危機，趨吉避凶操盤術

NEWS　產經日報 87.2.18（三）

　　操盤手心法：「風險在心中，停損在手中」。雖然說「天有不測風雲，人有旦夕禍福」，但是要成為卓越之操盤手，除了格局要大之外，眼光更是要遠，要能比別人更早發現到轉機，要比別人更早注意到危機。

　　79 年 3 月，指數仍在萬點之上，史托克受邀前往永和華泰證券演講，那也是史托克的第一次對外演講，當時史托克演講的題目跟這次一樣就是「台灣股市的危機」，但主持人一再情商，請史托克務必更改題目為「台灣股市的利多與利空」，因為他深怕觸怒顧客，不料史托克一上台即向聽眾宣告「君子問憂不問喜」，此後即連珠砲般詳述，未來台灣即將發生層出不窮的經濟、政治及股市、產業利空，還記得總共講了 138 項，演講結束，全場鴉雀無聲，此後的問題就是：我有券商的股票要不要全殺光，有不動產的是不是該脫售求現。

　　史托克在操作上一向以技術分析操盤術為主，總體資金分析為輔，產業營運分析選股。史托克總是習慣每半年把總體經濟及產業多空情況，重新檢測，對未來將發生的利多利空的時點，務必了然於心，再推想董監大戶、法人、外資的心態及可能的動作，再觀察股市量價變化，擬定投資策略及選股策略。這次的演講題目「台灣股市的危機，趨吉避凶操盤術」就是史托克看到了一些未來的危機，又不便在文章中發生，就像 7228 史

托克看到了總統選舉，就想到大陸那邊必會有大動作一樣，但又不能明講。今年是虎年，股市凶險，史托克有必要提醒讀者要有危機意識，不要過度擴張信用，盲目追價。

「趨吉避凶操盤術」是檢定市場多頭空頭極重要的工具，能瞭解整個未來趨勢多空的走向，才能進一步擬定「進退應對」的策略，只要知道是多頭，就可以挑些好的股票，運用「躺著睡覺操盤術」賺取暴利了。有讀者提出他有位現任基金經理人朋友告訴他，史托克的一些操盤術真的很神，可以一點都不差地抓到歷史的每一個高低點，希望史托克再示範一次，最好能開班傳授整系列操盤術，他願意從基礎學起。而且股市瞬息萬變，更需要協助指導選股及進出方向。讀者若有此意願，可一併報名登記，報名電話請見今日報頭廣告。

盤勢看法：高價或漲幅一倍之電子股宜出。轉進中價位，漲幅落後之 IC 電子股，以 20% 為目標。

演講

3 月 18 日史托克舉辦第六場演講「台灣股市的危機，趨吉避凶操盤術」，依趨吉避凶操盤術下週將進入多頭陷阱區，歷史上只有 12682 的規模可以比擬，故以在民國 79 年 3 月 12682 崩盤時的演講題目「台灣股市的危機」警告來賓未來將進入大空頭市場，務必小心。

實證

大盤在隔週 2 月 27 日來到最高點 9378 後跌了一年，跌到 5422，大跌 3956 點，死傷慘重。

078 改變命運的操盤術

產經日報 87.2.25（三）

「在人生貧富的競賽裡，你的對手不只是別人，更重要的是你自己，你的勝敗輸贏將決定你自己、你的家人，甚至你後代的命運」。多少股市中人，耗費了龐大的精神、財力，仍是落得徬徨終日，心神不寧，行屍走肉，賠損累累，如此焉能成為贏家。

有讀者跟史托克打趣說，股票做了十幾年，從來沒看過像史托克這種怪人，每次都叫人「躺著睡覺」，別人寫股市分析文章都是又多又長，史托克卻是簡單幾句：別人預測行情荒腔走板，史托克卻是一針見血，明確肯定：別人拚命曝光猛上電視，史托克卻拚命躲藏，謝絕掌聲：別人天花亂墜猛打廣告，史托克卻是若非廣告部抗議，根本不想登廣告；別人拚命看壞行情時，市場只有史托克大聲說看好；別人拚命看好時，只有史托克警告危險；別人免費大型演講會，一場接一場，史托克演講不但限定人數，要求多辦一場卻是死也不肯；股市中人人人焦頭爛額，史托克卻輕鬆愉快，有如閒雲野鶴。

以這次的講題：**「趨吉避凶操盤術」為例，在十一年中買賣操作了十九次，平均一年約二次，是「隨便看看操盤術」的一種，是「反彈逃命操盤術」的一部分，是「躺著睡覺操盤術」的一種且有多次賣到歷史最高點，買到歷史最低點的完美紀錄，又能檢測多頭、空頭、多空反轉。**

目前多位友人一再鼓勵史托克自組工作室，因此史托克將「忍痛」傳授十二套操盤術，內容包括：「操盤手死亡盲點」、「操盤手十大法寶」、「賺取暴利操盤術」、「上帝之手操盤術」、「逆天行道操盤術」、「登峰造極操盤術」、「千錘百鍊操盤術」、「飆漲暴跌操盤術」、「百戰百勝操盤術」、「攻擊角度操盤術」、「洞燭機先操盤術」、「面面俱到選股術」。史托克自認這些操盤術價值連城，是史托克預備將來用在訓練國際級基金經理人的課程，史托克多年來幾乎股市的大小轉折，買賣點的抓取，之所以能如此輕鬆自在，精準明確，皆源由於此。但願學會者心存善念，勿欺國人，勿傳他人。「史托克的操盤術，將改變你的命運」。

盤勢看法：進入 9300 可先出再看。多頭陷阱區，千萬要小心。

啟示

剛開始學到多種操盤術難免手忙腳亂，要先學短線再練長線，要反覆練習使其成為本能直覺，此後就能逐漸到達不用大腦的境界，就像游泳、騎車、開車熟能生巧後，一切都是本能直覺，輕鬆愉快，根本不必用到大腦。

天堂 VS. 墳場；
9378 歷史大賣點

NEWS 產經日報 87.3.4（三）

報章雜誌常以「殺戮戰場」來形容股市，在過去、現在，包括未來這句話對一般散戶而，都可稱得上是「金玉良言」，4796 的崩盤，8813 的崩盤，12682 的崩盤，6365 的崩盤，7228 的崩盤，10256 的崩盤，次次都讓投資人呼天搶地，欲哭無淚，但是這麼多年來，我懷疑這些散戶投資人是否真的進步了。史托克只看到那些董監大戶，手段愈來愈高明，技巧愈來愈精進，而一般投資人卻好像完全摸不著方向，每天瘋狂殺進殺出，為號子打工，低檔不敢玩，高檔拚命買，為董監抬轎。我們看看融券餘額就可以知道散戶多可憐，在低檔時第四台拚命叫放空，不然就是叫你只要短線進出，致使融券拚命創新高（那時市場恐怕只有史托克叫您買好了股票躺著睡覺）。**反觀現在，融資暴增已接近 5000 億元，融券張數卻腰斬，擺明了散戶根本就是「低檔猛放空，高檔猛融資」，不輸才怪。**

二月份的成交值，使得證交稅及證所稅支出近 300 億元，更可以說明散戶進出頻繁的程度，顯示投資人的短視，沒有眼光，沒有策略，操盤手心法：「贏家贏在眼光，輸家輸在短視」史托克有位好友說得好：「買賣股票跟人生目標一樣，絕對不能匆匆出門，倉促上馬，沒有計畫，只是繞著圓圈跑」，這叫做「瞎忙」，只是浪費您的精神，折損您的財富。

一些友人一直告訴史托克，他認為散戶是不值得同情的，因為他們

不能記取失敗的教訓；散戶是無可救藥的，因為他們不懂累積成功的經驗。史托克也知道自然界物競天擇不容違背的道理，但總是不忍。**這次的操盤課程，十多年來陪伴著史托克避開無數次的崩盤，幫助史托克掌握了無數次的歷史大買點，使得史托克深切體會到股票市場真的是社會財富重分配的地方，而操盤術更是決定您是分配別人財富，還是被人分配財富，勝敗輸贏的最終關鍵。**懂得者，股票市場是您永遠的「天堂」，不懂操盤術者，股市可能是您哀傷的「墳場」。

盤勢看法：利空因素逐漸顯現，依趨吉避凶操盤術，本週正式進入危險陷阱區，高融資股宜出。

Stock's
Prediction

發表

　　當週 2 月 27 日出現歷史大賣點 9378。

實證

　　盤整做頭後一路崩跌到 9 月 1 日 6219，歷時六個月，最後跌到 5422，跌幅分別為 3159 點及 3956 點。

啟示

　　有人說股市是罪惡的賭場、吃人的市場，史托克用數以百篇的文章完美示範股市是美好天堂。學藝不精者，懵懂無知者才會被送到墳場。會輸的原因就在不知道、沒學到；不知道股市自然法則的奧祕，沒學到股市波動轉折的韻律，只有學到操盤術者才能享受股市的簡單、容易、輕鬆。

080 賺取暴利操盤術

NEWS 產經日報 87.3.11（三）

短短兩個星期，電子股平均暴跌近三成，讀者們是否安全避過這次凶猛的殺盤。躲過者想必興高采烈，沒躲過者則是心情惡劣，史托克在上週文中所提出的「天堂」？「墳場」？應是最好的寫照，唉！真的是「一樣股市，兩樣情」。有幾位忠實讀者更是直接了當的說，當他從專欄中看到史托克說要辦「趨吉避兇操盤術」的時候，他就馬上意會到，股市即將轉折，因此就逐漸將電子多單了結，還順手放空史托克所提示宜出脫的高價電子股及漲幅逾倍的證券股，這半年下來又融資又融券獲利已近兩倍，這種績效，連史托克都有點眼紅嫉妒。

產經的長期讀者都已知道，史托克每每都在歷史轉折點即將或剛剛開始之際，舉辦操盤術發表會，例如 7228 點的「登峰造極操盤術」、4474 點「上帝之手操盤術」、8599 點的「躺著睡覺操盤術」、10256 點的「百戰百勝操盤術」、7040 點的「隨心所欲操盤術」、9300 點的「趨吉避凶操盤術」，而處在當時的環境下，幾乎是史托克與全市場的人對做，有人說史托克是「蝴蝶效應」裡那隻引起加勒比海風暴的蝴蝶。其實史托克生性疏懶，喜歡私密，喜歡自然，喜歡輕鬆，喜歡無壓力，喜歡快樂，喜歡研究，不喜曝光，不喜打擾，更不喜興風作浪。

在史托克眼中，股票市場是一幅登峰造極充滿藝術之美的圖畫，是

一尊鬼斧神工、精雕細琢的雕刻,是一首韻律曼妙、節奏嚴謹的樂章。到今天仍持續有讀者來電詢問操盤術課程何時開始?實在很抱歉,史托克從宣布將傳授操盤術課程,因名額有限,迅即被登記一空,故請勿再報名,史托克衷心感謝讀者的愛護及支持。

　　來參加課程的學員,不少股齡已有一、二十年的股市老手,亦有多人遠從屏東、高雄專程趕來,更有因參加投顧而慘賠虧損者,**史托克絕不藏私第一堂課即傳授「賺取暴利操盤術」,史托克告訴他們學完這堂課後,從此不需要再看盤,不用再參加投顧,不用再問史托克行情看法,因為他們自己都應該清楚該怎麼做,該怎麼看,該怎麼抓買點,抓賣點,設停損點,設停益點,其功力已遠超過一般的分析師。**

盤勢看法:電子股有急跌 3 成仍未反彈者,可伺機搶反彈,指數反彈到 9000 點仍宜先出。

發表

　　反彈到 9000 點要賣出。

實證

　　3 月 17 日反彈到最高 9165,回跌到 3 月 23 日,最低 8738 點。

啟示

　　理財最重要的問題——不知道如何買股票;投資最嚴重的課題——不知道何時賣股票。若不懂得抓取買賣點,基本分析不過是剪刀和漿糊,技術分析也只是算術和公式,是無法獲利的。

081 操盤手 36 個死亡盲點

NEWS 產經日報 87.3.19（四）

「滾滾長江東逝水，浪花淘盡英雄。是非成敗轉頭空，青山依舊在，幾度夕陽紅。白髮漁翁江渚上，慣看秋月春風。一壺濁酒喜相逢，古今多少事，都付笑談中。」世人總是愛吟詠此詩，論斷三國英雄可歌可泣的英雄事蹟。

其實在股市中每天都在發生「金錢戰爭」、「搶錢遊戲」，在股市中各路英雄豪俠，所演出的勾心鬥角，用餌拋鉤，爾虞我詐戲碼之精彩絕倫，當不在三國英雄之下。在小說中「三國英雄」鬥輸了，頂多血濺五步，但世人仍依其忠勇智謀評斷為英雄豪傑；而「股市英雄」若鬥輸了，除了賠上金錢財富、家庭幸福、尊嚴名聲，甚至後代的生活，鬥輸了只能淪為股海波臣，受人訕笑，情何以堪，能不慎乎。

「股票市場」一直都是「吃人市場」，跟「賭場」也沒什麼大差異，「大魚吃小魚，小魚吃蝦米，蝦米吃微生物、藻類。」這就是股市的「食物鏈」，這也是大自然弱肉強食、物競天擇的自然法則。在股市中雖然看不到刀槍劍戟，血淋淋的場面，但「糖衣包毒藥，肥餌包金鉤」，卻是處處可見，**投資人千萬不要在生嫩階段投入太多資金，寧可花個三年五載去經驗歷練，多了解股市陷阱及操作盲點後，再行投資。須知「經驗愈夠，愈不會輸，盲點愈少，愈是會贏」。**

操作股票老是賠錢，一定有原因，一定有盲點，史托克認為其理由
有十個：

1. **認識不清**——不知股市結構，食物鏈，不知騙術手法。

2. **學識不夠**——只憑感覺、主觀盲目下單。

3. **眼光不遠**——不知過去、現在、未來。

4. **方法不對**——進場、出場完全沒有依據。

5. **努力不夠**——不知道又不肯學。

6. **設備不足**——連報紙、刊物都捨不得訂，也不知如何用。

7. **資料不足**——資訊情報不足，即使有，卻也沒有研判資料數據的能力。

8. **所問非人**——亂聽明牌，又不設停損。

9. **沒有正確的操作觀念**——不僅操盤術，明知錯誤，卻坐以待斃。

10. **盲點太多**——不知股市的危險、問題、困難、陷阱。

　　而「操盤手的死亡盲點」竟達 36 項之多，忽視任何一項，都足以使
操盤手陰溝翻船，淘汰出局，永世不得翻身。

盤勢看法：9378 完美滿足點確立為頭，則行情將盤整數月之久，
千萬要小心。

Stock's Prediction

發表

　　2 月 27 日 9378 確立為頭，以後將盤整數月之久，再次提醒千萬小心。

實證

　　整整下跌了一年，到隔年 2 月 5 日 5422 才止跌。

啟示

　　賠錢的十大原因：

　　笨

　　誤判

　　被人騙

　　買高賣低

　　老師害我輸

　　大師讓我大輸

　　專家專門害人家

　　作手讓我斷頭斷手

　　分析師使我股市橫屍

　　政府喊話不該傻傻聽話

　　簡而言之：有兩大原因，一、太相信自己，但是自不量力，二、太相信別人，但沒有經過驗證。

082 飆漲暴跌操盤術

NEWS 產經日報 87.3.25（三）

　　據說在福特汽車公司曾經發生過這樣一件事：1923 年福特公司的一台大型電機發生了故障，公司請所有的工程師前來會診，查了三個月都沒有查出問題的所在，導致所有的生產為之停擺，損失慘重。後來請了一位德裔美國人斯特曼斯來診斷，他先在大型電機旁搭了個帳篷，一連觀察了七天，最後他在電機的某個部位劃了一條線，讓人在他劃線的地方將裡面的線圈去掉十七圈，電機竟然就修好了。付款時，斯特曼斯提出需收取 1 萬美元的修理費。當時許多人認為他只是在電機上畫了一條線，就要價這麼高，簡直是獅子大開口，近乎敲詐。斯特曼斯收到錢後，在收據上寫了一句話：「畫一條線值 1 美元，知道在什麼地方劃線，值 9999 美元。」

　　史托克在這次「飆漲暴跌操盤術」中也只是教了學員們「一條線」，一條失敗率極低極低，即使失敗了損失率約只在 3% 之間，而成功率極高極高，只要一成功獲利率平均至少 50%，而一年最多只交易三至五次，甚至只有一次的操盤術，這套操盤術的功效及威力堪稱為「股市生命線」，又可稱為多市或空市的「馬其諾防線」是確認多頭與空頭極為重要的工具。是「躺著睡覺操盤術」的一種，是「隨便看看操盤術」的一種。尤其是其中的「高空跳水板」、「火箭發射台」更是掌握股市飆漲暴跌最重要奧祕。

　　筆者在操盤手訓練課程中先以「賺取暴利操盤術」教會學員們去欣賞股市「轉折的韻律」，學員已可運用此套方法去研判短期多空的轉折變化，實在是數十年如一日，只要方向研判正確，可精準地抓到買賣點。而「操盤手死亡 36 盲點」是統計歷年來操盤手之所以受挫失敗甚至陣亡的主因，是操盤手必須謹記在心的操盤手心法。而第三堂課「飆漲暴跌操盤術」更把股市「力學運動」的奧祕完整呈現，學員們有一個很深刻的感想——「以後在股市要賠錢可能很難囉！」

盤勢看法：（已經是學員看法）依「飆漲暴跌操盤術」，此波下跌一定要買股票，無怨無悔，富貴險中求，怕死不得等（台語）。相信操盤術，相信統計學，買進電子股、資產股。

Stock's Prediction

發表

　　3 月 24 日跌到飆漲暴跌操盤術 8751 點買點，提示買進。

實證

　　又是短波最低點，最高漲到 9337 點。

啟示

　　如果看看書就能賺大錢，那麼作家一定是大富翁；如果讀讀報就能賺大錢，那麼記者一定是大財主；如果跟主力就能賺大錢，那麼營業員一定是大富豪；如果投顧老師們都能賺大錢，那麼哪需要天天上電視；每個人都可以分析行情，但知道如何正確的進出才是真正有價值。

**百戰百勝操盤術，
絕不套牢操盤術**

 產經日報 87.4.1（三）

　　史托克已太久太久沒看電影，月前受到一些年輕小伙子的刺激，說道：「沒看鐵達尼號，你就落伍了。」（這些年輕人都已一看再看，三看四看，有的看了流眼淚，有的看完後更是終日討論著「真愛」的偉大。）史托克這幾年來只醉心於股市操盤術的研究，心中原想「沈船」有什麼好看的，去看了之後才知道原來「災難」只是背景，「愛情」才是要角，史托克卻只注意找災難發生的「原因」。

　　「鐵達尼號」為什麼會沈？為什麼會那麼多人殞命，原因有好幾個，船長好大喜功全速行駛不理會前有冰山的警告；瞭望員只顧看好戲，疏忽職責，反應過慢；船上救生設備不足，逃生艇竟然容載量不足……。總結就是——沒有風險意識，又過於自信鐵達尼號是永遠不沈。

　　在股市中會讓你損失慘重的原因很多，會讓你賺不到錢的原因更多——不會認錯，不能忘記，不懂捨得，不能忍耐，不能等待，不懂單純，不能快樂，不知風險，不能放下，沒有方法，過份自信，過份樂觀……都是原因。**所以一定要懂得操盤術，懂得控制風險，才不會任人宰割。**

　　史托克的學生有一半以上股齡超過十年，他們過去也曾花費不少錢找老師學習技術分析，甚至有不少也參加過投顧會員，上過了不少的當，也虧過不少的錢，史托克問他們知不知道上課的內容？他們說不知道。又

問：難道不怕再上當一次？他們說：追蹤史托克的文章已好幾年了，根本不怕。又問：難道不怕上課的內容早就學過，早就知道。他們說：已參加過多場的操盤術發表會，每次所抓取的高低點都全部印證，對風險的控制更是滴水不漏，方法都是既輕鬆，又愉快，盲點更是少之又少，而且這些操盤術都是前所未聞，前所未見的。所以一聽到史托克要上課，根本就毫不考慮的報名了。

上週講授的課程「百戰百勝操盤術」是「絕不套牢操盤術」的一種，是「隨便畫畫操盤術」的一種，配合「賺取暴利操盤術」好比「倚天劍」加「屠龍刀」，是整個操盤術的靈魂。長、中、短期，多頭、空頭皆可適用，指數若上漲 50%，常能賺到 80 ～ 100%，配合「虛擬滿足點」，「虛擬停損點」經常買到最低，賣到最高，並且絕不套牢，你相信嗎？

盤勢看法：電子轉弱先出，資產續留，9150 壓力重，等待拉回。

發表

9150 壓力重，弱股先出。

實證

4 月 1 日指數到 9160，折回到 8979。

啟示

股市智慧箴言

贏——真理一字

紀律——重要二字

操盤術——遵循三字

不如預期——害怕四字

欺哄拐詐騙——提防五字

認錯忘記順勢——修練六字

我不知道請教我——聰明七字

贏家全拿輸家買單——徹悟八字

催眠洗腦帶你跳火坑——媒體九字

會買也會賣見好知道收——贏家十字

084 要抓重點，要知訣竅

NEWS 產經日報 87.4.8（三）

在股票市場中，「輸」絕不是恥辱，「錯」絕不丟人。怕的是根本不知道為什麼輸，不曉得為什麼錯；最糟糕的是「死不認輸，死不認錯」，導致損失無限擴大，從此被股市三振出局。意志薄弱者從此退出股市；意志堅強者，臥薪嚐膽，等累積足夠財富，重新披掛再戰。只是若還是摸不著竅門，弄不清盲點，恐怕仍是徒勞無益，只能任市場主力宰割。這道理就像游泳一樣，你懂得換氣與技巧，則輕鬆愉快，如魚得水；若是不懂換氣，不懂訣竅，則一下子就筋疲力竭，抽筋嗆水。讀者是否也有同感。

在股市裡為什麼贏家那麼少，會輸也絕不是運氣不好，必須細究原因。其實諸如：公司為什麼會倒閉，身體為什麼會不健康，人際關係為什麼不和諧，生活為什麼枯燥乏味，學業知識為什麼趕不上別人，工作事業為什麼不順利，夫妻相處為什麼會失和，跟股票操作為什麼會失利一樣都有原因，只要你抓到病因，對症下藥，即可不藥而癒。若你不知道原因，盲目吃藥，或因循苟且，恐怕只有坐以待斃。

就以「鐵達尼號」轟轟烈烈的愛情故事，跟時下轟動全省的政治名人「外遇事件」去比較，為什麼一對對踏入禮堂，互許終身，貧病扶持的愛侶，是如何由第一階段彼此「讚美擁抱」；到第二階段「限制要求」；到第三階段「批評責備」；到第四階段「絕情翻臉」；若到此階段還不知

道錯誤在哪裡，就開始進入「暴力外遇」的婚姻終結階段。其實許多人際關係的惡化，如父子失和、夫妻反目、婆媳針鋒，皆源於此，懂得檢討原因，放下身段，忘記我是誰，停止要求控制，多些讚美、鼓勵、支持、關懷，就能回復良性循環，則人生是無比美好快樂的。

「天下難事，必作於易；天下大事，必作於細。」做事情要抓重點，學股票要知訣竅。太難的東西不要看太多——如浪浪理論；太繁雜的東西不要學太多——如技術指標；變化多端的東西不要想太多——如股價型態；一切在股市裡的研究，都要想辦法化繁為簡並歸納重點。須知**操盤手心法有云：「行情是用來操作的，而不是用來研究的。」能掌握股市單純的律動、常態與變態，再搭配以小博大的操盤術，就能成為贏家。**

盤勢看法：依操盤手心法第 26 條，高檔最重要的事情是——「減碼」而不是換股。這就是「重點」。

• **發表**

　　高檔最重要的是減碼，而不再是換股了。

• **實證**

　　4 月 19 日出現第二高點 9335，此後就一路崩盤了。

• **啟示**

　　如果你能遵循自然法則，如果你能臣服股市美學，如果你能順從韻律節奏，你就能了解轉折的時機，時機不對，怎麼拚都白費功，技巧正確，不努力也可成功，不用大腦，躺著睡覺賺鈔票。

085 空頭已成，休息睡覺

NEWS 產經日報 87.4.15（三）

　　短短一週，台灣股價指數跌了 500 點，幾位法人好友，都笑稱是史托克把行情寫下來的，筆者的學生們也反應，每到星期二晚上一定要看到筆者的文章，知道筆者的看法，才能安心睡覺；有些神通廣大的讀者，竟能取得筆者的聯絡電話，有的詢問盤勢看法及操盤術的問題，有的要求筆者能否每天寫專欄，有的要求筆者收會員，有的要求操盤術課程能否再增開一班，有的要求筆者能否到南部辦演講或巡迴上課，有的詢問筆者的操盤術有幾種，有幾類……在此一併答覆。

　　其實筆者在媒體上執筆完全是因緣際會，起初是阮社長看到我在財訊快報發表的文章，之後我是為了研究股市的線圖「基因結構」而與產經日報的阮社長結緣，而後獲其邀請開始執筆「人壽看盤」，順便藉此印證筆者所研創的操盤術的威力，多年驗證下來，倒也有八、九成的勝率，尤其是每波的歷史大買點，歷史大賣點，都一一印證。其實在筆者執筆專欄之前，也就是在 **81 年，筆者為了整理操盤術課程，整整花了八、九個月時間教授幾位學生操盤術課程，在上課期間都是即席，以各種操盤術分析盤勢，也大多能驗證如斯，就像筆者以前在 7228 大盤下跌時，到大成證券給營業員講授一些基礎技術分析課程，也是如此，研判的結論就刊載在專欄內**，大盤下跌 2200 點時，史托克逆勢做多照樣賺得 1700 點，哪位

讀者如有閒，請幫筆者統計一下當時以「不用大腦操盤術」逆勢操作，勝率與敗率或報酬率看看如何？就可了解操盤術的威力。

筆者篤信緣份，一切隨緣。有企圖心卻無野心，喜歡單純自然的生活，專欄寫久了，多少有些倦，有些累，有點壓力，9378 這個歷史高點，筆者以「趨吉避凶」操盤術給各位讀者提示，希望各位讀者能躲過這場空頭劫難。等筆者給這些與我有緣的學生上完操盤術課程後，筆者將暫時與各位讀者告別，並思考一下未來的方向，另筆者因喜歡研究思考不喜曝光，故目前沒有收會員、公開演講或巡迴上課的計畫，請見諒。至於「操盤術課程」第二期是否舉辦將會慎重考慮，有意者可先登記。

盤勢看法：空頭已成，反彈減碼，休息睡覺。

發表

空頭已成，反彈減碼，不要玩了，休息睡覺。跌破「攻擊角度操盤術」支撐，頭部已成。

實證

從此大跌特跌，跌了一整年，跌了近 4000 點。

啟示

人生有四寶：「無事是仙，平安是福，知足是樂，健康是寶。」

史托克喜愛老莊思想，崇尚自然隨緣，最愛閒雲野鶴，享受輕鬆自在，沈浸股市美學之研究，鑽研自然法則之奧祕，破解波動常態變態基因轉折，更是人生一大樂事。

086 上帝之手操盤術

NEWS 產經日報 87.4.22（三）

　　上上週史托克傳授**「上帝之手操盤術」**課程。**「上帝之手操盤術」是統計台灣過去歷史崩盤的軌跡**，找出其規律法則、成因時點，即可做到趨吉避凶，躲開崩盤，是「未卜先知操盤術」的一種，是「隨便比比操盤術」的一種，是「基因結構操盤術」的一部分，是「慣性韻律操盤術」的一部分，是「趨吉避凶操盤術」的一種，是 34 種「天價谷底預測術」的一種，此操盤術告訴我們，歷史是如何不斷在重演，人性是無可救藥的愚昧。**此套操盤術常常幫助史托克賣在最高檔，買在最低檔，至少它已幫史托克輕易抓到 12682、6365、7228、10256 的高點，並進而抓到 4474、2485 的歷史大買點。**

　　上上週的課堂上，史托克即以此操盤術告訴學員們，股市將陷入一段大整理，崩盤難免，反彈都應是賣點。**上週再以「攻擊角度操盤術」在第一時間告訴學員頭部已確立**，應速撤退，因此所有的學員都能藉助「上帝之手」的幫忙，登上「諾亞方舟」避開這波近千點的風暴，學員們都很慶幸，至少少損失了幾百萬，甚至有的反手放空賺了不少暴利。他們已逐漸能體會**史托克的話語：「做股票應該躺著幹」、「做股票不需要每天看盤」、「要快樂輕鬆的做股票」**，也已能了解股市的韻律、慣性、基因、常態、變態、飆漲、暴跌的變化，抓取大中小波滿足點的方法。

史托克告訴他們所有操作的錯誤及盲點及以最小風險博取最大利潤的方法，因為史托克的操盤術內容招招都是獨門獲利技巧，因此所有學員均需詳填個人資料，並簽約保證所授內容絕不外洩或傳授他人。還記得課程剛開始時有學員說他在股市輸了一億；也有說參加××投顧輸了幾千萬；也有說在股市那麼多年，他好像從來沒賺過；也有說他已經跟過好幾個名師，照樣虧損累累；也有說他因為聽信主力明牌，自己不會研判，損失慘重。也有的說他根本都是被股票玩，從來不會玩股票，到今天看到學員們幾乎都已脫胎換骨，重拾自信，神采奕奕，真替他們高興。

・啟示

歷史不斷在重演，人性是無可救藥的愚昧。股市就像魔術師的戲法，投資人都站在他的前面，你看左手，它在右手；你猜上面，它在下面，怎麼猜都猜錯，怎麼變都看不懂，不斷被誤導，不斷被迷惑。只有操盤術是站在魔術師的後面，他的一舉一動都逃不過它的法眼。

087 技術分析十大法寶

NEWS 產經日報 87.4.29（三）

史托克常說：「操盤術、技術分析是賺取暴利的方法及手段；但唯有基本分析、產業分析才可以培養人的眼光、遠識。」很多法人、投信極度排斥技術分析者，視其為江湖術士，走方郎中。其實要成為一個卓越的操盤手，應該要基本分析、技術分析兩者兼備。但影響股市的因素太多，基本分析非個人之力所能完全掌握，必須靠卓越的團隊合作才能竟功。

做基本分析的評估，須了解「基本分析八大法則」，須認識「影響股價變動的十五方向」、「產業分析一百要領」、「環境評估三十要項」、「財務分析、財務預測、現金流量、產銷庫存」、「內部控制管理八大循環」、「上市上櫃的法令規章」此外還有太多不可測的因素，例如匯率、利率、原物料漲跌、地震、天災、政治、國際變化、新產品、競爭者的策略……等等。

筆者認為能把這些事項都弄得很清楚的，十萬個人中可能找不到一個，而其中能把這些事項跟股價結合在一起者，可能一百萬個人也找不到一個，君不見政府耗用多少人力、財力、物力，綜合各項因素去預測國內經濟的情況，仍然常常「摃龜」，老是挨罵，可見有多難。筆者每次用基本分析來分析股市，常可洋洋灑灑、長篇大論，但最後仍要靠技術分析來抓取方向及買賣點，控制風險，否則仍是感覺「心虛」，**因為基本分析的**

盲點，實在「有夠多」。

　　技術分析則直接切入股價，因為我們的主要目的是賺錢，只要了解高檔低檔、買點賣點，配合操盤術，操作策略即可掌握獲利時機，而「技術分析十大法寶」就是依——（1）波浪理論。（2）K線理論。（3）股價型態及測量理論。（4）趨勢線及軌道。（5）缺口及對稱理論。（6）支撐壓力及帶區。（7）移動平均線及乖離。（8）成交量值。（9）循環期間。（10）技術指標。**操盤手必須長期對人性（即股價）去做深入的統計，計算出勝率及敗率、風險與利潤、多頭或空頭、掌握買賣時機、控制變態風險，出現則大膽行動。「不了解技術分析，就不了解人性：不了解人性，就不能成為贏家。」誰能將基本分析、技術分析結合者，絕對是大贏家。**

盤勢看法：依「上帝之手操盤術」，美國股市頭部已近，勢將影響台灣股市，故仍不宜介入，要相信趨勢，相信操盤術。

・**啟示**

學習的方法——
提出問題假設，分析細胞結構，比較相同基礎，期間差異分析，檢查異常架構，把握重點原則，追蹤差異原因，驗證檢討改進。

088 隨緣而動，隨勢而動

NEWS 產經日報 87.5.6（三）

　　學生問史托克為什麼要「封筆」，明明每一波的轉折、歷史的買賣點都能正確的抓取，要是別人一定會大大的吹噓一番、宣傳一番，趁機招攬會員，他們想不通史托克為何在此時反要急流勇退。史托克想到了莊子「烏龜的故事」——莊子用他的竹竿在浦河釣魚。楚王派兩個大臣帶著聖旨去找他，聖旨上面寫著：指派莊子當宰相。莊子手持他的釣竿，眼睛還在注視著浦河，他說：「我聽說有一隻烏龜在三千年前被封為聖龜，他受到國王的崇拜，將他以絲綢包裹，放在一座廟裡面神壇上一個尊貴的神龕裡。你認為如何？你認為放棄個人的生活，在那些焚香的煙霧裡作為一個被崇拜的對象比較好，還是做一隻平凡的烏龜，生活在泥濘的濕地或到海裡悠遊，哪一個比較安適快樂呢？」**史托克喜歡自然，喜歡隨緣而動，隨勢而動，隨風而飄。**

　　「有緣千里來相會，無緣對面不相識」、「十年修得同船渡，百年修得師生緣。」**史托克有緣寫產經專欄，讀者有緣看產經，有緣者看史托克寫專欄，有福者「信任」史托克的建議避開多次的崩盤，並掌握到致富的歷史買點。**對於生活在充滿危機、敵視、虛假，和謊言的社會中的人們來說「信任」是非常寶貴的。史托克對這些有緣、謙虛、誠意、信任、捨得、勤勞、智慧的同學，心存珍惜感激之心，當湧泉以報，當竭力為有緣

者開啟「財富之門」

　　史托克在操盤手課程開始的第一堂課就承諾同學，這 12 堂課上完後，他們將能體會以後根本不想要看盤，根本不用參加投顧，根本不要看第四台，買賣點自己都可以研判，以後根本不用再問史托克，若還要再問我，表示史托克教的不好，教的不對。到目前已上了 8 堂課，史托克每次都能輕鬆地運用不同的操盤術去抓取高低點，研判盤勢，次次都能應驗，而方法卻都是那麼自然、那麼容易。股市的奧祕、股市的規律、股市的結構，根本不需長篇大論，一切都是那麼容易——容易才是對的，但是一定要正確的開始。正如史托克在 9300 點附近輕鬆的一句話——「股市將整理數月之久，休息睡覺吧。」到今天已跌了 1000 點了，你相信了嗎？

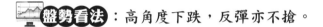

盤勢看法：高角度下跌，反彈亦不搶。

啟示

　　道家主張，自然無為，不要突出，放棄突出，成為平凡的，成為簡單的，成為容易的就對了。不必去炫耀，不需要證明。但好的智慧、好的經驗，需要傳承，史托克願意把這些最美好的操盤術與有緣者分享，但有緣者必須心存善念，勿害他人，幫助社會並且尊重自然法則。

089 脫胎換骨的操盤術

產經日報 87.5.13（三）

　　有學生好奇地問及史托克到底創作了多少種操盤術，因為他發現他已上了**史托克近十堂操盤術的課程，每種都能漂亮抓住高低點、反轉點，而每一次、每一種所用的方法竟然都不一樣，而且招招都是簡單易學，清楚明瞭**，他發現史托克從來不講技術指標，也很少提到波浪理論，更少提到股價型態，甚至告訴學生儘量避免一開始學股票就一頭栽到裡頭，否則很容易走火入魔，自陷絕境，難以自拔，然後把自己弄得很複雜，背負一大堆知識的包袱。史托克是過來人，深知其具有的致命吸引力。

　　人的大腦裡面容納了五種東西——正確的思想、錯誤的思想、想像、記憶及睡覺。一旦有人將錯誤的、以偏概全的、斷章取義的、混亂邪惡的毒素放進去，則錯誤的思想，會引起錯誤的觀念，產生錯誤的想法，養成錯誤的習慣，造成錯誤的投資，最後則形成失敗的人生。史托克看著學生們現在口口聲聲都嚷著要「躺著睡覺」，心情既輕鬆又快樂，已可感覺到他們已有了「脫胎換骨」的改變。史托克的學生中有投信董事長、大學教授、博士、教師、金融證券專家，甚至也有在華爾街操作多年的老手。日後讀者們如果遇到某個人跟你講股票一定要學會做到「能夠躺下」、「能夠放下」、「能夠捨得」、「能夠忘記」、「能夠認錯」那麼他極可能就是史托克的學生。

史托克的操盤術目前應已有 75 套，除了這次傳授的 12 套之外還有「人性弱點」、「無住不利」、「威力無窮」、「三度空間」、「時間循環」、「深謀遠慮」、「未卜先知」、「精打細算」、「電腦選股」、「多空變盤」、「五行變換」、「時間變盤」、「仙人指路」、「神機妙算」、「買低賣高」、「神奇數字」、「循環理論」、「量價合判」、「波浪角度」、「鐵尺神算」、「掌握關鍵」、「不賺很難」、「擴大戰果」、「支撐阻力」、「絕不放過」、「如影隨形」、「守株待兔」、「捷足先登」、「當日沖銷」、「緊咬不放」、「看盤要領」、「即刻開悟」、「搶佔先機」……等操盤術，預期未來可研發到 100 套，用來訓練國際級的基金經理人，橫掃國際股市，這原是史托克的志向。

盤勢看法：小反彈不影響下跌趨勢，繼續休息睡覺吧！留意美國股市惡化。

· 啟示

當你認為天下有白吃的午餐時，有好大的便宜可佔時，肥肉竟自動掉在你口中時，就是準備受騙上當的時候。

當你深信不疑、孤注一擲時，當你認為天空沒有一片烏雲而志得意滿時，千萬要小心樂極生悲啊！

090 躺著睡覺的境界

產經日報 87.5.20（三）

　　筆者在課程中曾提及「技術分析與兵法」、「技術分析之價值」、「百戰百勝的技巧」、「精算勝率敗率的方法」、「股市食物鏈」、「克服盲點的策略」、「絕不套牢的戰術」，最主要是讓學員們了解「股市如戰場，買賣如用兵」，而「兵者，國之大事、死生之地、存亡之道、不可不察」，因此若不知「五事」、「七計」、「十三詭道」，仔細分析、比較、統計、研判、利弊得失，虛實強弱、知己知彼，審時、度勢、審機，就無法以小博大，出奇制勝，料敵在心，察機在目，臨機應變。

　　須知在戰場上成者為王，敗者為寇，在股市則只能勝，不能敗，只能贏，不能輸，只有對錯，沒有藉口，多頭要大賺，空頭也不能輸，輸就是輸，沒有理由，買到就要馬上賺才對，賣掉應該馬上跌才好，要賣到最高點，要買到最低點。也許讀者會認為這是天方夜譚，但若你修習過**操盤術，知曉如何精算勝率、敗率，活用資金「戰略」**（資金、方向、格局、題材、集散、長短、風險、利潤），並熟練操盤「戰術」（技術分析量價時勢的統計，技術分析的工具，技術分析的運用）**就能研判多頭、空頭、買點、賣點、抓取最高點、最低點，完全控制風險，預測走勢，更進一步做到以小博大、臨機應變，檢定趨勢，做為加碼、減碼、退出、攻擊的依據。**

技術分析的價值就在於它不主觀,你可以透過技術分析觀察趨勢、觀察多空力道、觀察多空轉折、觀察買賣點、觀察常態變態、觀察多空破壞、觀察停損反做時機、觀察盤頭或盤底,檢測趨勢變化,最後達到「多頭市場早就買滿了,躺著睡覺看股價飆漲;空頭市場早就賣光了,躺著睡覺看股價飆跌;盤整局,看不清楚方向,躺著睡覺不要理它」,總之**如果你學到「躺著睡覺的境界」「輕鬆好玩的境界」則表示你已脫離股市輪迴之苦,進入喜樂寧靜的境界,這是筆者的努力目標**。筆者封筆後或許會將過去的文稿彙集起來出一本書,若以後再有人取笑技術分析,則讀者可以買一本筆者的書拿去丟他,告訴他自己沒研究不懂,不要亂批評技術分析,這是史托克的心願。

盤勢看法:7850 附近,三成資金搶短。

發表

若到 7850 可搶短,但低點沒來。

啟示

股市贏家的條件:1. 有智慧抓住時機,2. 有眼光分辨好股,3. 有耐心堅持等待,4. 有勇氣果敢行動,5. 有本錢比人氣長。

股市上帝祂只獎賞那個不犯錯的人,將所有犯錯人的財富給他,只要有人犯了錯,祂絕對毫不留情的懲罰他、折磨他,取走他的財富。

091 股市完美理論

產經日報 87.5.27（三）

史托克還記得在民國 84 年 4 月當時首次投稿，告訴讀者們 7228 是一個完美滿足點，型態滿足、時間滿足、比例滿足、幅度滿足，並告訴讀者這種重大滿足點一旦出現，大盤通常要做大整理，股價腰斬是屢見不鮮，並告訴讀者台灣股市自初始至今，不管是 150 — 514 — 188 — 688 — 421 — 969 — 636 — 4673 — 2241 — 8813 — 4645 — 12682 — 2485 — 6365 — 3098 — 6719 — 7228 **都是如此完美的滿足後結束空頭或多頭**。我相信很多人都會認為不可思議，簡直是天方夜譚。

為了要推翻當時股市中所謂的「隨機漫步理論」、「蝴蝶效應」，重新挽回投資人的信心，為投資專業人員，乃至技術分析者找回一點地位、公道及尊嚴，史托克乃舉辦了一場「登峰造極操盤術」發表會，驗證台灣股市過去近三十年來每一個歷史高低點、轉折點，幾乎都可以百分之百在月線上或週線上顯現出絕對的完美性，史托克稱之為「股市完美理論」、「完美滿足點」。是股市最大的奧祕，也是所有操盤手夢寐以求的技法。

上週**史托克再次以這套操盤術，向所有學員驗證這三年來史托克為何獨排眾議，向所有的讀者提示 4474 是歷史大買點，8750 是月線滿足點，10256 是完美滿足點，7040 是歷史大買點，9378 是滿足點，均一一**

驗證，而且是一點都不差的完美，親眼的見證，白紙黑字的文章，就是最好的證明。

數百年來多少智慧超群的學者專家，他們絞盡腦汁，動用了超級電腦，希望能找出股票市場漲跌變動的成因及模式，結果通通都失敗了，而史托克僅僅從藝術、美學、力學、基因，尤其是人性去著手研究，公開與學員們分享，他們恍然大悟，原來股價的變動竟是這麼有節奏，這麼有秩序，這麼有韻律，這樣的完美，而且是絕對的完美，令人忍不住讚嘆造物者的鬼斧神工，又為人性的標準錯誤模式感覺悲哀。原來所有複雜的背面，皆有單純的真理，如此簡單，如此優美，而只有與史托克有緣者方能得知。

**盤勢看法**：8600 點空頭大壓，反彈仍站在賣方。

發表

8600 點大壓，反彈而已，仍要站在賣方，最高只到 8417。

啟示

上帝為什麼要把亞當夏娃趕出伊甸園，因為他們被誘惑，偷吃了智慧之果。頭腦開始胡思亂想，有了貪婪恐懼，從此為了控制佔有，不得安寧，勞苦憂心。

史托克是無神論者，但卻在股市波動自然法則完美理論的研究中，強烈感覺到上帝的存在、人類的渺小。人們可能只有回到不用大腦的情況，躺著睡覺的境界，才能體會股市天堂的美好。

八月中可注意買點

NEWS 產經日報 87.6.10（三）

　　84 年 4 月史托克第一次投稿，提示讀者 7228 是完美滿足點，股價通常至少要整理或盤跌 11 到 13 個月，提醒讀者「當船要沉時，不要禱告，趕快跳船。」並發表「登峰造極操盤術」以茲證明；84 年 9 月史托克提示讀者 4474 空市結束，多頭開始，建議長線操作者買進後躺著睡覺，運氣好的話可以睡好幾年，並發表「上帝之手操盤術」以茲印證。

　　86 年 3 月提示讀者 8500 以上都應減碼，因為是月線滿足點，行情將做大修正，至少整理 3 個月，並發表「躺著睡覺操盤術」金融產業股在此出現天價；86 年 6 月建議 7900 附近買進電子、證券股，此後電子證券股一路飆漲；86 年 7 月 8 日提示 9700 以上找賣點，電子股將利用利多震盪出貨，並於 9 月中發表「百戰百勝操盤術」提示讀者 10256 是滿足點，大盤將至少整理 3 個月；86 年 10 月提示讀者 7000 點是歷史大買點，大盤將至少漲 3 ～ 5 個月，買進後可躺著睡覺，並發表「隨心所欲操盤術」。

　　87 年 2 月下旬，提示讀者 9300 以上是多頭陷阱，並發表「台灣股市的危機 & 趨吉避凶操盤術」；87 年 3 月中提示讀者 9378 是完美滿足點，確立為頭，將下跌數月之久；87 年 4 月中提示讀者空頭已成，反彈減碼，休息睡覺，短短 3 個月已下跌了 2 千點。史托克在這十多年來，

已不知看盡了多少次的股市浩劫，目睹多少人在股市煉獄中飽受煎熬，史托克也知道自然界物競天擇不容違背的道理，因此史托克的這些操盤術僅能與極少數與史托克有緣者分享，有緣得到者，股票市場是你永遠的天堂。

史托克已完成第六次抓取歷史轉折點 9378 的任務，留下完美的紀錄，也已印證了自己的實力，並達成了挑戰自我極限，打破股市紀錄的目標。已經到了功德圓滿、功成身退之時。

莊子寓言，吳王乘坐一艘小船到猴山，那些猴子看到他都驚慌而逃，躲到樹林裡面去，然而有一隻猴王仍然停留在那裡，完全不在乎，從一根樹枝盪到另外一根樹枝，那是一種超乎尋常的「炫耀」，吳王拿起一支箭射過去，但是那隻猴王很靈巧地將那支箭接住。吳王再射，又被接住。吳王大怒，就命令他的隨從一起射箭，那隻猴王立刻被很多支箭射中，從樹上掉下來而死。因此史托克寧做平凡清閒快樂的操盤手，亦不願做炫目耀眼卻失去自我，成為箭靶痛苦的分析師。

盤勢看法：完美滿足點後通常要整理 3 ～ 5 個月，8 月中可注意買點。

發表

　　史托克一無所求地替產經讀者服務,第六度成功抓取歷史轉折點後,已然功德圓滿,也確實驗證了操盤術的威力,乃封筆退隱,瀟灑而去,不想當一隻愛炫耀的猴子。最後提示 4 月 7 日 9337 後還要整理 3 ～ 5 個月,8 月中再來注意買點。

實證

　　4 月 7 日 9337 跌了 5 個月,到 9 月 1 日才見 6219 大買點,跌幅3100 點。

演講

　　87 年 8 月底舉辦第七場演講「睡以待幣操盤術」確認 6219 為歷史大買點。

實證

　　9/1 日為最低點 6219,反彈到 11/21 日 7488 點,反彈了 1269 點。

睡以待徹悟操盤術　6219軌道大買點

史托克操盤術講座

題目：「睡以待徹悟市操盤術」

歷史大買點：4474、7893、7040
史托克提示大家：買飽了貨、躺著睡大覺
完美滿足點：7228、10256、9378
史托克警告大家：跳船逃命、休息睡大覺

不懂操盤術的入門，現在反頭土臉坐以待斃
懂得操盤術的贏家，準備摩拳擦掌睡以待幣
給你自己一個機會，或許可以改變您的一生
因為史托克操盤術，都是你輸贏勝敗的關鍵
台股底部落在何處，金融IC產業後勢展望

金融中心	全國大飯店	中信飯店
8/25(二) 14：00　台北	8/27(四) 14：00　台中	8/29(六) 14：00　高雄

報名電話：(02) 2759-4758　謝小姐
費用：5仟元，劃撥帳號：10567804
因座位有限，請提早報名登記，憑劃撥單據入場
★本廣告只送一日，有緣者當自珍惜★

股市鍊金術點金棒　5422歷史大買點

金融風暴下台灣產業的因應策略及發展

時間：1999年2月3日至2月5日
地點：國際會議中心(台北市信義路五段1號)

2月3日(三) 102室

時間	主題	講者
09：00～09：10	主席致詞	蘇翔夠/總經理　中衛發展中心
09：10～09：30	貴賓致詞	曾國烈/副局長　金融局
09：30～10：50	金融風暴下金融業如何因應情職危機	周清江/主任/中經院　花旗證券
11：05～12：25	20世紀末全球經濟衰背是否會來臨？	丁予嘉/副總裁　花旗證券
13：30～14：30	1999年匯市避險最佳策略	伍忠賢/博士/自由作家
15：50～16：50	1999年台灣股市展望及投資策略	廖克銘/日盛證券

2月4日(四) 102室

時間	主題	講者
09：00～10：30	21世紀台灣產業競爭力的對策討論	葉明峰/處長/經建會
10：50～12：20	產業如何渡過兩岸在經營環境之危機	
	美元、歐元、人民幣未來趨勢分析及歐南因應之道	利明獻/副總裁/花旗銀行
13：30～14：30	1999年債券市場的投資策略	李文端/副總經理/京華證券
14：30～15：30	投資標的之經營策略管理—實務篇	伍必需/董事長/立邦財顧
15：50～16：50	從基本面、技術面看台股走勢行情	杜金龍/協理/大華證券

2月8日(五) 103室

時間	主題	講者
09：00～10：00	1999年經濟成長率5.24%若有機會達成？	梁國源/委員/公平交易委員會
10：50～12：20	從基本面看台股走勢行情	謝宏光/協理/元富投顧
10：50～12：20	投資可行性評估	張忠本/副總經理/中華開發
13：30～14：30	全球外匯市場趨勢分析	賴長庚/副總裁/巴黎銀行
14：30～15：30	現階段投資策略	曾宗琳/董事/加海精密
15：50～16：50	股市鍊金術點金棒	史托克/副總經理/信邦財顧

093 台灣股市最高機密

NEWS 產經日報 88.3.1（一）

親愛的讀者們大家平安，新年恭禧。史托克自 87 年中封筆至今，轉眼已 9 個月了。短短數日就看到無數的億萬富翁中箭落馬，多少股民葬身股海。散戶斷頭，專家滅頂，主力陣亡，金主重傷，企業跳票，財團嗚咽，政府憂心，總統震怒，官員頭痛。股市崩潰，經濟慘狀讓人觸目驚心，慘不忍睹。正如史托克常說的「家財萬貫未必是老大，懂得操盤術才是贏家」、「學富五車未必是高手，知轉折應變才能賺錢」

史托克自 84 年執筆「人壽看盤」起即一再強調──「股市並非不可預測的；股市一定是絕對完美」。執筆三年來史托克僅辦過六場演講，題目分別是「登峰造極操盤術」、「上帝之手操盤術」、「躺著睡覺操盤術」、「百戰百勝操盤術」、「隨心所欲操盤術」「台灣股市的危機與趨吉避凶操盤術」分別為有緣的讀者取了 7228、4474、7893、10256、7040、9378，六個歷史轉折點後功德圓滿，自此封筆，**封筆僅在 87 年 8 月底演講「睡以待幣操盤術」提示 6219 大買點，88 年 2 月 5 日演講「股市鍊金術」提示 5422 大買點，這正足以印證史托克所說的「股市完美理論」並非虛言**，如果吳祚欽、曾正仁、侯西峰、張朝祥能知道這個祕密，今天就不至於必須落跑坐牢了，而這正是「台灣股市最高機密」。

史托克早已厭倦了預測，厭倦了當神，最後就讓史托克把這個題目

「台灣股市最高機密」當做獻禮與有緣者分享股市淘金的祕訣，從今以後史托克準備到創投公司好好研究企業成功失敗的奧祕、產業分析的盲點，從此將「**只做快樂操盤手，不做股市算命師。**」演講時間地點請參照報頭廣告，比照往例僅辦一場。

演講

　　88 年 2 月 5 日舉辦第八場演講「股市鍊金術與點金棒」確認 5422 為歷史大買點。

　　88 年 3 月 9 日舉辦第九場演講「台灣股市最高機密」史托克除展示過往數年，每一個飆漲崩盤點，諸如 7228、4474、7893、10256、7040、9378、6219、5422 的妙不可言，絕對完美並以鍊金術示範如何推演量價時勢，精選潛力股之方法。

實證

　　88 年 2 月 5 日為最低點 5422，大漲一年到 89 年 2 月 18 日，最高點 10393，漲幅 4971 點。

　　推選精碟之量價時勢，推估該股 EPS 可達 14.6 元將是超級潛力股而法人機構只推測 EPS 為 2 元～ 2.5 元。

啟示

　　愚蠢的人才會成天想著名留青史，做英雄、當豪傑，挑戰困難，以證明自己，會給自己帶來很大的壓力麻煩。

　　史托克只想當凡人，只想簡單自然地享受生命的容易，只想把股市當作是一種遊戲。享受它的簡單自然及容易。但往往會不忍心，每逢大買點到來，總想盡一點力，幫一點忙，給投資人一個翻本的機會。

094 鍊金術選股：飆股精碟

NEWS 精碟 88 年度損益概估

 飆股精碟，量價時勢推演

A、營收　　　　　　*CD-R 目前 87 年底產能 24 條，88 年 6 月底產能將增為

CD-R=28E　　　　　70 條，下半年視需求再擴增。每條生產線月產 20 萬片，

CD-ROM=4.5E　　　目前單價約 21 ～ 22 元，88 年以單價 20 元 / 片預估。

DVD+CD-RW=4.8E　*88 年 1 ～ 6 月

總營收 37.3 億　　　（24+70）/2=47 條 *20 萬片 *6 個月 *NT$20 元 / 片 =11.28E

　　　　　　　　　　7 ～ 12 月

　　　　　　　　　　　　　　　70 條 *20 萬片 *6 個月 *NT$20 元 / 片 =16.8E

　　　　　　　　　　　　　　　合計 28.08E

　　　　　　　　*CD-R-RW 目前產能已擴充至 2 條，明年還要再擴充，但

　　　　　　　　暫不估入明年營收中。

B、毛利

CD-R → 37.3E*40% 毛利 =14.92E　　*CD-R 毛利 1 月約 38%，88 年規模擴增成

CD-ROM → 4.5*27% 毛利 =1.215E　本大幅下降，毛利 40% 應可預見。

DVD+CD-RW → 4.8E*50% 毛利 =2.4E

　　　　　　　　18.535E 僅保守估計 CD-R 部分毛利 14 億

C、營業費用－ 2E

14E － 2E=12E

D、業外支出－ lE

12E － 1E=11E

E、所得稅利益 +2E

F、稅後純益 llE+2E=13E

G、每股稅後 13E/8.91（股本）=14.6 元

H、本益比

股價 80 元／每股稅後 14.6=5.47 倍

I、本益比股價區間

15 倍 14.6*15=219 元

20 倍 14.6*20=292 元

25 倍 14.6*25=365 元

Stock's
Prediction

・**發表**

　　3 月 9 日以鍊金術示範選股，如何推演量價時勢，預估精碟 88 年營收 37.3 億，稅後盈餘為 13 億，當時股本為 8.91 億，估 EPS 為 14.6 元，潛力無窮，可以買進躺著睡覺，且睡得安心，當時精碟股價 80 元，本益比僅 5.47 倍。

・**實證**

　　該股 1 年後，漲到 359 元，股本並由 8.91 億成長為 13.91 億，成長 1.56 倍多，88 年實際營收為 36.27 億，稅後盈餘 12.09 億。

095 大底的測量方法，3415 超級大買點

NEWS 產經日報 90.10.8

凡參加過史托克的操盤術課程者，無不驚嘆台灣股市卅幾年來，竟然都能「一點都不差」的遵照著波浪理論的「完美理論」，完美無瑕地結束多頭空頭。因此產經日報史托克專欄的長期讀者都可為證，為什麼台灣股市在史托克眼中是一幅登峰造極、美不勝收，充滿藝術之美的寶藏圖；處處都可見到「上帝之手」的鬼斧神工，精雕細琢，也因此了解股市是可以預測的原因。

「摸頭猜底為智者所不為，預測未來是瘋子的行為」。**但每當史托克的操盤術顯示股市即將到達「絕妙之處」，有機會出現歷史轉折之時，總想到應該給投資人一個機會，因此才會有四年九場事前預告轉折的演講，並藉此向讀者來實驗證示範股市波動的種種奧祕，證明「史托克的操盤術」的的確確是「天堂與地獄」的分水嶺。**

87 年 2 月史托克第二次以「台灣股市的危機」聳動標題（第一次是 79 年 3 月在永和華泰證券），兩次都是時值萬點之際，辦演講警告，台股基本面的未來，政治經濟金融產業所面臨之危機，並以**「趨吉避凶操盤術」顯示的技術面大賣點已出現請大家休息睡覺，隨即封筆退隱。大家參照月線，許多個股股價都只剩下當時的十分之一，甚至更低了。**

如今股市已跌破了 3500 點，史托克眼見政府基金已奄奄一息，慘不

忍睹；外資投信被抽筋剝皮，重傷呻吟；主力散戶正跑路斷頭，痛不欲生；多少億萬富翁、財豪企業，事業毀棄敗盡，家業土崩瓦解。大家都在哭問：「底部在哪裡？」史托克認為「暴跌之後必有暴利」，而暴利點就在「史托克操盤術」演講裡。

90 年 10 月 13 日（六），史托克將舉辦第十場操盤術講座，邀您一起鑑賞上帝的傑作，驗證股市的神蹟。講題「大底的測量方法」，報名電話：（02）2791-0876；（02）2791-1520，並留意今日報頭廣告。

發表

測得 90 年 9 月 26 日 3415 點為月線滿足點，大底已現，90 年 10 月 8 日台股仍在 3500 點之下開始安排舉辦演講，題目為：「大底的測量方法」，並於 10 月 8 日發表於產經日報提醒產經讀者，暴跌之後，必有暴利，底部已到。

啟示

最怕大家都說好，最好人人說不好，台股兩次在萬點之際，人人喊好，統統喊進，只有史托克苦口婆心，大聲警告，台灣股市有大危機，勸大家休息睡覺。

而每次的歷史低點，人人說壞，大家看衰，只有史托克雪中送炭，大聲疾呼，台灣股市將有大轉機，請大家起床運動。

要相信操盤術，要相信方法，不要相信命運。

096 鑑賞上帝的傑作，驗證股市的神蹟

NEWS 產經日報 90.10.12（五）

　　史托克要辦演講了，所有的產經讀者都很清楚，一定是大買點到了。**在股市裡能看圖說故事的人大有人在，但膽敢在事前大膽預告辦演講的，在世界上，過去沒有，現在沒有，未來可能也不會有了。史托克卻在四年裡辦了九場預告股市高低點來臨的演講，還堅持必須有一點都不差的神蹟才對，這是因為史托克對自己的操盤術充滿了信心及自信。**有人參加過史托克的演講會後說這套東西可以得「諾貝爾」獎，有人說史托克像是「台灣的股市代言人」，其實這就是**「登峰造極操盤術」，數十年如一日的顯示完美，這一次的低點 3415 正是一點都不差的滿足點**，另有一點在 3200 應不會來了。

　　三年前史托克傳授過一次操盤術課程，這些**學生經過這三年多來的親身體驗應該都能深切體會到，這麼多年來，股市的韻律慣性波動仍然是一成不變的規律，以長線波段來驗證「登峰造極操盤術」，依舊是一點都不差的完美示範 6219、5422、8710、10393、6193、3415 這些大波段滿足點，「飆漲暴跌操盤術」完美掌握 8116、7488、9209、8643、8305、5318、4715 反彈逃命賣點及 7310、7684、5471 回檔飆漲買點：「百戰百勝操盤術」更是完美抓到 10393 的多頭結束大賣點。**

　　以短線波段而言，「賺取暴利操盤術」，30 年不變主掌每一小波多

空轉折買賣時間；「上帝之手操盤術」仍然完美標示每一波滿足位置；「逆天行道操盤術」完美預告多頭空頭力道消長；「攻擊角度操盤術」讓你第一時間認知趨勢改變避開危險；另外「洞燭機先操盤術」、「千錘百鍊操盤術」，另有多種奧妙絕倫的操盤術不勝枚舉。

你想學到這些人人夢寐以求的操盤術嗎？短期內史托克將會開班授徒，請留意報頭廣告，名額有限，機緣難逢，可事先報名登記，10 月 13 日星期六演講，報名電話（02）2791-0876。

演講

90 年 10 月 13 日史托克發表第十場演講「大底的測量方法」。確認 3415 點正是超級的月線滿足點，又是歷史的超級大買點，級數如同 12682 跌到 2485 型態、比例、時間、基因都是一點都不差的完美，上帝之手竟能數十年如一日，讓人嘆為觀止，股市簡直就是完美的藝術。

實證

果然，90 年 9 月 26 日 3415 是台股的歷史最低點，從此再也看不到的歷史低點，並從此開始大漲特漲。

91 年 4 月 22 日，台股漲到 6484 點，上漲 7 個月，漲幅達 3073 點。第二波漲到 7135（93 年 3 月 5 日），最後一波漲到 96 年 10 月 30 日 9859 點。

097 台股崩盤啟示錄，發現股市的奧祕

NEWS 產經日報 90.11.5（一）

　　有人說股票市場是一個殺人不見血、搶劫不用刀、詐欺沒有罪、借錢不用還的罪惡賭場。有人說股票場是一個人人是虎狼，時時有陰謀，處處有陷阱，步步有危機的吃人市場。史托克卻要說：「股市是美好天堂，世人何以視為墳場」。有位產經日報的老讀者，這次來參加演講會的來賓說，這一年半來，他在股市裡虧掉了六千多萬元。

　　他回想萬點之際，他全力加碼硬往火坑裡跳；發生 911 大地震後指數跌到 3415，當時只想把心一橫，自我了斷斷頭殺出之際，剛好看到史托克要辦演講的文章，他知道底部到了，馬上停手，但也已將近傾家蕩產了。幾年前，他曾看到史托克在演講會上，隨手一比，順手一畫，股市就像變魔術般，馬上止跌飆漲或立即止漲崩跌，他勉強湊了 5 千元來聽史托克演講，想看一看是否一如以往。只見史托克向上一旋 10393，一點都不差，向下一轉 3415，一點都不差。再回頭看 5422、10256、4474、7228、6719、3740、5091、3098、6365、2485、12682、8813…… 每個點竟然都是如此美妙絕倫。他感觸良深，「一個不知道」竟然財富盡付流水；「一個觀念錯」竟要付出如此慘重的代價。史托克在產經執筆六年，有近百篇的文章，都是要告訴你「正確的觀念」，國泰人壽由 1950 元跌到 29 元、台鳳由 570 元跌到下市，這都是錯誤的代價。**本書裡面的**

經驗智慧觀念啟示看法，展示出史托克幾年來近幾近百戰百勝的實際成果。都是在告訴您一件事──「史托克的文章」「史托克的專業」、「史托克的操盤書」、「史托克的操盤術」是「無價之寶」。

盤勢看法：4100 點，「飆漲暴跌操盤術」壓力先出一次，拉回打底後要買，大底已現，做多不變。

・啟示

　　《台股崩盤啟示錄》一書有如史托克的操盤日記，完整的記載著史托克六年來在股市的觀念看法、經驗智慧、投資啟示，幾近百戰百勝的預測成果，驗證著史托克操盤術的威力，驗證著史托克專業的實力，看完史托克這本書，融會貫通後，投資智慧可進化 20 年。

　　史托克的操盤術就像財富金字塔下，一塊塊巨大無比的基石，沒有這些基石，不管你如何努力，花費多少時間，耗費多少金錢，動用多少人力物力，想把金字塔建立的高聳入雲、巍巍堂皇，到最後還是會傾倒崩塌。

098 史托克的操盤術，破解股市的奧祕

NEWS 產經日報 90.11.12（一）

自然法則——「不成長就死亡，不進步就淘汰」。史托克多年來在產經一直一無所求的幫著大家，引領讀者以精準的操盤術，帶著大家避過崩盤，擁抱財富，從來沒讓讀者們失望過。

88年3月，史托克演講完「台灣股市最高機密」，除了示範台股三十幾年來崩盤起漲點，仍然是一點都不差的完美。並講述「鍊金術」選股，請大家買進「精碟」躺著睡覺（此後精碟飆漲3倍，尚不計權值），史托克並宣布不再預測股市，此後將往創投界努力學習更專精的產業公司的分析技巧，希望自己能更精進、更成長。

「股市的轉折點等於是人生的轉折點，股市的買賣點等於是個人貧富的分界點」。這波從10393下來的歷史大崩盤，葬送了無數人的財富，其實大多數投資人會輸得這麼慘，最重要的原因很簡單——「不會買，更不會賣」。這就是致命的病因，這波大跌後，未來市場將是高手拚搏的時代。史托克擔心您已沒本錢再輸，而您也沒時間慢慢的學，自己的命運應該自己掌握。因此史托克決定開課，以12堂價值連城，過去曾幫助過大家擁抱財富，躲過崩盤，威力無窮的操盤術，幫您反敗為勝，扭轉乾坤，重建財富。

12堂的課程，史托克將親手訓練您成為一等一的操盤好手，成為會

買也會賣的理財高手，幫你破解股市的奧祕，成為真正的贏家。有了這些操盤術，您就像擁有了最先進的槍枝武器，以後再到股市叢林，再也不怕那些豺狼虎豹，而且也不必像史托克一樣要花費十五年，苦練十八般武藝。您此後也能像史托克一樣精準，不用大腦，躺著睡覺。

盤勢看法：4100 已到，等待拉回，拉回後一定要買，空頭一定要補。哪裡跌倒就哪裡爬起來。

啟示

　　股市的遊戲規則，一向是贏家通吃，輸家買單，冷酷無情，絕不同情。投資人會在股市輸那麼多，最重要的原因就是──「不會買，更不會賣」。

　　在股市裡不知韻律節奏，就不知壓力支撐，不知壓力支撐，就不能「不用大腦」預測。在股市裡不懂常態變態，就不知多頭空頭；不知多頭空頭，就不能「躺著睡覺」操作。懂得常態變態，就能知道多頭空頭；知道韻律節奏，就能知道壓力支撐。懂得支撐壓力，就能不用大腦預測；知道多頭空頭，就能躺著睡覺賺錢。

099 沒有操盤術，不要進股市

NEWS 產經日報 90.11.19（一）

　　台灣已獲准加入 WTO，全面的開放，將造成全面的競爭，未來台灣人民都必須為了「搶救飯碗」，而付出極大的代價。因為資金產業的外移，將使台灣失業率急速提升，生存競爭也將更形激烈，沒有比別人更優秀，沒有比別人更專業，只能等著被資遣、被淘汰，當個失業者。

　　未來生存的技能中最重要的關鍵可能是「理財的技能」，理財的技能中，最重要的關鍵是「買賣點的抓取」。能準確的抓取買賣點的方法勢必價值連城，能準確預測操作的人才，勢必成為金融保險、投信券商、法人機構爭相禮聘的對象。**因為經過這次歷史超級大崩盤，所有的投資機構將徹底了解，一家公司是否擁有傑出優秀的操盤手，將成為決定企業榮枯的重要命脈，操盤手的失敗率等於公司的死亡率，不懂這個道理的公司終將付出慘痛的代價。**

　　史托克 15 年一直韜光養晦，潛心修練基本分析及技術分析，並苦心研創數十種務求完美，可以以小博大，預測高低點，不用大腦、躺著睡覺、賺取暴利的操盤術，讀者可經由本書驗證成果，**史托克給讀者的最後忠告就是──「沒有學會操盤術，最好不要進股市。」**

　　「真金不怕火鍊，真理不怕考驗」，3415 這個超級歷史大買點，又被史托克一點都不差的完美掌握，這種幾乎是不可能的使命，史托克卻可

以做到十拿九穩，這絕不是運氣，而是真正的實力，未來行情絕對不只
1000 點，還有得漲呢！

盤勢看法：除非是 v 型反轉，否則多數個股近日將見短線高點，
演講時提示的個股，平均獲利都已超過五成，全出
吧！來上課。

· 啟示

　　在股市中，大錯一次，財富縮水一半；大錯二次，家業盡付流水，
大錯三次，永世不得翻身。富爸爸也變成了窮爸爸。偏偏股市就像是財富
的魔術師，一直在玩弄著奇妙的把戲，你賭左邊，它在右邊，你猜多頭，
它是空頭，你想會上，它偏向下，任你怎麼猜都猜不著，怎麼押賭就怎麼
輸。等你快要弄清楚時，你的錢已經輸光了，而魔術師又開始玩弄另一種
把戲。只有史托克的操盤術才能破解這些魔術戲法。

100

6484 空頭已成，
反彈 5950 附近出脫

NEWS 產經日報 91.5.20

　　股市名言：「萬金難買早知道。」──是因為早知道就可以賺取暴利，早知道就可以富裕一生，早知道就可以飛黃騰達；也因為早知道就不會傾家蕩產，早知道就不會身敗名裂，早知道就不會慘賠斷頭。

　　台灣股市的奧祕，史托克的操盤術都知道；學會操盤術，您就可以破解股市波動的奧祕。屆時您將發現**原來股市的買點、賣點，都清清楚楚標在圖上，一看就知道。您之所以賠錢，是因為您還沒學到，您還不知道。**

　　在 4 月這期的操盤手特訓班課程中，數十學員親身見證，史托克在**這波從 3415 的上漲過程裡，僅 12 月到 3 月之間，就以「賺取暴利操盤術」在台指期貨上百發百中，輕鬆獲利 5 倍多，**以「面面俱到選股術」在 3415 大底部，精選聯發科、精英、燦坤……等股，選股平均獲利率至少 150%（曾在 3415 底部「大底測量方式」演講中公開；以「千錘百鍊操盤術」**在 4 月 17 日賣台積電，聯電在天價區，電子期指也是當日賣在天價（皆有憑單可證）。**

　　大家又從「逆天行道操盤術」、「洞燭機先操盤術」、「攻擊角度操盤術」、「飆漲暴跌操盤術」裡學到如何一葉知秋，解剖波動、預知趨勢的轉折，在第一時間獲利出場，避開此波崩跌。

學員們更親眼目睹史托克以「操盤手十大法寶」、「上帝之手操盤術」、「百戰百勝操盤術」、「登峰造極操盤術」**在課堂上，事先預告此波多頭滿足位置，果然 6484 又是幾近一點都不差的完美滿足，這都是股市的奧祕，真是不可思議的準，無法形容的妙。**學員當能更加深切體認股市中單純的真理，簡單的法則，完美的藝術，獲利的容易。

盤勢看法：空頭已成，反彈 5950 附近出脫，休息睡覺。如果 3415
　　　　　　大漲您沒賺到，至少 6484 這波崩跌您要逃掉。

· 發表

　　台股 6484，又是幾近一點都不差的完美滿足。史托克提醒所有讀者，空頭已成要趁反彈出脫。如果 3000 點的多頭漲幅都沒賺到，那至少 6484 的這波崩盤一定要逃掉。

· 實證

　　這是史托克第 11 次的光榮紀錄，預告行情 6484 多頭結束，行將崩盤。果然大盤立即從 6484 快速下跌 6 個月，大跌到 3845 跌幅 2639 點，台股災情慘重。

· 啟示

　　善戰者必善於料敵，知戰之時，知戰之地，知敵之動，則戰無不利。

　　3145 的預告，6484 的先知，前無古人後無來者的紀錄。史托克神奇絕妙的絕學，幾乎百戰百勝。證明史托克是台灣股市的傳奇，僅見的一代名師。

　　大盤從 90 年 10 月 3 日 3436 點起漲（3411 最低），漲了 6 個多月，漲到 91 年 4 月 22 日的 6484 點，大盤總漲幅達到 3073 點。史托克依據操盤術統計顯示，大盤即將到達測量滿足點 6500 附近，特地選在 91 年 4 月中，演講並開辦操盤手特訓班，向學員及讀者預告此波行情的終結。

101 時機就是一切，智慧決定輸贏

NEWS 產經日報 91.10.28

「股市是人類智慧的競技場」，在多空雜陳的股市裡，影響股價變動的因素何止千條，失敗誤判的原因何止百項，因此股市裡沒有天才橫溢、萬理皆懂的「專家」，只有小心謹慎、靈活應變的「贏家」。偏偏全世界的投資人多半是抱持著「一夜致富、不勞而獲」的想法，也不想想「天下哪有白吃的午餐」，絕大多數的消息都是「糖衣毒藥」，哪一次不讓你吃虧上當？以致於絕大部分的投資者都成為「輸家」，不但財富大大縮水，甚至淪為赤貧負債，生不如死，痛不欲生，每天都那麼痛苦，那麼煎熬。

據報載股市名人何麗玲女士，股票一年只做一～二次，絕不輕易出手。只要一出手就有倍數獲利。這才是最高段的投資贏家，**史托克畢生研究追求的操作最高境界就是——找到可以躺著睡覺的方法與時點，選擇買進可以躺著睡覺的標的。看法正確時，要堅持、忍耐，等待波段的結束點；當然看法錯誤時，就認錯、停損、反做。「知者不言，言者不知」，若是有人叫你每天當沖進出，經常短線換股，那絕非正確。**

有人問在股市裡「最重要」、「最先要學」的是什麼？史托克的回答是：**股市裡「最重要」的就是「時機」，因為「時機就是一切」；而「最先要學」的就是「操盤術」，因為「操盤術就是掌握時機的最高智慧」**。乃是結合理性分析預測、非理性分析預測、技術分析等十大法寶精

華，並以將近 40 年的歷史統計為依據，綜合出所有高正確率的法則，可以檢驗多空的趨勢，做出正確的研判，並做為決策選擇與執行的重要依據。史托克暫定 11 月中開課，您可要把握這可讓您改變一生的課程。

盤勢看法：依歷史統計 3845 是多種操盤術的中波滿足點，統計上至少有 1.5~2.5 個月的反彈，有翻本機會就要把握。成功率達百分之百，設 4250 為停損即可。

發表

　　3845 是多種操盤術的中波滿足點，在此買進的成功率達百分之百。統計上至少都有 1.5~2.5 個月的反彈行情可期。

實證

　　大盤跌到 10 月 11 日的 3845 果然是最低點，而且是個非常重要的歷史低點。當大盤從 6484 跌到 3845，人人看壞，史托克卻在此處，鼓勵大家要把握這個千載難逢，統計上成功率達百分之百的大買點。認為至少都會有 1~2 個月的反彈行情可期待，要讀者們把握難得的翻本機會，要勇敢進場買股。果然台股立即止跌並大漲了一個月，漲到 101 年 11 月 18 日，最高到 4862 點，漲了近 1000 點。

啟示

　　史托克特意在 99 年 10 月 3415 之際出書，並在序文末尾撰文提示：謹以 3415 這個歷史大買點及這本《台股崩盤啟示錄》當做永久的紀念，是因為我認為 3415 將是台股將來永遠看不到的歷史低點及超級大買點。而且認為 91 年 10 月中的低點 3845 點，是台股的第二支腳。因此打算在 11 月辦演講，告訴與我有緣的讀者，務必要抓住這次財富重分配的機會。

102 超級獵殺高手

NEWS 產經日報 91.12.30

　　史托克有個啟示要跟您分享，啟示的名稱是「超級獵殺高手」，您一定要記住。

　　有個小弟心裡很煩，因為他看到老是有螞蟻在他的書桌上爬來爬去，心想：「小弟書桌豈容螞蟻囂張」，於是他決定展開行動。他先滴了幾滴「蜜糖」在桌上，幾個小時後，竟然聚集了上百隻螞蟻，小弟開始微笑；他又特意再去拿了一些點心屑撒在桌上，又經過了幾個小時，螞蟻已經來了上千隻，並開始合力搬運食物，小弟笑得好開心；小弟真的很有耐心，悄悄地追蹤蟻群的搬運路線，終於讓他找到了家裡蟻群的老巢，此時他迅速拿出殺蟲劑，沿著螞蟻搬運路徑一路噴殺，於是這族蟻群幾告滅絕。這時小弟說了一句話：「笨螞蟻，天下哪有那麼多白吃的午餐」。

　　這些螞蟻就像是台灣股市散戶的寫照，有許多讀者讀了《台股崩盤啟示錄》一書，看到書中《姜太公釣魚兵法》內所載的「釣客篇」——「釣法四要」及「索餌篇」——「索餌六訣」，對人類的智謀，人性的弱點，生存的智慧，獵殺的技巧，讚不絕口，深獲啟示，跟史托克一樣愛不釋手。

　　「獵殺或被獵殺」、「物競天擇，適者生存」、「弱肉強食，絕不慈悲」、「不進化就淘汰，沒智慧就滅絕」。每一個物種都必須力爭上

游，追求卓越，一方面必須學會一擊必中的獵殺技巧，以求填飽肚皮，另一方面又必須學會免於被獵殺的智慧，以求續命活存，以股市為例，這十幾年崩盤不下十餘次，史托克都能全身而退，免於被獵殺，能活著已經不容易（大部分的人財富剩不到兩成，若是融資操作者，更是早早已經斷頭並負債），若能活得很好，必須是能掌握歷史買賣點的超級獵殺高手。

盤勢看法：「善戰者，見利不失，遇時不疑」，散戶死絕，是股市最大的利多，當輸家都已買單了，贏家就當然可以開始獨享豐盛的大餐了，大膽買吧！

發表

「善戰者，見利不失，遇時不疑」，當輸家都已買單了，贏家就當然可以開始獨享豐盛的大餐了，大膽買吧！

實證

時值大盤從 3845 大漲了 1000 點，漲到 4862 之後，小拉回到 4450，市場又開始人人看壞。史托克文章發表後，隨即漲至 5141 點，約漲了 700 點。

啟示

操盤人的腦袋，必須與眾不同，必須懂得逆向思考。史托克多年的體認，多半的散戶，都只想吃免費的午餐，只想聽明牌，只想依賴別人，卻不肯去鑽研真正可以獲利的技巧，最後總是要落入炒作者的陷阱而慘賠。因此讓史托克體認到，一個不爭的真理——散戶死絕，是股市最大利多。

· 提示

　　史托克在 92 年 1 月 12 日舉辦史托克第 12 場演講，提示了 3 個重點。

　1. 3845 點是台股第 2 支腳，未來盤勢看多。.

　2. 5200~5300 點附近，是初期的空頭大壓力。

　3. 股市走多頭，回檔大支撐在 4450 ～ 4250，看多不變，最壞情況
　　 4000 點。

103 創造千萬財富的工具

NEWS 產經日報 92.3.5

　　近日辦公室電話不斷，美伊戰爭爆發，投資人焦急地詢問史托克看多的想法有沒有改變？面對著心急如焚、徬徨恐懼的讀者，史托克心裡想著⋯⋯，為什麼大家不先做好萬全的準備，不用心學習駕馭股市的方法，卻一味的讓自己可以在金錢的高速公路上盡情享受奔馳，而不會發生車毀人亡的慘劇與意外呢？**人不應該做沒有把握的事，在股市裡，沒有本事就沒有優勢，沒有方法就沒有辦法，不會獵殺就會被殺。**

　　史托克在 12 月 23 日撰寫專欄提示大家，「散戶死絕，是股市最大利多」，提出 12 月底辦演講。12 月 30 日在「超級獵殺高手」一文中，在4450 點時，提示大膽買進，在 92 年 1 月 12 日演講會中提出 3845 是台灣股市第 2 支腳，未來盤勢看多，空頭大壓力在 5200 ～ 5300 之間，傳產股漲幅已大，還有 1 ～ 2 成上漲空間，電子股跌幅已深，頂多只有 1 ～ 2成下跌空間，且已有很多電子股已然落底，無需過度悲觀。**在 1 月 24 日大盤在 5200 附近時，史托克告訴來上課的學生，價量超級指標已顯示滿足訊號**，必須先行退場，時至今日，竟遭逢美伊戰爭爆發，許多傳產股瞬間跌掉了四成，台股指數又重新回到 4450 起漲點。未來該怎麼辦呢？

　　史托克喜歡逍遙自在，近 10 年來以操盤術，破解了無數次股市轉折的奧祕，每次演講，每篇文章，都是希望能幫助大家，但是人不能一輩子

都依賴別人。為因應廣大讀者之要求與詢問，史托克將於 92 年 3 月 8 日起首度舉辦操盤術之**試聽會**，講題為——**「創造千萬財富的工具」。此次會中將首度揭開，史托克操盤術的祕密及你要如何能在短短幾年內創造千萬財富，達到輕鬆提早退休的祕訣，這將是你一生中最聰明的投資。**

盤勢看法：台股歷史告訴我們，每次戰爭都是最佳買點，可佈局高獲利的電子股，4450 買進，看多不變。

Stock's
Prediction

- **發表**

時值美伊戰爭，史托克發表文章，歷史告訴我們，每次戰爭都是最佳買點，4450 買進，看多不變。

- **實證**

美伊戰爭爆發後，台股竟然守在 4250 至 4650 之間，出現利空不跌的情況。

- **提示**

大盤從 91 年 10 月 11 歷史最低點 3845 出現後，果然開始回升了 3 個月。直到 92 年 1 月 24 的來到了 5141 先前演講時提示的空頭大壓處。此時出現了史托克操盤術中最讓同學讚不絕口，總是幫助學員賣在歷史最高點的量價超級指標出現滿足信號，於是全數立即退出獲利了結，又是再度賣在最高點。後來才知道是美國發動了美伊戰爭，這時候史托克正好辦演講，很多來賓非常緊張的詢問，史托克回答道，不用擔心美伊戰爭，這麼多大人，跑去圍毆一個小孩，讓他不要胡鬧，不用說也知道很快就沒事了，4450 要買進。

104 不要被騙，更不要騙自己

NEWS 產經日報 92.3.14

在股市裡有兩件事很重要：1. 不要被騙；2. 不要騙自己。在股市裡會「輸」就是這兩個原因，一個就是太相信別人，卻沒有經過長期確實的驗證；另一個就是太相信自己，卻不知危險又自不量力，史托克常說：「股市就像魔術師，若你不懂得其中的奧祕與技巧，很快地，你的錢就會被它變不見了。」

95% 的投資人是註定來股市輸錢的，不管你多聰明都沒用，因為他們不了解「股市的奧祕」。不斷被主力專家媒體所誤導、被欺騙，它毀你的基業、敗你的家產、傷你的尊嚴、殘你的健康、損你的青春，帶給你恐慌、絕望、懊悔、慘敗、崩潰。

《富爸爸、窮爸爸》這本書給人們的啟示是——人們的第一個 100 萬是靠拼命讀書、努力工作得來的，但以後很多個 100 萬，卻必須靠正確的投資理財，才能夠幫助你擺脫貧窮，富足一生。而其中重要的關鍵是，你必須聰明智慧正確地選擇好的老師，擺脫那些財富智商差勁又自以為是的笨蛋。

史托克每每在歷史高低點舉辦演講，或撰文提示讀者避開崩盤大跌，或掌握致富買點，近 10 年來連續地破解了無數的股市轉折，白紙黑字的專欄文章，驗證了鐵錚錚的事實——史托克的操盤術，千錘百鍊，百

戰百勝，價值連城。

　　莊子說：「魚」是最快樂的，它沒有目標，沒有野心，不必操心，活動累了就睡覺休息，休息夠了就起來動一動，謹慎智慧的覓食，悠閒自在的遊戲，單純地生活、享受、吃、喝、休息、睡覺、保持快樂、享受生命、清風流水、隨心所欲、順其自然、悠閒自在、心無所思、別無所求、了無遺憾。

　　史托克也常說：「人生有四寶——無事是仙、平安是福、知足是樂、健康是寶。」若是又有錢，則更是好上加好，好得不得了，史托克的操盤術會讓你活得比魚還快樂。學會了，就能夠像史托克一樣，40 歲就可以退休逍遙了。

　　盤勢看法：4250 是台股大底區，最壞 4000 點，趁著「量少成谷，人人喊苦之際，買些好股票，躺著睡覺吧！

發表

　　92 年 3~4 月時值 SARS 發生之際，史托克在 3 月 14 日仍然發表文章，提示 4250 是台股大底區，最壞 4000 點，買好股票，躺著睡覺。

實證

　　92 年 4 月 28 日，大盤因為 SARS 恐慌，台股被摜到 4044 出現歷史最低點。

啟示

　　繼美伊戰爭爆發後，SARS 竟然也傳入了台灣，整個台灣風聲鶴唳，草木皆兵，人們到處搶購口罩，不敢出門，社會恐慌到了極點，連不動產也大狂跌，台灣股市每日成交量不到 300 億。

　　回顧當時，整個台灣股市，只有史托克憑藉著操盤術的統計，堅定地告訴讀者投資人，4250 是台灣大底區，雖然我沒有料想到會有 SARS 發生，但估計最壞頂多 4000 點。要投資人買好股票，躺著睡覺。操盤手除了必須具備智慧敏銳的判斷外，還要磨練不動如山的膽識。堅信線圖、統計學、操盤術。

105 逍遙自在，躺著睡覺

產經日報 92.3.27

「這是真的嗎？」這是一般人看過《台股崩盤啟示錄》後的第一個想法。史托克在 84 年首次投稿發表文章，指稱台灣股市自始至今，不管是 150 ～ 514 ～ 188 ～ 688 ～ 421 ～ 969 ～ 636 ～ 4673 ～ 2241 ～ 8813 ～ 4645 ～ 12682 ～ 2485 ～ 6365 ～ 3098 ～ 6719 ～ 7278，都是完美的滿足，一點都不差的滿足後，結束多頭或空頭，很多人的反應就是「這是真的嗎？」

「人不能看一時」，從 84 年到現在 92 年了，將近 8 年的時間，無數的讀者看到史托克在產經日報發表了百餘篇的專欄文章，平均一年只有三、五篇，盤勢看法只有一、二句，每次不是叫人買好躺著睡覺，就是叫人賣光休息睡覺。但是每一句話在事後驗證起來，都是一針見血，一字千金，沒有聽進去的人，都付出極為慘重的代價。

史托克這 8 年來也僅舉辦過 10 多場「操盤術演講」，每次演講都是提示歷史大轉折諸如 7228 ～ 4474 ～ 8599 ～ 10256 ～ 7040 ～ 9378 ～ 6219 ～ 5422 ～ 3415 ～ 6484 ～ 3845 ～ 5141 ～ 4044……這些記錄都是事先預告，白紙黑字刊登在產經日報專欄內，並由產經日報集結成書出版。連續八、九年的印證，終於讓讀者從懷疑到相信，從譏笑到肯定。

史托克的操盤術，不斷在創造奇蹟，不斷在打破記錄，史托克既不

招收會員，也不推薦明牌，是台灣股市最逍遙自在的宗師，只有史托克會教躺著睡覺賺大錢的操盤術，學過之後您也可以像史托克一樣。

史托克操盤手特訓班，定在 4 月 12 日開課，課程內容均為股市不為人知的驚人絕學祕笈，可幫您實現，買在歷史最低點，賣在歷史最高點，既能避開崩盤，又能賺取暴利，簡單、易學、精準、好用，學過的人都讚不絕口，心滿意足，有緣者敬請把握，課程內容請看報頭廣告。

盤勢看法：4650 短線有壓，短線者可拔檔，4250 買進者，可躺著睡覺。

Stock's
Prediction

發表

3 月 27 日提示 4650 短線有壓，短線者可拔檔，4250 買進者，可躺著睡覺。

實證

92 年 4 月 18 日，台股指數反彈來到 4677，短線買進者順利獲利下車。

啟示

史托克決定在 4 月 12 日開課，因為認定台股的歷史買點即將到來。每一次台股來到重要的歷史高點或低點，史托克總是想要幫助那些長期處於弱勢的散戶投資朋友，希望能夠拉他們一把，讓他們有機會學會一些股市獲利的法門，幫助他們改善生活。避免老是被主力做手欺騙坑殺荼毒凌遲的慘劇不斷發生。當然，同時我也想要為自己多留下一些精采的人生紀錄。滿足一下個人莫名的虛榮心。

106 見好不會收，到頭一場空

NEWS 產經日報 92.6.30

　　SARS 最嚴重的時候，正是史托克在給學生上課的期間。上課前，史托克就開宗明義，此次上課的目的一如以往要請學生們做見證，史托克要抓取這波的歷史最低點，**正如 3 月時所發表的專欄文章，「4250 是台股的大底區，最壞 4 千點，買好就躺著睡覺吧！」**果然此波最低點只到 **4044**，而且此波漲升主軸正是電子股。

　　這次來上課的學生，很多位股齡都在十餘年以上，他們說「史托克」這個名字還真是第一次聽到，他們是因為看到產經日報出版的《台股崩盤啟示錄》乙書，才認識史托克。他們一直認為，股市是血淋淋的金錢戰爭，你死我活的血腥競賽，日日刀光劍影，槍林彈雨，天天心驚膽戰，寢食難安。**史托克的文章卻讓他們發現，史托克似乎非常反對人們做短線當沖，鼓勵長期投資，因此八、九年來發表的文章竟只有百餘篇，卻都是在股市關鍵點建議「買好了，躺著睡覺」或「賣掉吧！休息睡覺」**，他們實在很想封史托克為「超級無敵卻也是史上最愛睡覺的操盤手」。

　　更有好事的同學替史托克做統計，他發現若是人們打從一開始就相信史托克，且每次都遵照史托克的文章指示去做，不但能安全躲開多次的大崩盤（平均每次 2000 點以上的行情），即使每次都只小賺 50%，8 年下來，光是這近百篇的文章就能讓投資人的財富倍增 45 倍，100 萬變成

4500 萬，1 億變成 45 億，簡直價值連城。

上星期五有好幾位學員不約而同的打電話給史托克說：「報告老師，5100 附近是上帝之手操盤術的短波滿足賣點，謝謝老師！」他們不是要詢問行情，因為他們已經學會了如何研判行情，從此可以睡得又香又甜，連做夢都會笑——因為他們已經學會躺著睡覺賺大錢的操盤術。

盤勢看法：微利時代，賺太多有傷天理。電子股三個多月平均獲利已近五成，短線可先拔檔，休息一下吧！「見好不會收，到頭一場空。」陪父母孩子去渡個假吧！

提示

4000 點附近，SARS 風聲鶴唳，人人驚駭恐懼，史托克卻說是台股大底，勇敢買進，躺著睡覺。

4000 點附近，人人都說買金融、買傳產，甚至有人大肆放空，只有史托克叫您買進當時如過街老鼠的電子股，不到三個月就已漲幅五成，獲利入袋。

發表

電子股不到三個月平均獲利已五成，5100 附近短線可先拔檔，休息一下！

實證

史托克認為股市經過 SARS，投資人信心還不太足夠，多頭可能會以緩漲方式進行，故提議喜愛短線者可以拔檔休息一下，但隨即發現不對，漲勢欲罷不能，必須馬上修正，勇於認錯，強迫自己補回再做多。

> **啟示**
>
> 　　任何投資，尤其是股市投資，最重要的莫過於時機的把握，什麼時候要耐心等候，什麼時候要當機立斷，什麼時候要放手一搏，均考驗著操盤手的智慧。任何人不管做任何事，都必須努力努力再努力，用心用心再用心，修正修正再修正，才能獲得最後成功勝利的甜美果實。

107 贏家之路 VS 財富之門

NEWS 產經日報 92.7.9

十億能在股市裡買到什麼？答案是——只夠買到一些失敗的教訓。又有人問，有什麼方法才能在股市穩操勝券？史托克認為這個問題的答案價值「一百億」以上。

對大多數人而言，股市是地獄，投資是悲劇。股市就像「黑暗迷宮」——原已寸步難行，還有機關陷阱，更有千魔萬鬼，時時驚嚇愚弄，誤導拐騙欺哄，很多在股市打滾多年的人常說：「股市只帶給他們無限的悔、怨、恨。」君不見，多少億萬富豪，葬身股海，多少升斗小民，血本無歸。

他們很不甘心，努力了這麼多年，費這麼多心血，卻還是一敗塗地，簡直生不如死。他們很想問史托克 90% 的人「輸的原因」是什麼？「贏的方法」在哪裡？其實，你只要找到「輸的原因」，就已經找到「贏家之路」了。若再學到「贏的方法」，等於已進入「財富之門」了

知道「贏家之路」的人並不多，能找到「財富之門」的人更是鳳毛麟角。**其實「贏家之路」不難找，因為投資股市「輸的原因」不外乎四句話——**

「自以為是，死不認錯，心存僥倖，死熬活熬。」

其實投資只要能做到二件事就不會輸，首先要記住「股市最重要的

三件事——停損、停損、停損」，其次第二件事**就是「只能順勢，絕不逆勢。」**

想進「財富之門」，那就很難了，因為它一直被一些似是而非的「垃圾理論」迷霧，錯誤百出的「技術指標」誤導，被專家媒體消息掩藏，被基本面本益比遮擋，誰若是能找到「贏的方法」，就可以進入「財富之門」，股市的財富自然可以唾手可得。生活當然逍遙自在。

股市「贏的方法」就是—— 1.一定要曉得如何抓大頭部、大底部，大中小波段滿足點。2.一定要懂得一葉知秋研判趨勢多空。3.一定要知道大小買點賣點、大小支撐壓力。4.一定要學會順勢強迫認錯點，認賠反做認錯點……等方法。就不會像這次那麼多人在 4000 點大底區把股票殺光光不說，低檔還猛放空，多頭市場竟然還逆勢加空，若不懂這些方法，而盲目買賣，肯定會有大禍臨頭，遲早成為股市冤魂。

盤勢看法：演講時已一再強調，4000 點大底區，年底上看 6000 點，故千萬別放空。總統突然宣佈開放外資利多，突破 5200 強迫做多點，漲勢欲罷不能，必須再做多，下一關看 5800 點，目前大支撐 4800。

發表

大盤快速急衝，突破 5200 強迫做多點，漲勢欲罷不能，必須再做多，年底上看 6000 點，故千萬別放空。

實證

年底前果然台股攻過 6000 點，漲到了 6173 點，大盤竟然已漲升了 2000 點。

史托克很快就發現股市的漲勢欲罷不能，馬上認錯修正。史托克所有的操盤術對於停損停益，認錯反作，都有非常嚴格的規定，一發現不如預期就要馬上當機立斷認錯修正，操盤手必須按照操盤術的紀律，正確無誤地執行，完全不能有猶疑不決，心存僥倖的心態。

啟示

股市的學問，既深且廣，您一向忙於事業，連陪伴父母，疼愛孩子的時間都不夠，恐怕更抽不出時間來尋找股市中的奧祕，獲利的祕訣，那麼請您務必來認識史托克。

所謂路遙知馬力，日久知實力，如果您一直在找，能夠讓您真正信賴，可以完全放心的投資理財顧問，相信我們，史托克將成為您投資最需要的朋友，財富最寶貴的朋友。

108 股市江洋大盜，搶錢絕世高手

NEWS 產經日報 93.2.3

「人一生中最大的問題，就是錢的問題」。現代人很容易焦慮、憂鬱，因為生活有「十大重擔」，使人生不再美麗。這「十大重擔」如下——1. 房租銀行貸款；2. 子女教育費用及自修學習費用；3. 家庭食、衣、住、行、休閒、旅遊、戀愛費用；4. 全家保險費及勞保健保費用；5. 所得稅及各種房車稅金罰款；6. 長官親友婚喪喜慶聯誼餽贈；7. 父母及家庭成員生、老、病、殘、死亡費用；8. 父母養育的回饋照顧；9. 失業收入中斷儲備及退休養老儲蓄；10. 自己人生的最後費用。難怪現代年輕人要說，必須要賺到「1 億元」，才能夠無憂過一生。

有人問我，要成為「億萬富翁」有哪些途徑？眾所皆知，通常要成為富豪有三大捷徑——1. 股票；2. 不動產；3. 卓越的創意與生意。卓越的創意與生意並非人人皆有，做生意和不動產投資要有大資本，股票則是人人均可參與（但 10 個人進場有 8.5 個會被抬出去，只有極少數的運氣好的人及絕世高手能滿載而歸）。

你曾遇見過股市的絕世高手嗎？在民國 76 年初，史托克遇到的第一個明師就是，他是日本四大商社的操盤手，當時台灣股市剛站上 1000 點，天啊！他竟跟我說台股會漲到 1 萬點，當時他在台灣布局的部位有 100 億元，接下來他什麼都沒做，就是那一波，真的在民國 79 年 2 月漲

277

到 12682，他整整賺走了台灣人 700 億元。

雖然我很佩服他，但卻更讓我心痛不已。他常說：「財富金字塔的尖端，只能允許少數人立足，這些人都是智慧超群、眼光獨到之人，要不就是江洋大盜，神偷巨騙之類。其他大部分的參與者，命中注定只能扮演苦力、工人、墊腳石。」700 億！天啊！好一個江洋大盜啊！台灣曾經淹腳目的財富，就這樣被這些國際金融巨鱷一次又一次的襲捲而光，造成今日台灣淪落到一貧如洗負債累累的境地。

舉例而言，史托克在 4000 點附近發表文章，告訴大家「買好了股票，就可以逍遙自在，躺著睡覺」。又在當時辦演講告訴大家，「至少漲 2000 點，年底大盤上看 6000 點，千萬不要做空」。史托克的想法，未來是通貨膨脹，不是通貨緊縮，錢放銀行不但沒有利息，而且還會貶值，加上熱錢會大量流入，將來的受害人就是現在不敢買股票，將來高檔時才想要來投資的大肥羊。到如今這些預言都已實現，長期信賴史托克的人，又再度成為股市受益人，財富應至少增加了五成。而你呢？長久以來，你是「股市受益人」？還是「股市受害人」？

盤勢看法：6200 以上是台股景氣高檔區，但外資買盤不退，超低利率可望帶動資金行情，持續推動股市泡沫，今年 7000 點可期待，趨勢向上，做多不做空。

發表

外資買盤不退，超低利率可望帶動資金行情，持續推動股市泡沫，今年 7000 點可期待，趨勢向上，做多不做空。

實證

93 年 2 月 3 日，時值台股 6200 點，台股已經大漲 2000 多點，但資金仍不斷湧進，股市量價齊揚 因此推斷測量目標可以提高到 7000 點，不必緊張擔心。

果然台股在 93 年 3 月 5 日，飛奔到了最高點 7135 點，達到測量滿足點，開始崩盤。

109 股市的魔咒，自然的真理

NEWS 產經日報 93.5.12

這一波的台灣股市從 7135，大跌至週二盤中低點 5704，合計已下跌 1431 點，很多人怪罪於「政治紛亂」、「溫室效應」、「美國升息」、「恐怖攻擊」等等理由。

其實依據史托克的操盤術，這些其實都不是真正的理由，**真正下跌的理由是：「台股 7135 點，正是一點都不差，完美滿足點」，股市來到此處，本來就應該下跌，而且依歷史統計，股價通常會腰斬，這就是「股市的魔咒」，自然的真理。**

在 320 總統選舉投票之前，投資人個個都信心滿滿，持股滿檔。因為所有的人都說股市不可能跌，偏偏，史托克的多種操盤術，都明確顯示，台股 7135 點必然崩盤。很多讀者因謹記史托克在之前發表的文章提及今年高點約為 7000 點，也因此逃過一劫。此中的奧祕，史托克將來再與讀者分享。

史托克一直覺得，「台灣的股市可愛」，台股每年至少都會有一次崩盤，只要你懂得「高賣低買」的方法，每年都會有從天上掉下來的禮物送給你。就像《姜太公釣魚兵法》裡頭所說的，**人們只要了解釣客「釣法之祕」，也學會了魚兒「索餌之訣」，就能吃盡四方笑呵呵。**

：等大盤腰斬，融資斷頭後，就可以開始選股票了，大
盤短線到此反彈後需盤整，暫時要避開高融資，及外
資投信持股比例高的個股。未來選股以高配息的中概
內需股為首選。史托克現在的生活「吃飽閒閒看崩
盤，逍遙自在選股票，躺著睡覺等賣點、遊山玩水賽
神仙」，得閒再與讀者們分享股市的奧祕，投資真是
人生一大樂事。

發表

　　台股在 93 年 3 月 5 日走到了最高點 7135 點，而 7135 正是史托克
多種操盤術包括上帝之手操盤術，一點都不差的測量滿足點。從史托克在
4044 喊買進後躺著睡覺，起漲到 7135，總計上漲了 3091 點。

　　台股從此開始崩盤，史托克發表大盤將會腰斬，要等融資斷頭後再來
選股票。

　　並提示未來選股以高配息的中國概念內需股為首選，將是未來的十年
的主流。

實證

　　史托克在 93 年 2 月已經事先預告，今年高點目標約為 7000 點，而
7135 正是史托克上帝之手操盤術的測量滿足點，當日有許多史托克的學生
在場，見證我多種操盤術壓力全部匯聚 7135 的威力。

　　此後大盤一直盤跌到 93 年 8 月 5 日 5255 最低點，剛好到達登峰造極
操盤術 0.618 完美滿足點處，結束了大回檔，史托克也在此時發表演講並
上課，同學也再度見證，我也出示最低點的大筆買進成交單證明，再度抓
到這一個歷史起漲點。

提示

此後，93 年後因為台灣的股票越來越多，股市專業報紙的成本越來越高，加上券商紛紛發展股票軟體，免費提供客戶使用，使得當時產經日報及財訊快報經營困難，客戶不斷流失，最後無以為繼，終於結束停刊。

史托克的百戰百勝操盤術，其實也有抓到 96 年 7 月 26 日的 9807 這個金融大海嘯的歷史高點，也是一點都不差的抓到。（此操盤術非常精確，可以抓到台股至少 85% 以上的歷史高低點，是操盤術的靈魂重心。）

啟示

其實史托克的操盤術，都是簡單至極的方法，都是隨便看看，隨便算算，隨便比比，隨便畫畫，不用大腦，躺著睡覺，就能賺大錢，很多人無法相信。

連沒有接觸過股市的生手，都很容易學會，輕易上手。因此學員們都學得很開心，用得很歡喜，馬上學就可以馬上用，馬上就可以賺到錢，對股市再也沒有疑問，行情都可以自己研判，買賣點一目了然，自信又輕鬆，不用追著我問問題。

這樣我才能夠真正得到清靜。當一個有錢又有閒有人愛，快樂又健康的莊子。享受「躺著睡覺等賣點、吃飽閒閒看崩盤，逍遙自在選股票，遊山玩水賽神仙」的美好生活。

110 萬物都在改變，唯有人性不變

NEWS 產經日報 93.11.1

各位讀者安好，昨日產經總編輯來電，關切史托克近況，並代許多產經讀者邀稿，希望知道史托克對未來股市的看法。

這一年多來，史托克逍遙自在，僅在台股 7000 之際（當時市場氣氛熱烈，外資、投信、散戶卻持股滿檔，齊呼不管藍贏綠勝，股市必將大漲，完全不知大難即將臨頭，財富即將蒸發），當時為慶祝 Stock 2004 網站成立，特別為了回饋購書讀者，舉辦了一場免費演講（因不想破壞股市生態，故僅有發函邀請這一年內曾購買《台股崩盤啟示錄》的讀者，藉以演講警告股市的危險），他們在總統大選前七天收到了邀請函，第一行的標題就是——台灣股市會崩盤嗎？

這次演講有近百人前來，他們親眼目睹史托克當場示範多種操盤術，無不顯示台股 7135 是一點都不差的完美滿足點，股市勢必崩盤腰斬。史托克警告，外資、投信樂觀看好且持滿檔的電子股，近年來都被史托克視為是死亡行業、艱困行業、夕陽行業、衰退行業，警告務必避開！尤其是高融資個股，以免成為股市冤魂，結果您看到了嗎？現在有多少外資投信套死在 DRAM、TFT-LCD、CD-R、晶圓代工、IC 硬體……等等電子股上，痛不欲生，股市也大跌近 2000 點。

之後台股跌破 5500 點，股市利空連連之際，投資人被嚇得魂飛魄

散，驚恐不安時，史托再度與近 50 位購書者聯誼，以上帝之手操盤術‧
百戰百勝操盤術、登峰造極操盤術，事前精準預測 5250 將落底，強調崩
盤是天上掉下來的禮物，不必恐慌，務必把握，選股以高配息中概內需股
為首選，獲利目標訂為 2 ～ 3 成。此後也曾在大盤反彈到 5700 之際，應
學員之邀前往泰和國際獅子會演講，提示多種操盤術預測反彈目標上看
6000，而此時中概內需鋼鐵、航運、塑化皆已反彈三成且出現量滾量情
況，顯然不懷好意，建議獲利落袋。

操盤手心法有云：「萬物都在改變，唯有人性永遠不變。」操盤手
唯有借助操盤術，才能徹底破解人性，完全掌握買賣點，戰勝恐懼成為英
雄，克服貪婪變成贏家。

盤勢看法：依上帝之手操盤術，7135 點為中級月滿足點，依統計
會有中級崩盤，通常會採取緩慢盤跌方式，整理時間
將近 2 年，若快跌最少要 14 個月，此波反彈 6135 應
已結束，未來 5950 壓力難過，反彈宜站賣方，短期多
看少做。

發表

7135 為中級月線滿足點，依統計會有中級崩盤。通常整理最短要 14 個月，最長則要 2 年。而從 5255 這一波的反彈，到 6135 應已結束了。

結果

2004 年 10 月 6 日的 6135，正是那一波的反彈最高點。而大盤從 2004 年 3 月 5 日 7135 起跌，整理到 2005 年 10 月 28 日 5618，才真正結束整理，總共整理了 20 個月。而 2004 年 10 月 6 日的 6135，正是那一波的反彈最高點。

實證

史托克在 2004 年 3 月 5 日，見股市已經到達 7135 測量滿足點，發現大家一面倒地看好 3 月 20 日的總統大選選舉行情，人人持股滿檔，卻完全不知道那是操盤術的完美滿足點。

演講 1：當時史托克為了回饋過去曾購買過我的著作《台股崩盤啟示錄》，且很聰明知道要留下 Email 及連絡電話的購書讀者，乃決定在 2004 年 3 月 15 日為他們舉辦一場免費的演講，演講內容：台灣股市會崩盤嗎？提醒他們大禍即將臨頭，警告購書的讀友們務必避開危險，尤其是電子股。果然，大盤隨即從 7135 大跌到 5255，跌幅達 1880 點。

演講 2：史托克之後又在大盤跌破 5500 點尚未落底之際，為購書的讀者再度舉辦免費回饋演講，演講內容：崩盤是天上掉下來的禮物，事前以操盤術精準預測 5250 將落底，大盤果然在 2004 年 8 月 5 日跌到最低 5255 點後止跌。

演講 3：此後也曾在大盤反彈到 5700 之際，獲邀到台北泰和國際獅子會演講，提示反彈目標約上看 6000 點，最後漲到 6135 點，就又回頭下跌。

111 股市二八法則 &
贏家全拿法則

NEWS 產經日報 94.6.2

　　週一，史托克到產經日報走訪老友，與總編閒聊，談到現今證券從業人員的慘狀。史托克記得過去辦演講時，曾與幾位證券公司營業員課後聊天，聽他們述說營業員的悲歌。他們說證券業這一行快幹不下去了，很想轉業。原因是他們看到他們的大客戶，近幾年有幾億的就輸幾億，有幾千萬的就輸幾千萬，有幾百萬的就輸幾百萬，大多已賠光輸光，根本無法再玩股票，再不然就是股票套在天上，沒有資本再進場；還有的是慘賠，賠的沒膽進場再玩；又或者是已經移民轉戰海外或大陸，根本不想再進場，只剩下少數小客戶用小額資金玩玩期貨選擇權，但是結局也是慘不忍睹。老客戶非死即傷，甚至退出在股市絕跡；要找尋新客戶非常困難，只好用高退佣的方式挖客戶，幾乎無利可圖，還要冒著大額違約交割或大額錯帳要賠錢的風險。

　　而現在客戶以電子下單居多，手續費少之又少，營業員為了衝業績只好用自己的錢，每天股市裡玩當沖炒單，經常是賺一隻雞，賠一隻牛，有的甚至連薪水都不夠賠，根本是被股票玩而不是玩股票。證券公司又不時推出基金，要求營業員要達成基本配額，才能拿到底薪，為此他們只得借錢標會買基金以求達到額度，怎奈基金績效太差，大多是賠錢。

　　還說，現在很多金控公司都要求營業員要考許多證照，因此要讀很

多書、參考許多考試；但是最大的問題是，拼命努力考到證照後，還是沒有客戶，花了那麼多的時間、金錢，卻無法賺到錢，他們很擔心長久下來，營業據點可能隨時會因為不賺錢而被收掉，更擔心中年失業，全家生活無以為繼，很多人都不知道未來如何是好，又不能坐以待斃，等死等裁員等退休，因此才會出來聽史托克演講，想積極學習第二專長。

史托克曾說我愛極了台灣。**我愛台灣三寶——「物美價廉的小吃、善良溫厚的人情、暴漲暴跌的股市」。尤其是後者，因為依據「股市二八法則」、「贏家全拿法則」，若能掌握多空轉折買賣點，則其報酬可能比從事任何行業都高，多空都可以做，而且永遠不會關門歇業。他們非常認同史托在演講時所說的：「股市如戰場，一向就是——懂的欺負不懂的、會的欺負不會的、知道的欺負不知道的、內行的欺負外行的。」「只有懂線圖的人才有錢途，外行人根本贏不了內行人」。而「心存僥倖投資失敗者的財富，就是勝利者的養分獎賞，這本是適者生存的自然法則」。**

史托克又說：「人生就是戰鬥，戰鬥必有智謀，無智謀者如板上魚肉任人宰割；有智謀者，窮變富，賤成貴，危機化轉機；而操盤術正是股市的至高無上智謀」。

閒聊間史托克提及反彈大壓已到，總編說史托克從去年 11 月 1 日寫了一篇專欄，提示 93 年 3 月 7135 是月線滿足點，依歷史統計通常會快跌 13 個月或緩慢盤跌近 2 年，並提示 5250 反彈滿足目標上看 6150 附近，此後股市就一直橫盤，至今七個月，史托克都沒有新文章，有多位產經老讀友多次來電催請，請史托克能否寫一篇專欄，提示一些股市未來的看法，史托克恭敬從命。

盤勢看法：在今年 3 月初演講時，史托克曾以——「上帝之手操盤術」、「百戰百勝操盤術」、「登峰造極操盤術」——示範 6267 是一點都不差的滿足賣點。依統計，反彈結束後通常會有 6～8 個月的整理盤跌，行情持續看跌，6000 以上都宜站在賣方。

發表

史托克多種操盤術統計，6267 是一點都不差的滿足賣點。依統計反彈結束後，通常會有 6～8 個月的整理盤跌，6000 點以上，都宜站在賣方。

結果

大盤從 2005 年 3 月 2 日 6267 出現反彈最高點後，以不規則 ABC 整理型態，持續整理到 2005 年 10 月 8 日 5619 點最低才結束整理，總共整理時間為期 8 個月。

演講

史托克在 2005 年 3 月初舉辦演講。演講內容：「創造千萬億財富的工具，提早二十年退休不是夢。」史托克以操盤術示範 2005 年 3 月 2 日 6267 是一點都不差的滿足點。並告知要整理 6～8 個月，結果果然是如此。

啟示

有感於證券業的蕭條，看到股市從業人員包括股市專業報紙的凋零慘狀，史托克不禁感慨萬千。依據股市「二八法則」、「贏家全拿法則」，投資人若能學會掌握多空轉折買賣點，最棒的是拿來用在指數期貨或指數權證的操作，（其投資報酬率將是嚇死人的可觀。）而且不會有產業不景

氣的問題，永遠都不用擔心會不會有關門歇業的問題。 多空都可以做，更不用耗費時間心神去研究個股，在哪裡都可以操作，連躺在病床也可以做買賣，也不用勞心勞力上班奔波，應酬客戶。指數賺 400 點，就有將近 100% 的獲利。

· 感想

　　金融市場裡有太多人想要不勞而獲，他們不會看線圖，不知道支撐壓力，也不懂得操盤術，只想聽消息求明牌，心存僥倖的投機，最終導致投資失敗。而這些人的財富，最後都成為贏家勝利者的養分獎賞。八成的投資者將他們的財富，貢獻給這兩成的贏家。投資理財是關係著一輩子的事，甚至嚴重到會影響三代人的快樂幸福，怎能不謹慎，怎能不用心，怎能不學習呢？

112 股市最可怕的四個字
——不如預期

NEWS 產經日報 94.6.6

　　昨日，有幾位老友看到史托克產經的文章，提到 6000 點以上，應站在賣方。他們很想知道是什麼理由會在 7135 看壞要跌 2 年？及 6267 要跌 6～8 個月的原因？他們問：「MSCI 調升台股權值，外資狂買台股，5 月又買了 1463 億，年線也已上彎，台股本益比那麼低，融資跌破 2000 億，成交量萎縮到 400 億，籌碼應已安定，現又出量上攻，看壞理由何在？」。史托克承認，目前股市量價並未顯現敗象，只是史托克「主觀」認為，台灣及國際今年下半年「可能發生的基本面風暴非常擔心；另保守「預測」台股的最大支撐——外資子彈已不多，買力可能即將用盡；再依據空頭反彈逃命操盤術「估計」滿足點應在 6050 附近；又史托克一心「希望」外資能套在台灣，有助台灣未來的經濟及政治。老友又問：「外資已經買了那麼多，若又持續大買，股市長紅續漲，又該當如何？」史托克答：「凡有買進或賣出，出手必有設停損，因為行情一旦「不如預期」，你無法預料未來的損失有多嚴重。」老友建議可將此停損告知讀者，較為妥適，以免有誤。史托克欣然從之。

　　「股市最可怕的四個字——不如預期」。「不如預期，是每一個投資人的惡夢」。依據二八法則，投資人十之八九是輸家。經常的情況是——低檔放空，竟然飆漲；高檔融資，竟然崩盤；或不買就漲，一追就跌；不賣

續跌，停損就漲；或小買小賠，大買大賠；小賣小漲，大賣大漲。每個投資人在股市投下本錢，作出決策，或作多，或做空，就是因為對未來漲跌有所預期。「預期」——就是主觀預測估計希望。但史托克常說，「人生不如意事十常八九」也這就是說人生充滿了意外，若每個人都能如意，那豈不是每個人都是豪門鉅富。股市投資也正是如此，既然十之八九都是輸家，這也是表示大多數人的預期比較少發生，不如預期的事卻經常會發生。既然如此，我們只要學會把不如預期的事，或不如預期的情況處理好，就可以高枕無憂，躺著睡覺了。而「操盤術」就是科學的統計歸納法，長期統計人性的變化，精算勝率及敗率，並訂定應對進退的策略方法。

「股市最困難的修煉就是——低頭認錯」。股市上帝專門修理四種人——「心存僥倖的人」、「自以為是的人」、「死不認錯的人」、「不知道怎樣是對，怎樣是錯的人」。舉例而言，史托克曾示範「賺取暴利操盤術」幾十年的統計驗證後發現，最妙的事是——正確的買賣點，大多數人認為不如預期的情況，對史托克而言是完全如預期。因此所謂的「不如預期」就是——買賣 3～5 天後，賺不到錢賠錢。也就是說依照此操盤術，一旦出手就必須是波段的最低點或次低點，簡單明瞭地告訴我們，現在是如預期，還是不如預期。不如預期就必須認錯改過；如預期，當然就可以高枕無憂，躺著睡覺數鈔票，而且作夢都會笑。但是股市大多數的投資人，通常都很主觀自負，都不相信自己會看錯，或不承認自己已經做錯了，一旦做錯又死不認錯，這時股市上帝就會出面懲罰他——讓他飽受煎熬，心神不寧，睡不安寢，輸光賠光，生不如死。

盤勢看法：6000～6100 是屬多頭陷阱，通常是反彈逃命的滿足區。此處讀者可暫且停看聽，可以 6150 為觀察點，看

外資的演出,是否買力用盡,或發狠博命拉抬出貨。
若量價齊揚拉過6150點,則空頭要先低頭認錯,一
擊不中要全身而退。但即使拉過,史托克衷心建議,
6000點以上,要有風險意識。這波只是更大型的誘多
解套反彈逃命波,外資做解套,你不要亂追,我怕你
被死套。

發表

因為產經日報此時已經換老闆改組了,史托克也已經淡出股市,隔了
半年多,都沒再發表文章。老讀者在6月2日,很高興看到史托克在報
紙發表了文章,立即連絡總編輯,建議史托克,能否順便把此波的停損認
錯點的觀察位置告訴大家,才好因應。我欣然從之,於是馬上補了一篇文
章,告訴讀者6150是重要觀察點。若拉過,空頭要先低頭認錯。 但提醒
讀者,即使拉過6150,此波還是解套反彈波,還需要時間整理,所以還是
要有風險意識。

實證

台股大盤在6月8日收盤站上6150的停損認錯點。 史托克之後在6
月28日又再度在報紙專欄上發表文章,提醒所有讀者,6500點(加減50
點)就是週月線的滿足區。最後大盤果然在2005年8月4日攻抵6481點
後,隨即下跌到2005年10月28日5618點。

啟示

所謂的不如預期,就是——買賣後3～5天後,賺不到錢還賠錢 。遇
到不如預期,就必須馬上認錯改過。

113 知道哪裡有危險，學會如何不受騙

產經日報 94.6.28

　　史托克的第一個股票老師是個外資機構的操盤人，他在台股 1000 點時，告訴我會漲到一萬點（這才叫做狂妄）。日後果然驗證，他是狂賺台灣 700 億的高手，讓我佩服得五體投地，驚為神人。史托克在跟他學習的初期過程中，曾問他，要成為股市大師，要讀哪些書？他告訴我要先讀世界文明史，史托克一頭霧水，為什麼學股票要學歷史，至今年事漸長，才逐漸了解其用意。讀歷史是為了——了解人性之險惡，了解不能隨便相信人，了解惡人之奸謀詭計，了解人性之死穴，了解趨吉避兇之方法，了解反敗為勝之智謀。要高瞻遠矚，深謀遠慮；要謹言慎行、防範一切，要完全了解過去，才能推測未來。而其中最重要的是——「要知道哪裡有危險；要學會如何不受騙」。

　　老師曾告訴我：「政治是高明的騙術，股市更是高明的騙局」；「基本面是用來騙人的、技術面是用來坑人的、消息面是用來害人的」；「媒體報導、外資報告、上市公司老闆發言，都不能輕信」；「沒有親眼看見，決不能輕易相信；未經長期驗證，不要相信任何人」；「對任何事都要質疑、查證」。現在社會紛亂，詐騙集團橫行，諸如刮刮樂、簡訊、電話、購物、網路、投資——詐騙，到處可見。打開電視，看看台灣電視節目——都是購物頻道。賣藥減肥、投顧名嘴、靈異鬼道、神佛滿天、政

293

客立委、政黨政府──每天都慷慨激昂，舌燦蓮花。對付這些人，你最好記下這句歇後語：「蜘蛛精講道──妖言惑眾」。他們布下處處陷阱、設下處處騙局，你只能把他們當作唱作俱佳的演員，你最好不要輕信上當。

最近有學生問我，外資砸下重金，博命演出，將指數拉過6150，讓多頭線型取得優勢，指數並已攻到6400點，人氣恢復，現在市場一片樂觀；美國科技公司紛紛表示對第三季景氣看法樂觀；外資異口同聲看好，拼命加碼電子權值股，投信持股也增達87%；國內龍頭大廠台積電、友達、仁寶、廣達、華碩、聯發科都在股東會中表示未來業績樂觀；不禁想問史托克是否仍堅持，這波只是誘多反彈解套波？難道他們會全部看錯？又問到底下半年有什麼危機？讓史托克這麼保守？

史托克略舉如下：

美國財貿風暴、中國宏觀緊縮、物價利率齊揚、世界經濟下修、國際匯率風暴、對沖基金退潮、統獨憲修決戰、外資投資轉向、台灣財政危機、財政稅制改革、金管制度變革、財務公報衝擊、勞退新制糾紛、電子微利競爭、傳產基期過高、金融呆帳惡化、世代交替風暴。

盤勢看法：6500附近（加減50點），就是週線，月線的滿足區；那裡就是股市最危險的地方，做多千萬要小心啊！避開外資的電子股！

發表

台股大盤拉過 6150 認錯點後,史托克隨即在 6 月 28 日,再度在產經日報專欄發表 6500 點(加減 50 點)處,就是週線月線的轉折滿足區,那裡就是台股最危險的地方。

實證

台股果然在 2005 年 8 月 4 日波段來到最高點 6481,史托克所提示的壓力區,隨即下跌了 863 點,直到 10 月 28 日跌到波段最低點 5618 點,才正式完成從 7135 高點起算,為期 20 個月的大 ABC 整理。之後台股又再度邁開多頭腳步,直到兩年後分別在 2007 年 9 月 26 日及 2007 年 10 月 30 日,完成 9807 及 9857 大 M 頭型態。

後續發展

2007 年 9 月 26 日台股來到 9807。一點都不差的碰觸到史托克的百戰百勝操盤術的滿足點,於是歷史高點就此形成了。至此整個從 2001 年 9 月 26 日 3411 起漲的六年大多頭循環,到此處正式結束。總漲幅達到 6446 點。

金融大海嘯

多頭結束後,接下來就出現了百年難得一見的世界金融大海嘯,台灣股市暴跌狂跌一整年。2008 年 11 月 21 日,跌到登峰造極操盤術的月線完美滿足點 3955 點才告止跌,台股創下世界第一的超級跌幅,也終於完成從台灣歷史最高點 12682 起算,第三次的空頭循環。

114　史上最強的操盤手訓練師　教你天下第一的操盤術

在產經日報專欄執筆近 10 年的感想——

94 年底，股市專業報紙的經營越來越困難，最後都改組停刊了。史托克也對自己竟能創下如此多預測成功的紀錄，頗感自豪，也感到心滿意足了，於是心想我該隱退江湖，不用再去預測股市，不用再給自己任何壓力，不用再為台灣可憐的散戶出力，從此自由自在、隨心所欲地做自己想做的事，過快樂有錢又悠閒、安靜逍遙樂神仙的生活。

產經日報 94 年中報紙停刊後，史托克也失去了能夠發揮自我以及服務讀者的舞台，再也無能為力提供股市的看法與資訊來幫助大家了。史托克趁機也隱退人間，消失於股市一段很長的時間，久而久之也會被人們所淡忘了。老子說聖人無功，功成身退大智慧，人生最後終歸是船過水無痕，化為塵灰。（史托克實在太懶，一年才寫 2 ～ 3 篇文章，報紙銷路又不好，可能不會有人注意到，也不容易被記得吧。）

但是我也很高興，畢竟我的人生有過這麼一段輝煌的事蹟與成就。史托克在這將近十年裡，以白紙黑字的報紙專欄文章，讓數以萬計的讀者見證我操盤術的精準預測，讓數以千計來聽我演講的來賓目睹股市的完美滿足點的神蹟，以百餘篇的專欄幫助相信我的讀者擁抱財富、避離崩盤，也為我自己個人創下 15 次成功預測歷史最高點最低點的超級世界紀錄。

（其實，到底幾次了，我實在懶得去算。）

我的紀錄，因為有產經日報的白紙黑字的報紙專欄作為錚錚鐵證。而我的書是由產經日報蒐集以往的文字全文照登出版，完全可昭公信，沒有任何虛偽造假竄改。我的學生都知道，我做人很低調，但做事很高調，目的只是想多救助一些有緣人，不想讓他們去亂碰亂撞亂學，到處受騙上當浪費錢。故我演講時會很不謙虛地說：**史托克是史上最強的操盤手訓練師，史托克操盤術是天下第一的操盤術。（其實我也沒說錯，我成功預測台灣股市的紀錄，極有可能是前無古人，後無來者！）**

另外請大家記住：以後若有基本分析派說，看不起技術分析者，說技術分析沒用。請大家記得買一本史托克的書，丟在他桌上，請他閉嘴。告訴他，是他自己沒研究，功力不夠，不要亂批評。希望我這本書，能為我們這些技術分析的熱愛者，找回一點地位與公道。也能給喜愛基本分析者，打開視野，看到另外一個美好的世界。

後記：93 年 8 月 5 日 5255 低點之後，台股又開始慢慢攀升，在三年後 96 年 7 月 26 日漲到了 9807 最高點（史托克學生都知道，那正是百戰百勝操盤術，一點都不差的滿足賣點）碰觸後立即大跌 1821 點直到 96 年 8 月 17 日的低點 7986 後才又大反彈，直到 86 年 10 月 30 日到達高點 9859 點，上帝之手操盤術的月線測量滿足點，完成第二個頭後 M 頭完成，正式開始大崩盤，這就是百年難得一見的世界金融大海嘯，全球股市瘋狂大跌。整整一年跌掉了 5904 點，直到 97 年 11/21 跌到 3955 空頭才終告結束，台股創下世界第一的跌幅。

3955 這個歷史低點，其實也正是登峰造極操盤術一點都不差的完美測量滿足點，簡直是不可思議、妙不可言的神蹟。3955、2485、3415 這幾個歷史低點都是一樣的完美哦！這就是自然的真理，股市的魔咒！

115 精準預測的 17 個驗證

 驗證 1：2008.10.28 時值 4400 操盤術的驗證

當時處於金融海嘯末跌段，兒子的大學出功課，要做模擬投資，學習投資實務，問我意見。

我回答既然是模擬遊戲，要想勝出、拿獎金，就是要把槓桿放到最大，怕死不能得等（得獎）要拼才會贏。所以，當然選大賭（台股指數期貨槓桿高約 24 倍，股票則是波動大，漲停跌停一天可能賺 7%。100 萬若存銀行定存一年才 2%，買其他債券或貨幣，報酬率都不理想。）

若能買台灣股價指數期貨，槓桿更大，買一口要準備約保證金 8 萬，指數漲跌 1 點是 200 元，若台灣股價指數漲 400 點就賺 8 萬元，用 8 萬買 1 口，只要台股漲 400 點 *200 元，就賺 8 萬，等於賺 100%。用 80 萬買 10 口，只要台股漲 400 點，就賺 80 萬，漲 4000 點就賺 800 萬。但這是模擬遊戲，真實世界當然不可盲動，必須有方法，有策略有紀律。

若此遊戲沒有台灣指數期貨、選擇權、認股權證，這些高槓桿金融工具，就只好選擇股票，而且一定要選擇台灣股票，因為金融海嘯股市崩盤，台灣股票跌幅最深且已經下跌一年了，與全世界股市相比，不管是就比較利益法則，評估投資報酬率、股息殖利率、本益比、淨值比，台灣股

市都是世界首選最具潛力的。

結果：隔不到一個月，2008 年 11 月 21 日，台股最低點 3955 出現了。此後台灣股市大漲特漲 14 個月漲了 4440 點，漲到 8395 世界第一強。之後盤整 6 個月，最後更續攻到 9200 點。若懂低檔進場時機，期貨操作至少獲利 1000%。

提醒：百年難得一見的世界金融大海嘯後，台灣股市是世界第一首選最具投資潛力的標的，尤其是台股指數期貨。當時投資人都很悲觀，史托克說基本面會誤導人；技術面會害死人，真正重要的關鍵是買進賣出的時機。

驗證 2：2010.1.6 時值大盤 8327 點操盤術的驗證

今年一月初，兒子從高雄回來，問我學校要他們做股票投資組合模擬，我當場給他一盆冷水，說量價都已到頂，馬上就要向下崩盤了，我當場給他上了一堂圖型課，分析台股一定會做大整理的原因，而且通常要整理 6～8 個月，所以除非是做放空，不要進去送死，我送他兩句話，要他謹記，也送給大家分享——

大盤連漲一年多，買進賠錢機會多。

散戶賠錢是常態，散戶賺錢是變態，散戶大賺是病態。

第一句話，史托克曾在 2010 年 1 月 6 日華人講師聯盟出遊時，已跟大家分享過了，第二句話，是因為當時有四組人，跟我聯絡，請我操盤，都被我推掉了，因為這種經驗太多了，散戶都是高檔拼命玩，低檔不敢玩，當散戶鼓足勇氣要大膽投入，還想要長期投資大撈油水，就是高檔。

結果：模擬比賽成績出爐，都沒有人賺錢，輸最少的得第一名，因為台股當時已經從 3955 一口氣，漲到 2010 年 1 月 19 日 8395，漲了

4400 點。結果台股果然整理了約 6 個月。從 8395 先跌到 2010 年 2 月 6
日 7080 下跌 1315 點之後，反彈到 2010 年 4 月 15 日高點 8190，最後
又跌到 2010 年 5 月 25 日最低點 7032，總共下跌 1363 點，完成 ABC
下跌，才結束整理，續走末升波。

 警訊：散戶都是高檔才要進來玩。大盤連漲一年多，買進賠錢機會多。
通常要整理 6 ～ 8 個月，不要進去送死。

驗證 3：2010.4.28 時值台股 8081 操盤術的驗證

發出股市警訊：2010/4/28（三）下午 6：15

發文中華華人講師聯盟社團所有講師

寄件者：王證貴（STOCK 史托克）<stock.wang@yahoo.com.tw>

信中寫道：

（YAHOO 新聞）國安基金的動向真是來無影去無蹤，出乎外界預
料，過去短短 40 天內，狂賣 620 億元持股，獲利 250 億元，報酬率高達
40%。目前國安基金只剩下 311 億元持股。

當前股市投資人，最必須注意的警訊。

國安基金已先走，投資人要居高思危。

結果：史托克發文給社團所有講師好朋友，提醒此時要居高思危。
前一日 2011 年 4 月 27 日就是最高點 8174，史托克發出股市警訊後，台
股馬上大跌，不到一個月跌了 1142 點，跌到 7032 點才止跌。

 警訊：國安基金已先走，投資人要居高思危。

驗證 4：2010.7.23 時值台股 7700 點操盤術的驗證

發出股市警訊：測底不破後，又收紅突破，空頭結束，反頭做多。

發文中華華人講師聯盟社團所有講師

寄件者：王證貴（STOCK 史托克）<stock.wang@yahoo.com.tw>

信中寫道：

當前股市真正最重要的訊息就是——

（YAHOO 新聞）11 月 27 日五都選舉，市長議員里長三合一投開票，台股從一月向下轉折後，一如預期整理 6 ～ 8 個月，目前已整理了 7 個月，底部已逐步墊高成形了。另外我觀察投資人情緒指數，6 月 30 日已下跌至 2.59 點，這是金融海嘯過後最低的指數。

6 月 30 日當天大盤來到次低點 7255（最低 7000 點）該跌不跌，底部已墊高，我便將所有空單全部回補，開始買回股票，反頭做多了，提醒空頭要小心。

結果：史托克發文提醒，空頭整理結束，告訴講師好友，史托克已經翻多了，空頭要小心，要做多不要再做空了。此後台股一直漲直到 2011 年 2 月 8 日出現 9221 重要的歷史最高，從 7032 起漲，共漲了 2189 點。

 提示：已整理 6 ～ 8 個月，要做多，別做空。別人的錯誤，是你的財富。別人流眼淚，我們流口水。

驗證 5：2010.8.10 時值台股 8050 操盤術的驗證

應邀至兩岸創發會第 2 次會員聯誼會演講。

史托克講題：學會這一招，讓你提早 20 年退休

發表 8050 短波高點，必須整理 2 ～ 4 星期，整理幅度約 300 ～ 500 點，短線可先走，多頭不變，7600 附近留意買點。

結果：當天 8/10 日 就是最高點 8054 開始下跌，到 8 月 31 日 7577 止跌，修正 477 點，精準掌握了賣點。

> **Stock say** 演講：學會這一招，讓你提早 20 年退休。告知 8054 要下跌整理 300 ～ 500 點。

驗證 6：2010.8.31 時值台股 7577 操盤術的驗證

講題：解開這個難題，財富不是問題。

股市美學與碎型幾何 VS 國家的經濟與財富重分配。

講師：王證貴老師 （史托克 STOCK）

地點：中華孫子兵法研究學會

日期：2010 年 8 月 31 日（二）19：00-21：30

重要提醒 7577，跌幅已夠，正是好買點。

8 月 10 日創發會演講：提示 8050 短線要賣，跌幅約 300 ～ 500 點，8 月 31 日孫子兵法學會演講提示今日已到 7577，跌幅已夠。

留意買點，大家看壞，跌停一大堆，正是好買點。

多頭不變，多頭不變，宜買不宜賣，宜多不宜空。

結果：7577 果然是最低點，精準掌握短波回補買點。之後續走多頭，一直走到 2011 年 2 月 8 日，漲至 9220 點。

> **Stock say** 演講：「解開這個難題，財富不是問題」多頭不變，宜買不宜賣。7577 正是好買點。

驗證 7：2011.1.21 時值台股 9100 點操盤術的驗證

2011 年 1 月 21 日（五）下午 10：06

發文中華華人講師聯盟社團所有講師

寄件者：王證貴（STOCK 史托克） <stock.wang@yahoo.com.tw>

信中寫道：

主旨：【股市重要警訊】民國 100 年大泡沫如何因應？

朋友問我對民國 100 年大泡沫，有什麼看法？

我回答道：我沒有看法，我只有方法與做法。

依據統計 9000 點以上，高檔區要站在賣方。

古諺有云：見好不會收，到頭只是一場空。

結果：半個月後 2011 年 2 月 8 日台股漲至 9221 最高點後，開始大跌，直到 2011 年 12 月 19 日台股最低竟跌到 6609 點，慘跌了 2612 點。9221 是登峰造極及上帝之手操盤術一點都不差的測量滿足點。

 警訊：見好不會收，到頭只是一場空。9000 點以上，高檔區要站賣方。

 驗證 8：2011.8.25 時值台股 7400 操盤術的驗證

仍處下跌趨勢中，上課學生問是否有止跌契機，史托克發文回答。

2011 年 8 月 25 日（四）上午 11：26

發文中華華人講師聯盟所有講師

【台灣股市警訊】有許多報名操盤術學員問到，史托克在華商學院上課時，曾經示範「上帝之手操盤術」及「登峰造極操盤術」，警告農曆年前 9221 點，是一點都不差的月線完美滿足點，並斬釘截鐵地說不跌的

機率是零，不死也會脫層皮。（以上預警華人講師聯盟林齊國理事長及胡立陽前會長及在場的講師們可以為證。）

問是否有止跌契機，套牢的股票是要停損殺出？或加碼攤平？我的回答是：出現「登峰造極操盤術」及「上帝之手操盤術」完美滿足賣點，至少要跌 6～8 個月，跌幅 2000～2500 點才有止跌反彈機會目前已進入末跌段，故已不必殺低，可能會殺到地板，目前預估低點會落在 7000 點上下 2% 打底，等待買進信號出現。

盤勢看法：若破 7000 點，是回補做多良機。通常會築底，有中期反彈出現，空單可趁急跌，逐步回補，不要高檔拼命多，低檔拼命空。大盤7200 以下，宜多不宜空。

結果：台股終於在 2011 年 12/19 跌到最低 6600 點後，隨即在兩個半月後大漲了 1570 點，在 2012 年 3 月 2 日漲到 8170，最後才又回落到6857 打第二支腳。

 警訊：9221 是完美滿足點，要跌 2000 到 2500 點。台股低點會落在 7000 點上下 2% 處。

驗證 9：2011.9.5 時值黃金歷史最高 1920，操盤術驗證史托克黃金賣在天價 1920 美元

台灣握有全球第十三名的四二三‧六公噸（一三六二萬英兩）黃金，據了解，我國持有黃金成本不到四百美元，換算目前未實現收益仍高達一一三‧七三億美元（約新台幣三四二五億元）。蔣介石從中國帶來的黃金僅約一○八萬英兩，其餘一二五四萬英兩，則是在一九八一至一九八九年所購入（民國 70～78 年長期持有至今約 30 年僅僅賺 3 倍）。（自由

時報 2013 年 7 月 1 日）

　　美元走強，金價暴跌，央行帳上獲利腰斬，足足少了新台幣 3230 億元（中時電子報 103 年 11 月 16 日）

　　美元走強，金價暴跌，中央銀行萬年不動的黃金操作策略，成了冤大頭。從金價創歷史新高的 1920 美元跌至近期 1145 美元計算，央行帳上獲利腰斬，足足少了新台幣 3230 億元，吃盡這波金價起落悶虧。

　　結果：史托克將庫存 20 年的黃金，全部賣在 1920 天價當天。保管箱久未使用，卡片鑰匙都找不到向銀行作廢才得以取出。南韓央行在黃金高檔搶買黃金 90 公噸，損失 318 億。台灣央行有 424 公噸，一下子台灣國家財富消失 3230 億。讓史托克扼腕不已，這麼多的錢可以讓學童吃好久的營養午餐啊！又或分給全體國民，該有多好啊！

　　紀錄：黃金漲到歷史最高點 1920 美金，史托克趕往銀行保管箱，領出賣光！中央銀行萬年不動，國家財富損失 3230 億。史托克操盤術，可讓國家財富倍增。

驗證 10：2012.2.7 時值 7700 點操盤術的驗證

王證貴：現在出版的財經書，都是後知後覺，去年股市上 9 千，我就警告會崩盤，今年我估高點約在 8000 多，這是股市的美學，股市的宿命。2008 是第一波金融海嘯第一波，去年民國 100 年是第二波，若想知道海嘯發生原因，可以看這部電影。

王證貴：馬英九最該看的電影「資本愛情故事」，揭露華爾街的金融肥貓強盜銀行的惡行，由美國製片人麥可・摩爾所撰寫、導演。

Max Jam：您覺得今年的狀況呢？

王證貴：今年的狀況，是王小二過年，一年不如一年，肯定會比去年差，股市應該也會一波比一波低，去年高點 9220，今年高點約 8220 吧。過 8000 要落袋為安。

結果：台股尚在 7700 點，史托克事先預測 2012 年的高點約是 8220。結果最高是 8170，史托克預測高低點，通常在 100 點上下誤差。

緊接著，再看 2012.3.23 時值台股 8100 附近操盤術的驗證

演講時間：2012 年 3 月 23 日（五）12:00　史托克（王證貴）老師

演講地點：300A1 區台北市中央獅子會演講

講題：台灣股市的奧秘，台股崩盤啟示錄

發表：高點會落在 8220 點上下 2% 盤頭，依歷史統計，大盤只是跌深反彈機率高。

短期將跌破 7900，要設好停損。

結果：2012 年 3 月 2 日台股來到最高點 8170 點盤頭，直到 3 月 23 日史托克獅子會演講後立即大跌，從最高點 8170 點演講後，下跌三個月，到 6 月 4 日 6857，總共下跌 1413 點，此後一直不斷在 7000 附近測底。經過半年戰鬥，終於在 2012 年 11 月 21 日 7061 才完成底部。

Stock say　演講：台灣股市的奧秘，台股崩盤啟示錄。警告：台股高點會落在 8220 上下 2% 盤頭。台灣知名網路行銷大師 Max Jam 問我股市看法，史托克答：「今年高點 8220 吧，過 8000 要落袋為安。」

驗證 11：2012.11.27 時值大盤最低點 7061 起漲 5 天，7430 位置

發布警訊：提醒接近年底政府法人都不想再跌了，飆漲暴跌操盤術

已顯示，大盤是安全的，可選擇拉回到賺取暴利操盤術買點的個股買進，開始做多了。

2012 年 11 月 27 日

穎○啦：老師最近好嗎？天氣冷了，多注意保暖！

王證貴：謝謝你，最近盤勢稍穩了，你不妨趁拉回，可以選些跌深的個股，績優有獲利的做小波段操作，不要貪多，積少成多。

穎○啦：謝謝老師指點，我懂您的意思。我一直有一個困惑，像強迫做多點以這次來看大約在 7500 點左右，但這個位置又可能還沒過飆漲暴跌線的陷阱區，那這個時候應該要如何拿捏呢？

王證貴：大盤並還沒有多頭，但量縮又已大跌一段，短期再大跌不易，故個股就有空間了，尤其接近年底，法人公司都不想再跌了，否則帳面難看了，此時就會有個股表現了，大盤變參考，績優股腰斬的可以注意。

結果：大盤從 11 月 21 日從低點 7061 起漲到 2013 年 5 月 22 日漲到 8439 點，上漲 1378 點，史托克在測量之滿足點 8439 處，辦演講喊危險叫賣出，此後多空爭戰上下震盪，直到 2013 年 12 月 27 日才正式站上 7500 點，多頭終於獲勝，得以再漲千點，直到 2014 年 7 月 15 日的 9593 高點。

利空不斷，半年三測底部 6857 都不跌破。提醒：盤勢已穩，可以擇股做多。隨後量價齊揚，突破 7500 點強迫做多點，必須做多。

驗證 12：2013.6.10 時值大盤漲到最高 8439 操盤術的驗證

　　因為百戰百勝操盤術及登峰造極操盤術，都顯示一點都不差的完美滿足訊號，所以急著想要辦演講，提醒有緣者注意要避開崩盤，但因六月中要回醫院身體大檢查，所以拖延至 102 年 7 月 6 日才舉辦演講。

講題：讓你財富自由的夢幻操盤術

穎○啦：老師好，8439 百戰百勝真的是準準地點到，老師所提及的月線危機訊號，是不是月線 9220 ～ 6609 登峰造極 1：1 往上點到的位置。6 月 11 日 01：00

王證貴：ABC 波 6609-8170A 波 8170-6857B 波 6857-8439C 波，從 6609 到 8170 是 1 從 6609 到 8439 是 1.618 以反彈波的極限，是登峰造極操盤術，最常出現的整理反彈波，完美滿足點位置，所以要很小心地看待，通常我會等明確的多頭破壞信號出現，才會出手。

穎○啦：老師，何時還會要辦演講呢？好久沒跟您問好了。6 月 10 日 20：09 · 收回讚 · 2

王證貴：最近因為月線出現有危機訊號，所以想要辦場演講提醒有緣者，因為六月中要回醫院大檢查，所以預計六月底～到七月初之間。6 月 10 日 20：15 · 收回讚 · 2

吳○哲：謝謝老師，我現在就想報名參加了：D。6 月 10 日 21：10 · 收回讚 · 1

王證貴：百戰百勝操盤術 8439 一點都不差點到登峰造極操盤術。空市大反彈的終極位置，要小心隨後的走勢力道與量價。6 月 10 日 21：48 · 收回讚 · 3

王證貴：你們積極好學，慎思聰敏，是我最優秀的學生，假以時日練習，你們必將成為國家社會棟樑，能為社會大眾謀福。6 月 10 日 22：

23・ 收回讚 ・2

吳○哲：謝謝老師～報告老師，我們要學的還很多……還差太遠了～囧。
6 月 10 日 22：27・ 收回讚 ・1

王證貴：你們是台灣最頂尖學府的學生，而且你也已經多次抓到股市大轉
折的時點，你們一定可以的。6 月 10 日 23：15・ 收回讚 ・2

王證貴：這次台股的 8439 點，是百戰百勝操盤術，及登峰造極操盤術，
一點都不差的點到，尤其是月線的完美滿足點點到，絕不能等閒
視之。6 月 13 日 22：43・ 收回讚 ・3

穎○啦：很想到現場看老師，示範登峰造極操盤術的一點都不差的點到，
等候老師通知演講的日期。6 月 14 日 0：07・ 讚 ・1

吳○哲：在市場這麼多年，只能說老師展現的真的是奇蹟，而且一再驗
證。6 月 14 日 0：15・ 收回讚 ・2

吳○哲：期待演講會！！！ 6 月 14 日 0：15・ 讚 ・1

王證貴：登峰造極操盤術就如同你們在民國 100 年初，看到我在華商學
院上課時所示範 9220 是月線一點都不差的滿足點，將是歷史最
高點，因為從我的統計上從無例外，因此我說此後將進入空頭市
場數年，此後要以空頭的思維來操作，掌握穿頭破底的空頭特
性，不要陷入空頭陷阱，要善用賺取暴利操盤術規避風險，並賺
取暴利。6 月 14 日 0：20・ 收回讚

　　結果：大盤從 8439 迅速暴跌到 7663 跌 776 點，堅守 7600 點最重
要的多頭防線，多空在此纏鬥 4 個月，多頭最後守住 7600 獲得勝利。史
史托克辦演講一方面是為了幫助有緣人，一方面來賓都是我紀錄的見證。

演講：讓你財富自由的夢幻操盤術，百戰百勝操盤術，賣點 8439 一點都不差。

驗證 13：2014.7.7 公開演講，時值台股 9520

演講題目：一年要賺幾百萬很容易，創造財富自由的夢幻操盤術

講師：史托克。

時間：7 月 7 日（一）晚上 6：30 務必先 Email 報名

發表：此波台股上漲即將滿足，須先落袋為安。

結果：台股在隔週 7 月 15 日出現波段最高點 9593。A 波低點是 8 月 8 日 9014，B 波反彈到 9 月 1 日的 9532，C 波最後落在 10 月 16 日 8501 點，三個月跌幅 1092 點。感謝世界華人八大名師首席王擎天博士及中華華人講師聯盟理事長梁修昆先生與會，蓬蓽生輝。

一年要賺幾百萬，其實很容易，創造財富自由的夢幻操盤術。20 年來台股危險時，史托克都曾警告。

驗證 14：2014.9.9 時值 9465 點附近，獨家報導邀稿

題目：探索成為成功的股市贏家之道，2014/9/9 獨家報導

許多年輕的族群，隨著投資工具不斷推陳出新的發展，現在人只要具備少少的資金，就能藉著諸如期貨權證這些高槓桿的工具，進入股市金融投資的世界，憑藉著學到的一招半式或者是幸運者，就能在短期內以錢滾錢，創造並享受高報酬高獲利的財富果實，期許自己能快速脫離貧窮，

享受幸福生活。

　　但俗話說，水能載舟，也能覆舟。通常好景都不長，長期而言，這些人多數到最後若沒有具備完備的策略方法紀律，終局還是血本無歸，退出市場。因為，他們不懂投資股市有許多的盲點，要成為長久的股市贏家，要具備許多的條件，諸如：精確的買賣點規劃，完善的資金運用策略，嚴謹的規避風險的技巧，面對各種狀況的進退應對方法，許多人會在半年內賠光輸光，其他少數存活下來且意志堅決的人，仍要花費多年的時間與金錢，學習鍛鍊克服人性的心魔，探索成為股市贏家的成功之道。

　　筆者史托克在股市研究操盤術已經三十年，深知股市投資充滿了不確定性，不論是資深或初學，踏出每一步，都必須有如履薄冰的審慎，第一步踏對了，踏穩了，才能再繼續走第二步，有如摸著石頭過河一般，因為不知河的深淺暗流，所以必須做好維護安全的所有準備。操盤人絕不能心存僥倖，刻意忽視了危險的徵兆，否則財富遲早會被股市不測的風險所淹沒。

　　巴菲特曾在富比士雜誌中寫道：未來從來就不明確，你付出極高代價投入股市，只為買一個讓人心安理得的共識。長期價值投資的買家，一向是與不確定性為伍……股市的確有許多不可測的因素，因此數百年來有多少智慧超群的學者專家，運用各種統計數據、經濟模型、迴歸分析，甚至動用了超級電腦，希望找出股票市場漲跌變動的成因及模式，結果通通失敗了，只好說股市是隨機漫步，沒有一定的軌跡方向，通常人們只能隨順股市的變動，自行找尋趨吉避凶的方法。因此有人就總體面，有人就產業面，有人就資金面，有人就獲利面，有人就籌碼面，有人就技術面，從各種角度對股市做好壞預測，總讓人們無所適從。

　　史托克幾十年來則單純地認為，股市許多的學理與訊息大多數是雜

音與陷阱，事實的真理是股市漲跌完全取決於資金與信心。當人們有了信心，股市就有了支撐，股價就不會再下跌；當人們有了資金，股市只要一回檔，資金就會積極買進，股價就會節節高漲，股市是領先指標是本尊，所以不用花費那麼多的心神去追逐影子的幻象，否則很容易會被陰謀者刻意誤導，聲東擊西，陷入無法自拔的錯誤陷阱之中。

其實，研究股市應該從藝術、美學、力學、韻律、基因，尤其是人性去著手研究，終會恍然大悟，原來股價的變動竟是這麼有節奏，這麼有韻律，這麼有秩序，這麼樣的完美，而且幾乎是絕對的完美。了解股市的趨勢變動只有三種，不外漲跌盤，只要能看對趨勢，學會史托克的操盤術就自然能看懂買賣點，就能很成功精準地從中獲取暴利。因為趨勢一旦形成，短期內就不會改變，因此就會產生慣性韻律的波動趨勢，甚至持續數年之久，高手就可以在其中高出低進，獲取驚人的利益與報酬，若能再加上善用期貨權證高槓桿工具，一年的報酬率 100% 簡直是小兒科，甚至於說年獲利 1000% ～ 2000% 都有可能，都不算誇張。

盤勢看法：9500 常是空頭反彈陷阱區，多頭在此都必須先停看聽，多看少做為妙。

發表：警告 9500 這裡是空頭反彈陷阱區，多看少做為妙，時值大盤從 9593 下跌一波後又再度反彈到 9513 點附近，史托克認為這是空頭的回馬槍，是空頭反彈陷阱，提醒別上當。

結果：馬上又大跌 1000 點，跌到 10 月 16 日 8501 點才告止跌。

Stock say 警訊：探索成為成功的股市贏家之道，獨家報導邀稿，發表 9500 多頭陷阱。

驗證 15：2014.11.22 時值 9122，突破操盤術強迫做多點，必須再做多

〔2014 年 11 月 22 日 0：08〕

吳○哲：老師好，老師上次說觀察重點是留意死叉後變化，結果這次死叉後就特別注意，真的死叉不跌後馬上指數又往上！！不過因為之前破壞太嚴重，一廂情願覺得是反彈，心理上又沒辦法像之前一樣當多頭在作 Orz

〔2014 年 11 月 22 日 3：09〕

王證貴：操盤手隨勢變化，可以看錯，不可做錯，沒把握就做少一點吧。

　　啟示：操盤手絕對不是神，也會有看不懂盤勢的時候，此時就要懂得靈活運用操盤術教導的支撐壓力，量價時勢，綜合研判，沒把握時可以少量操作，也可以先靜觀其變，等到有把握時，或出現買進訊號，就要放手一搏。

> **Stock say** 提醒：操盤手隨勢變化，可以看錯，不可做錯。8850 多頭死守，突破 9100 必須要做多。

　　結果：大盤突破操盤術的強迫做多點 9100 之後，果然繼續走多，在 2015 年 4 月 28 日突破了 10000 點，攻抵 10014 點，已經很接近 2014 年 10 月給學生上課時，所預估測量的目標 10200 點很近了。史托克認為 2015 下半年世界股市及台股很凶險，多頭最好是保守因應較好。

 驗證 16：2015 年 4 月 27 日時值台股 10014 點歷史高點出現前一日

〔2015 年 4 月 27 日 22：00〕

穎○啦：老師對這次上萬點的看法？

〔2015 年 4 月 27 日 22：42〕

王證貴：去年我大略測量了一下，預估 2015 今年高點位置是 10200 點加
　　　　減 100 點，現在快到了，不要高檔拚命玩，減碼保守就對了。

　　結果：台股在 2015 年 4 月 28 日，台股指數攻抵 10014 點後，一點
都不差地到達史托克上帝之手操盤術、登峰造極操盤術所測量的完美滿足
點。史托克也同時在此時完成新書《台股漲跌精準預測實錄秘辛》希望藉
由此書的公開，能幫助更多的讀者，躲開此次崩盤。台股從 2015 年 8 月
24 日 10014 點開始一路崩跌到 2015 年 8 月 24 日的 7023 點，短短四個
月下跌 2811 點，股民損傷慘重。

 驗證 17：2018 年 2 月 3 日時值台股 11270 點，美股道瓊 26616 點

演講題目：錢滾錢的最高境界，台灣股市最高機密

講師：史托克。

時間：2018 年 2 月 3 日 集思台大會館柏拉圖廳

發表：史托克演講當時向百位來賓公開提出「崩盤警告」，並請所
有來賓當我這次崩盤預測的見證人：因為台股 2018 年 1 月 23 日 11270
點；以及美股 2018 年 1 月 26 日最高點 26616 點，是史托克百戰百勝操
盤術，很早就事先預設的週月線完美滿足點，已經來碰觸），這將會是重

要的歷史崩盤轉折點，尤其是美股已經進入 8 年時間循環週期的統計最大值。

　　驗證：台股果然立即從 11270 暴跌到 10189，短短 2 ～ 3 週大跌了 1081 點。美股同時也從 26616 暴跌到 23360，大跌了 3256 點「百戰百勝操盤術」是我的逆勢操作操盤術中，正確率最高預測最神準的操盤術。果然一如過往的表現，神準無比，再度展現史托克操盤術的無窮威力。

第 **④** 章

操盤手
啟示錄

>>>

Stocks

How To Make Money In Stocks

股市釣魚兵法之釣客篇
——主力之修練

「姜太公釣魚兵法」之「釣法四要」釣客取魚必須修練：第一、反求諸己；第二、投其所好；第三、定心靜守；第四、見機立斷。

緣起：史托克極受研究兵法，在 30 年前，機緣湊巧，在光華舊書攤，翻到一本舊書，內載《太公釣譜》史托克翻閱內容後如獲至寶，愛不釋手。心想如此人間至寶，竟然會流落地攤，余何其幸運有緣得之，乃將書買回細細研讀。

及後進入股票市場，赫然發現股市的「金錢遊戲」簡直就像書中所說的「釣魚遊戲」，又像是人類的「生存遊戲」，社會的「競爭遊戲」，男女的「愛情遊戲」，道理竟是一脈相承，完全相通，於心領神會之際，從此韜光養晦，潛心修練，將股市的人性錯誤與太公釣魚兵法互相對照，務求融會貫通，藉此破除股市陷阱，洞悉人性盲點，發現股市奧祕。

我雖忠厚，但仍不免有少許貪念，此書跟史托克的操盤術一樣，被史托克祕技自珍了 30 年，只是原書上載有此書是失傳千年的《太公釣譜》，並說中國人因為失去了這本祕笈，幾百年來才會如此一蹶不振，《論語》、《孟子》只堪太平盛世唸唸，今天這個詭譎之世，非《太公釣譜》不足以救國。於是我這次才決定把它摘要幾個重點寫出來，希望有人能援引其中的心法，為國家創新局，讓社會安和樂利，為人民謀福利，至少能幫愛釣魚的人們能多釣幾條大魚吧！

言歸正傳，史托克最喜歡用「釣魚」來諭論股市，因為每個參與股市的投資人，無不認為自己是高明的「釣客」，希望在股海中能經常釣得大魚，滿載而歸。殊不知在股海人中人人可為「釣客」，但人人也都是「游魚」。而最不幸的是，投資人成為「游魚」者佔絕大多數，能成為「釣客」者鳳毛麟角而已。主因是不識「姜太公的釣魚兵法」──「太公釣譜」。

提起「釣魚」，自古以來沒有人比得過姜太公姜子牙的，所以想成為「釣客」者，都當供奉其為祖師爺，姜太公以離水三寸之釣鉤，釣得周文王降尊紓貴，為其拉車，並封其為相，為周朝奠下 800 年的基業，並為自己釣來千秋萬世，永垂不朽的盛名。其所憑藉的就是他的釣魚兵法。

「太公釣譜」這部兵法內容分「釣引篇」及「索餌篇」，前者攻中帶守，後者守中帶攻，攻守互用，機在其中。據傳凡能精通此譜者，進可安邦定國，退能經商致富，尤其是用在詭譎多變的股市，更是效用神奇，是為操盤手必須修練的獨門心法。願得者心存善念，莫害他人。

其中**「釣引篇」提到凡欲釣魚者要修練四樣功夫，否則不夠資格成為「釣客」。**

第一層功夫就叫「反求諸己」。

所謂「反求諸己」，是要先衡量所處的環境及自己的能力及資源，以決定要釣的對象，或用以衡量眼前對象是否可釣？例如只能承擔 5 斤的竿，不可貪心去釣 10 斤的魚；自己只有三分計謀，不可去挑戰十分心機的高人；沒幾斤力氣，不可去鬥重量級拳王。

同理用在股市上就是沒本事不要入股市；沒技巧不要玩投機股；沒有錢不要擴充信用；不打沒把握的仗，不做不了解的股票。

第二層功夫叫做「投其所好」。

決定好要釣可釣的對象後,接著就要摸其習性,進行「知彼」的功夫,晝伏夜出的晚上下竿,夜伏晝出的白天下餌;喜吃植物餌的不用蚯蚓,中意動物餌的免下地瓜;愛錢的給錢,愛名的給名,愛酒的給酒,愛車的給車。

同理用在股市就是要了解股市的韻律,慣性了解主力做價做量,拉高壓低吃貨洗盤出貨之方式;或明進暗出,或暗進明出;例如主力想進貨總是要發佈利空,把股價打到跌停,甚至破線,務必把投資人騙得半死,紛紛認賠殺出,主力才好從容進貨,真是缺德帶冒煙;主力若要出貨,則必利用市場耳語或廣告媒體吹捧某些題材,務必把投資人誘惑得心癢癢的,紛紛進場追價時,倒貨殆盡,投資人不可不慎。

第三層功夫就叫「定心靜守」。

凡我釣客最忌輕浮毛躁,必須有耐心等待,魚不上鉤要多下誘餌,以促進其食慾,擾亂其判斷,若魚兒仍無動靜,也不可以灰心喪志,反要細心慎察是時間不對,還是地點有誤,是誘餌不對味,或是鉤子太明顯?最忌諱心無定性,才在東邊三分鐘,又到西岸兩分鐘,阿珠不見回音,轉頭就找阿花。

用在股市,就是多頭市場耐心等待拉回時逢低買進,空頭市場更要耐心等待,絕不隨便入市,一定要等到超跌暴跌的時機,才有機會賺取超跌的利潤。

第四層功夫叫做「見機立斷」。

在守候之時，務需聚精會神，細辨虛實，如何是小魚搗蛋？如何是大魚上鉤？如何是欲嗔還喜？如何是真發雷霆？如何是以進為退？如何又是欲擒故縱？都要在那一點浮標間明察秋毫，因敵而動；當收速收，當放立放，一有猶豫，魚餌俱失，但餘空鉤；太公曰：「用兵之害，猶豫最大；三軍之災，莫過狐疑。」這些道理就是在一次大魚脫鉤後領悟出來的。

用在股市若發現行情不對，必須當機立斷馬上出場，尤其處於空頭市場，若無此項修練，後果將是很悽慘的：意即「當船快沈的時候，不要禱告，趕快跳船」。但一旦發現適當安全的買點，也應勇於嘗試，酌量為之，當收即收，當放立放，不能有所遲疑。那點浮標不是別的，就是──「操盤術」。

朋友們！你學會了嗎？下次你去釣魚時好好的想想，你將會有更深的體會，要知道「釣魚雖小道，必有可觀焉。」培養一個一等一的操盤手，要「練技、練膽、練心」而由生嫩到成熟，依我師尊所言需費時十年才有小成。同志們，加油吧！

股市釣魚兵法之索餌篇
——散戶之修練

　　「姜太公釣魚兵法」之「索餌六訣」魚兒索餌必須有法：一曰疾；二曰慎；三曰漸；四曰驚；五曰忍；六曰狠。

　　很多人以為像「釣魚」這種小事，實在不值一提，但是聖人曾說「雖小道必有可觀焉。」不信你到釣魚店問問看，各種釣竿、各色魚餌，配以各號魚鉤、各類魚線，還有各地的魚訊消息，真是琳瑯滿目，雖浸淫十年也不敢自稱「專家」，而這些都還只是表面的學問。股市裡一樣有著數以千計的研究分析方法，每一種都可以洋洋灑灑，長篇大論，各有一套，頭頭是道，只可惜結果通常是「理論一大套，照做馬上套」，禁不起時間長期的考驗。投資人也常感嘆股市專家何其多，但結論常是「專家啊專家，專門害人家」。

　　前篇我提到「太公釣譜」的釣法四要，接下來要談到「索餌六訣」，前者攻中帶守，後者守中帶攻，攻守互用，變化萬千。偌大江湖，處處游魚，何處不可釣？四海之廣，處處皆餌，何處不可食？因為人人可為釣客，人人也都是游魚。既然身在江湖，就沒有不吃餌的道理，所以「太公釣譜」在「釣法四要」之外，又提出「索餌六訣」，以為生存保命之法寶。

　　「索餌六訣」，「曰疾、曰慎、曰漸、曰驚、曰忍、曰狠」，歌曰：「釣法四要古來稀，索餌六訣更出奇，疾如蒼鷹搏狡兔，臨淵履薄步慎移，漸取有如蠶蝕葉，風擾鶴驚草木愚，淵龍忍待飛天日，狠刀斷腕不

足惜，六訣運用如神妙，四方吃盡笑嘻嘻」。這段歌訣載於「太公釣譜」中的「索餌篇」首段，祕藏千年，向無外傳。

原來姜太公見這世間許多大小游魚活得懵懵懂懂，冒冒失失，有路就走，見餌就食，全不知餌中竟會有鉤，鉤上竟會有線，線外竟會有人，人手竟然有刀，「太公釣譜」立「索餌」為一篇，表明食餌有法，不可輕心。不少投資人原想在股市賺點「零用錢，加菜金」，不幸因不懂「索餌六訣」，終致淪為主力大戶的「活魚大餐」真是可悲可嘆！以下逐一介紹——

第一招——「疾」字訣，歌曰：「疾如蒼鷹博狡兔」

疾者快也，所謂「迅如奔雷，快若閃電，攻敵不備，趁人之危」是也。釣餌方下，載沈載浮，此時浮標未立，釣線未直，我乃覷準時機，速進速退，一擊中的，含餌而去，彼釣客尚不知釣餌已失呢？但是使用「疾」字訣者必須是藝高膽大，洞燭機先，見利不失，遇時不疑之高人方可為功。太公兵法有言：「善戰者不待張軍，善除患者理于未生，勝敵者勝于無形……」以及「善戰者見利不失，遇時不疑……，疾雷不及掩耳，迅電不及掩目」都是「疾」字訣的闡發。

用在股市，就是一旦發現底部確立，或頭部成立，必須馬上翻空為多，或馬上翻多為空；若發現漲勢確立，立即大力買進，逢回加碼。一旦空市成立就大肆放空，反彈加空；該進則進，該退則退，該多則多，該空則空。絕不「傘兵游泳——拖泥帶水」。

第二招——「慎」字訣，歌曰：「臨淵履薄步慎移」

慎者小心也，所謂「三思而後行，謀定而後動」是也。想像一下，如果你是魚，早點沒吃，午餐未飽，晚餐沒著落時，忽見一餌在前，此時驚喜固不待言，但是只有那山中野魚、海裡蠻魚，以及半吊子小魚或十三點魚才會不假思索一躍而上。你看那老成持重的奸滑老魚，左一圈、右一圈，忽而近，忽而遠，突然身體一跳，再不尾巴一攪，總要思前想後，再作定奪。比方年關將屆，而你手頭正好掌管一件招標工程，忽然某建築公司經理送來水果一盒，盒下竟有十萬大鈔，此時浮標已立，釣線已直，「疾」字訣已無用武之地，只好祭起「慎」字訣，想想不吃有什麼好處？吃了有什麼損失？或者不吃之下，如何用以沽釣清廉之譽？獲頒「清廉獎金」？吃了之後，又如何掩藏遮蓋？防止東窗事發；於是家庭幸福，一生榮辱，子女尊嚴，社會信譽就在這「慎」字訣下賭輸贏；誘餌當前，可無「慎」乎？

用在股市，當指要有「風險意識」，不管你看多好，買進就要設定停損點，要有控制風險的方法及技巧，買進股票前先想清楚我為什麼買這支股票，風險有多大，利潤有多大，未來展望如何，股利有多少，套牢怎麼辦，停損設多少。在股市若不知風險，亂衝亂撞，運氣好的，折臂斷腿；運氣壞的傾家蕩產，妻離子散，身敗名裂，豈可不慎呢？

第三招——「漸」字訣，歌曰：「漸取有如蠶蝕葉」

漸者緩進也，所謂「徐而圖之，使其不覺」是也。凡有溪釣經驗的都知道，在釣客雲集的熱門釣場中，魚愈大，吃餌愈輕，有時候甚至浮標未動，餌已精光，這「不知不覺」就是「漸」字訣的妙用。蠶食法的可怕。見諸19世紀，清政府像一個滿懷精美食餌的遲鈍釣客，引起國際魚

群的爭食，先以「慎」字訣觀察，繼以「疾」字訣下手，但總不免下口太快，損失一、二鱗片；而只有北海熊魚，悶聲不響，偷偷摸摸，在清政府打瞌睡時，不費一兵一卒，赫然吞下一大片肥餌，有人以為這是「疾」字訣的鯨吞，其實卻是「漸」字訣的蠶食。

用在股市，當指許多投資人不識股市風險，一開始學得一招半式，也賺到了一些蠅頭小利，就開始自信滿滿，呼朋引伴，老爸的退休金借來玩不夠滿意，房子拿去貸款也還不過癮，再擴充信用融資買進，完全不知道股市期貨有時就像吃嗎啡一樣，會吸引你不斷去鑽研，永遠讓你覺得有進步、有信心，因此會使你經常失去戒心，全力施為，不知漸進求知，妄想一夜致富而深陷錯誤，終致被股市淘汰出局，這就是股市期貨最大的盲點，也是最大的陷阱。不信你問問看你身邊的股友，絕對沒有人肯承認自己笨，自己不行的，每個人都認為自己很棒，只是運氣不好，偶爾輸個百來八十萬的，只要再多下點功夫，再多籌點資金，一定可以連本帶利拚回來，不幸的是，通常是愈熬愈大，愈輸愈多，最後只有身心受創，含淚揮別股市。

第四招──「驚」字訣，歌曰：「風擾鶴驚草木愚。」

驚者虛擾也，所謂「風聲鶴唳，草木皆兵」是也。「驚」字訣本為「慎」字訣之輔，即前面所提──突然身體一碰，再不尾巴一攬，都是施展「驚」字訣的小動作。股市中之主力最擅長此道，常迫使散戶買到最高，賣到最低。回顧歷史每次的最低點那一次不是伴隨著大利空，總讓人心慌意亂，人心惶惶，諸如退出聯合國、毛澤東死亡、蔣經國崩殂、大信事件、波斯灣戰爭，若無利空也要製造一些假利空、假消息來洗盤，相反的在高檔則拚命放利多，誘人上鉤，總是要千方百計讓散戶不是心膽俱

裂，不然就是心動神搖之際，落入陷阱。

比方孔明的空城計，藉琴音、琴童、叫老兵掃地故作悠閒來唬司馬懿，若司馬懿能在「慎」字訣之後再施「驚」字訣，或遣兵佯攻，或派出斥候，孔明縱能鎮定如常，琴音不變，琴童必不能也；琴童縱能鎮定如常、神色不改，首當其衝的門口老兵必不能也，如此一驚之下，立見真偽，則孔明擒矣！因此當主力用消息利空洗盤時，要冷靜觀察，處變不驚，看利多不漲反跌是出貨，利空不跌反漲是進貨，平時要多注意觀察主力之習性慣性、韻律節奏、進出貨手法，才不致上其惡當。

第五招——「忍」字訣，歌曰：「淵龍忍待飛天日」

忍者久耐也，所謂「沉得住氣，靜待天時，以不變應萬變」是也，凡釣客都知道，世間有些老練的魚不吃沒有把握的餌，只要覺得這餌有一點不妥，便不急不躁，靜觀其變，直等到香餌自化或時機成熟，才不費吹灰之力撿拾而去，這就是「忍」字訣，「索餌六訣」中最高段的一招。然而「這世間許多大小游魚，大部分都活得懵懵懂懂、冒冒失失、有路就走，見餌就食，全不知餌中竟會有鉤，鉤上竟會有線，線外竟會有人，人手竟然有刀，等到了解時，可能只有悲呼「來不及了」。

忍字訣的特點在於「反欲而行」，也就是為了達到更高的欲求而暫時摒棄眼前的喜好。比方年輕人初見女朋友的父母，他父親掏出三五煙，擺上白蘭地，雖然你平日一天兩包長壽，每飯一瓶酒，這時為了表示自己「無不良嗜好」，也只好強壓煙癮、酒蟲，掩住發黃的牙齒道聲：「不會。」這也是「忍」字訣的日常小用。

用在股市，就是要忍得住氣，忍到買力用盡才出場，賣力衰竭才進場，要賺倍數，要賺大波段，不賺菜錢；賺錢要忍，看對方向要忍，忍過

50%，忍過一倍，拿回本錢後，拿贏的來玩，變成永遠的贏家；忍到大崩盤才進場，沒人跳樓不玩，沒有大跌不玩，沒有金融風暴不玩，沒有政治危機不玩。

第六招——「狠」字訣，歌曰：「狠刀斷腕不足惜。」

狠者毒也，所謂「壯士斷腕，殺一救十」是也。魚兒一旦中鉤，若不狠命掙扎，則只有乖乖隨之而上，落人刀俎。為求免死，雖有劇痛，亦必為之。所以釣客時常在魚兒脫鉤後，發現金鉤上留下一片魚唇。

三國時，赤壁一役，曹操大軍破荊州，下江陵，順流而東，舳艫千里，雄心萬丈，躊躇滿志，卻不幸犯了驕敵大忌，中了龐統連環計，直到周瑜部署完畢，遣黃蓋詐降燒船，才被程昱看出破綻，曰：「此中有詐！」曹操即時醒悟，發覺已中巧連環霸王倒鉤，不及吐矣！好個曹操！慌忙祭起「狠」字訣，捨下八十三萬大軍拔腿就跑，中途「回顧止有三百餘騎」跟隨，又沿路連遇孔明伏兵，他更毫不抵抗，只叫兵將殿後阻敵，自己只管快馬加鞭，逃命要緊。待關羽義釋華容道時，所隨軍兵僅廿七騎！看看，赤壁一役，八十三萬大軍盡都斬絕，才逃出他曹操一條性命，千古以降，曹操可謂「狠」字訣中第一高手。但留下的這一條命，卻是獲得最後勝利的本錢。

用在股市就是看錯行情，賠錢要狠，認輸要快，保住老命為先，保住老本為要。發現誤入陷阱，中了倒鉤，一定要設定停損，拔腿就跑，否則會整魚上鉤，賠掉全部家當，千萬不要不信邪，不服氣，不要不甘損失，冀望攤平，當市場走空頭時寧可錯殺，絕不套牢；當市場走多頭時寧可追高，絕不放過。在股市中不要學文天祥做烈士，要識時務才能成俊傑，否則後果常是被整得愈慘，死得更難看。

在股市中原本就如弱肉強食、物競天擇的野生叢林，人人都想在股市中賺錢，沒有人會想輸錢，所以只好大家各顯本事，人人皆可為釣客，人人卻也是游魚，因此難免就有爭奪勝負之事。所以既然貪求別人的餌，一旦技不如人誤中金鉤，能使出「狠」字訣逃出性命，就趕緊回家，閉門苦讀「太公釣魚兵法」，來日再戰；如果不幸身入魚簍，也要有一拍胸脯：「二十年後還是一條好漢」的氣魄。盡罵別人「卑鄙小人使詭計，寡廉鮮恥用奸謀」非但於事無補，更會惹人訕笑，壞了自身風度。

以上是「釣法四要」與「索餌六訣」的簡略說明，也是「太公釣譜」的精華所在，其中每一招都含若干變化，端視各人的領悟如何，在司馬懿手中，一招便是一招；到了諸葛亮手中，分明一招，卻呈現千萬種面貌，一餌連一餌，一鉤接一鉤。**「姜太公釣魚兵法」簡單易記，好學好用，是世間兵法之始祖，若得融會貫通，用在政治，可為王者師：用在商場，可為富商巨賈：用在情場，可為情場聖手；用在股市，可為股市好手。**

護門至寶：「辱」字訣，歌曰：「起死回生保命丹。」

有人問：「若在股市裡已經輸得傾家蕩產，妻離子散，身敗名裂，翻身無望，那又該如何？有無解壓良方？」這問題很難回答。買賣股票是人類有史以來最最難玩的遊戲，很多人把它當做競賽，競賽必有輸贏，而能在股票市場發大財的人有如鳳毛麟角。大多數的人到最後總是成為「股市植物人協會」、「股市傷殘俱樂部」的永久會員。從此懷憂喪志，了無生意，憂鬱頹廢，行屍走肉。最不幸的是進入「股市忠烈祠」成為「先烈」，那就毀了。

其實「太公釣魚兵法」最後一頁刻有數段小字，眉批以紅丹加註

曰：「護門至寶，非掌門弟子不得翻閱。」這數段小字談的就是這個問題，祕訣曰：「辱！」，**「辱」字訣，歌曰：「太公釣譜千般字，護門祕寶只一訣，若問此訣功何在？起死回生保命丹。」**

辱者，羞恥也，所謂「苟且偷生，忍辱負重」是也。人生不如意事十之八九，問問江邊釣客，在滿載而歸的時候，是否會偶爾拋棄幾隻魚獲，讓牠重回水中？然而拋棄的是哪些魚呢？曰：「不入口的醜魚，不入眼的小魚，以及不入流的賤魚。」，「辱」字一訣就是根據此三「不入」發展而來的。使用辱字訣的絕頂高手，便是戰國名將「孫臏」，鬼谷子的得意高徒。

孫臏、龐涓拜在鬼谷子門下同窗學藝，孫臏忠厚，龐涓陰狠，鬼谷子心知肚明，在教完兩人《太公釣譜》中的「釣法四要」及「索餌六訣」在兵法之運用後，就令龐涓先行下山，龐涓心知尚有一招未學，乃含恨下山，當上魏國大將。

不久孫臏藝成下山，找上師兄的關係想在魏國謀個出路，哪知龐涓氣量狹窄，起心謀害孫臏，先密控孫臏謀反，再向魏君假意求情，免其一死，削去雙足，收留孫臏在家，伺機奪取那最後一招絕學。

孫臏不久就洞燭其奸，但已身陷牢籠，脫鉤晚矣！遂想起師傅千叮萬囑的最後一招一「辱」字訣，於是裝瘋賣傻，吃屎抓糞，龐涓不知道這就是他夢寐以求的最後一招，只道孫臏神經錯亂，已成廢人，在疏於防範之下，終讓孫臏逃出，做了齊國軍師，而後終於雪恥雪恨，誘龐涓死於萬箭穿身之下。

用在股市，則是當投資人在股市裡輸光賠盡，一窮二白，身敗名裂，妻離子散時，不能想不開，要先把自己歸零，忘掉我自己，多讀讀老子、莊子；多學學逆向思考。試著想想，人們出生時身上光溜溜的一無所

有，如今情況再怎麼惡劣，都比出生時好。或是想想人們常因擁有而痛苦，因沒有而快樂——有房子就有房貸壓力，有工作就有工作壓力，有小孩就擔心他不學好，有老婆又怕吵鬧失和，什麼都沒有了，也許更可以放手做自己想做的事。或想想自己真正的專長在哪裡，天生我才必有用，一枝草、一點露，放膽去冒險，去轉型做自己喜歡做的事。

因為天下的英雄都是被逼出來的，唯有時勢才能造英雄，安全的環境是產生不了英雄的，而人只有死了，躺在墳墓才有所謂真正的安全。因此應當勇敢的起身冒險，不要讓人生空走一回，反正最壞就是如此了，何懼之有呢？在股市裡若你能善用「老莊思想」的「逆向思考」的技巧，修練到看淡、看透、看破、看開的境界；再配合「姜太公釣魚兵法」的「釣法四要」及「索餌六訣」，就能洞悉人性，洞燭機先，遊戲股海，又能知足常樂，閒雲野鶴，無事是仙，悠哉悠哉成為「股市釣魚家」，豈非人生一大樂事乎。

操盤手 36 個死亡盲點

1. 決不要把自己當神，不要當主力，不要當作手。

   ～忘掉我是誰，要快樂、要平衡、要輕鬆，不要認為自己會永遠對，要學會認輸。

2. 歷史告訴我們，群眾永遠是盲目的，謹記肥羊理論，群眾永遠是錯的。

   ～只能相信大數法則，只能相信統計學。

3. 永遠要追蹤政府、董監、法人心態及動態。

   ～要知己知彼，了解人性及股市陷阱，注意不利因素，要有危機觀念。

4. 人性就是高檔是瘋子，低檔變傻子；人性就是高檔拚命玩，低檔不敢玩。

   ～不要一窩蜂，人多的地方不要去。

5. 暴跌之下必有暴利，暴漲之後必有崩盤。

   ～要能逆向思考，自然決不跳躍，盈餘容易造假，要謹慎小心，避免犯錯。

6. 大盤連跌一年多，買進賺錢機會多。

   ～注意時間週期，注意股價漲跌幅、型態、比例。

7. 股市是藝術、美學、基因、韻律、人性的總綜合體。

   ～掌握韻律節奏，買賣點盡在其中。

8. 絕對不要去預測高低點，預測壓力重。

　～操盤手最大心障，作繭自縛，畫地自限。

9. 股市贏家不是人；人貪我怕，人怕我貪。

　～永遠要與眾不同，利用人性的貪與懼。

10. 不按牌理出牌是股市的特性，要做最好的準備，最壞的打算。

　～要有風險意識，訂出進退應對策略。

11. 天大地大，趨勢最大。

　～掌握常態，不要想太多，順勢最輕鬆。

12. 股價便宜就是最大利多，股價已反應利空。

　～買有價值、股價被低估的股票，買會成長、能獲利的股票。

13. 買力耗盡，融資暴增，是多頭的終結：融資急降，融券暴增，是空頭的結束。

　～注意變態不斷發生時，要勇於認錯，不必用身家性命去賭。

14. 買進是因為看好，但不管看多好，都要設停損，因為你無法預料未來的損失有多嚴重。

　～堅持停損策略，樂於認賠甚至反作。

15. 股市不怕風險，就怕沒有控制風險的方法。

　～堅持操盤策略，進出場策略決不輕易變更。

16. 基本分析可以開拓視野，產業分析可以幫助選股，技術分析可以協助抓取買賣點。但真正要賺取暴利，規避風險仍要依賴操盤術。

　～信賴操盤術，善用操盤術，堅持忍耐等待。

17. 行情若是看對，馬上買進會馬上賺，賺到就要跟他拗。

　～精選買賣點，賺取波段利潤，不要太短線，除非看不懂。

18. 不要看盤，不要聽消息，不要與人爭論行情。

～該買則買，該賣則賣，心中只有趨勢、策略、買賣點。

19. 操盤手應遠離群眾，棄絕掌聲，特立獨行，與眾不同。

～避免壓力，控制情緒，冷靜應變。

20. 不要杞人憂天，不要自以為是，不要盲目投資。

～避免複雜，必須輕鬆，不要被耳語媒體誤導。

21. 跟著資金流行走，不要跟股票談戀愛。

～抓住潮流，借力使力，抓住主流，注意資金效率。

22. 遇狀況，反應要快，決不坐以待斃，少賠也是賺。

～隨機應變，靈活第一，心神不寧，必有變異。

23. 股價絕不是合理的，忘掉成本觀念，忘記股價高低。

～只有多空，沒有賺賠，明辨真假，不要假資料真分析。

24. 股市買賣絕不依賴感覺、可能、也許、應該、聽說。

～標的選擇，買進賣出，支撐阻力，必有依據。

25. 相信線圖、操盤術、統計分析，低檔忘記利空，高檔忘記利多。

～相信線圖，果決行動。懂線圖，才有前途。

26. 高檔最重要的事情是減碼，而不是換股。

～堅決資金策略，融資會減少容許犯錯的空間。

27. 多頭見壓不是壓，空頭見底不是底。

～忘記支撐阻力，多頭只看支撐，空頭只看壓力。

28. 盈餘業績反應過去，股價反應未來。

～要推算未來，勿沉湎過去，注意未來供需產能，忘記過去盈餘本益比。

29. 抓住趨勢潮流、輪漲性，業績籌碼都要注意。

～選股避免主觀，留意國際潮流、類股表現。

30. 最會漲的股票一定是高成長、高獲利、高權值、高投資報酬、低股價、低本益比者。

　～永遠要買四高二低股，很難找則表示高檔。

31. 群眾偏向多頭，一般散戶都只會做多頭，而散戶都是輸家。

　～因此要學會做空，而且做空賺得快。

32. 技術分析是科學的統計歸納法

　～長期統計人性的變化，輔以操盤術精算勝負風險比例。精算勝率及敗率，並訂定應對進退的策略。

33. 不要太相信長期投資致富神話，更多公司倒閉結束。

　～尤其是在高檔，不要想長期投資。產業要不斷追蹤，注意細節變化，並注意大經濟循環，大趨勢向上向下。

34. 操盤手要勇於嘗試。只要有八至九成勝算的買賣點，都要強迫自己去做動作。

　～永遠以小博大，以逸待勞，不錯失任何獲利機會。

35. 多市時甘願追高，絕不放過，一擊命中，死抱不放。空市時寧可錯殺，絕不套牢，一擊不中，全身而退。

　～操盤策略應靈活訂定，隨著勢道強弱，搭配資金成數而為。

36. 絕不逆勢操作，不要有低檔有限情懷。

絕不逆勢操作，不要有績優股情懷。

絕不逆勢操作，不要有捨不得情懷。

　～尊重趨勢，認清現實，嚴守紀律，不存僥倖。

預見 79 年台股 12682 崩盤大危機
──台灣股市的過去、現在、未來

台股危機專案報告　78.11.20

前言：本文完成於 78 年 11 月 20 日為史托克在壽險公司之內部投資會議專題報告，認為台灣泡沫經濟嚴重，股市將有大危機。 並於 79 年 3 月受邀到永和華泰證券演講，史托克就以「台灣股市的危機」為題，告訴投資人應避開股市，出脫不動產，此後股價一路崩跌，由 12682 跌到 2485，僅僅 9 個月，跌掉 1 萬點，台灣不動產也不景氣十幾年景況慘不忍睹。

 ## 壹、台灣股市過去的回顧

台灣股市自民國七十五年以後即進入大多頭市場，分析其原因如下：

一、匯率升值因素──熱錢流入，貨幣供給大增

台灣匯率在以往是採盯住美元政策，在數年低美元、高日圓、低油價情況下，台灣因是以出口為導向，由於人民勤奮簡僕，加以工資低廉，國際競爭力大為提升，在數年內人民累積了無數財富，各家上市公司也累積了豐厚的盈餘，於是造成了民國七十六年的第一波股市大漲。

隨後因美國貿易赤字與財政赤字持續擴大，乃向其順差國積極展開匯率談判，並以超級 301 要脅取消外匯管制，逼使台幣強烈升值。世界

335

各大財團炒手審度台灣當時股市本益比偏低，又是對美大貿易順差國，擁有鉅額外匯存底，再加上免徵證券交易所得稅，利率又低，市場規模小，籌碼稀少，對美國要求升值絕對不敢違逆，實乃世界投機炒手之天堂。乃吸引世界各國無數熱錢，及國內各大有眼光之財團企業家貿易商，爭相將熱錢大量渡海叩關，大賺匯兌收益，更有甚者，利用台灣低利率，運用財務槓桿加速度作用，擴充信用，除重複運用額度賺取更多匯差外，並大量購買股票與不動產。加上央行為降低國內產業衝擊，乃擬定策略以時間換取產業生存空間，於是採行緩步升值策略，不斷釋出新台幣，造成國內貨幣供給額不斷暴增，銀行爛頭寸也日益增加，銀行為避免遭受損失，乃一再調降利率，致使一向以高儲蓄率自豪的國民游資也被迫到處流竄，形成了一股龐大的錢潮，人們眼見各大財團、企業家在短短一、二年間在股市及不動產賺得了數倍的暴利，也有無數人因而致富，於是人人奔相走告，加以台灣外匯管制投資管道欠缺之下，社會游資乃蜂湧投入股市及不動產市場，因而造成了七十七年的股市第二波狂潮及地價的狂飆，並使得一些認為台幣升值將使產業面臨絕境的專家，紛紛跌破眼鏡。

之後，因投機熱潮鼎盛，證券商及上市公司賺得飽飽，於是新證券商，新上市公司乃如雨後春筍般在台灣各角落爭相設立上市，到處開發客戶，造成全民運動，且因不動產飆漲，上市公司資產市值遽增，兩者產生互動，股價亦跟隨水漲船高，而無數地主亦在短短數年內，因地價暴漲成為鉅富，在銀行利率偏低，而大家樂又遭圍堵之下，乃集資招朋成立股友社、投資公司，動輒以資金鎖定籌碼，使股價狂飆。而各上市公司也深知在台幣升值穩定後，當前國際環境以大制小，比以小制大勝算大，國際市場也將面臨世界大企業競爭，乃乘勢利用股市大好之際，積極轉投資、現金增資、擴建廠房、添購設備、改造企業體質，進行海外投資，以求降低

成本,增加盈餘,分散風險,進行多角化、國際化、大型化,於是利多不斷,更加刺激股市上漲,而各股之間也相互比價,且新股不斷上市,使股市更加沸騰,乃造成了基本分析、技術分析無用論的七十八年股市第三波狂潮。

此外尚有幾個重要的因素,也發揮了推波助瀾的力量。

二、政治安定因素——大陸政策的開放,大陸夢的期待。

自故總統經國先生在逝世之前宣布解嚴及開放黨禁、報禁之後,言論尺度大為放寬,世界資訊廣為流通,於是民智大開,人們對政局期許求新求變心切,一致企盼加速自由化、民主化,爾後更開放大陸探親、轉口貿易、通郵、通話、文化、體育、學術交流,擬定兩岸民間商務來往的各項政策及法規。民間眼見兩岸敵對緊張態度趨緩,我方由「反攻大陸統一中國」,到「三民主義統一中國」到「自由民主平等統一中國」,政策上亦從「三不政策」逐漸改變為更開放更有彈性。大陸方面亦不再狂喊「血洗台灣」,改為張開雙臂歡迎台胞,要求「三通四流」,致使台灣民間企業食指大動,紛紛想爭食大陸市場之大餅,認為以大陸廣大消費人口、勞動人口,將來若兩岸能和平統一,則同文同種的台灣企業挾其經濟強勢,必將大賺人民幣。加以認為台灣政治安定,七十八年底的立委、縣市長、議員選舉,七十九年初的總統大選,必將以新人新政,為台灣民主、自由、帶來更長足的進步,更蓬勃的發展,此亦為股市一大利多。

三、低通貨膨脹因素——低油價、開放進口、降低關稅。

自兩次石油危機後,皆造成世界經濟的嚴重蕭條,隨後各國積極自行開發油源,造成 OPEC 團家與非 OPEC 國家惡性競爭,而致石油產量過剩,油價狂跌,經彼此協調後,油價乃逐漸趨於穩定,且因油價係以美元計算,在低油價及台幣強勢升值情況下,購油成本大幅降低,如油價由

40 美元一桶跌到 16 美元一桶，即節省了 3/5，再加以美元兌台幣由 1：
40 到 1：26，又便宜了近 1/3，合計將近便宜了 73%，而我國石油幾乎
99% 是進口的，致使油品價格及電價、石化原料價格下降。另外台幣升
值使進口價格降低及出口不振，出口不振造成庫存多，又引起物價下跌。
而開放進口、關稅稅率下降，使進口生產原料、價格、機器設備及消費品
價格降低，使勞動生產力增高，又抵銷了工資上漲對生產成本造成的負
擔，故能在貨幣供給額激增下，物價仍能維持平穩，因物價平穩，民生物
資充裕，社會游資乃注入股票及不動產市場。

　　四、國外股市的激勵——共產國家人民追求自由、開放、民主、富
裕。

　　因蘇聯、大陸及東歐共產國家經濟窘困，人民紛紛唾棄共產主義，
嚮往自由民主，致使共產國家不得不大肆改革，以符民意。於是蘇聯乃向
美國主動提出裁軍，降低核武、軍備的建議，並向民主國家要求建立經貿
關係、技術合作，改善其經濟體制。這是自五〇年代冷戰迄今，卅年來前
所未有的光明時刻，共產國家將賣力吸收外資企業，准許各國前往投資貿
易，這將使全球有效需求增加，對世界經濟有利。故事實上資本主義與共
產主義也呈和解狀態，在世界和平的期盼下，一旦鐵幕開放，大量的需求
必將湧向民主國家，類似大陸夢的期待，促使世界經濟強國的股市快速成
長，此外世界熱錢到處流竄，並在 GLOBEX、PMT 廿四小時交易系統
下，經由金錢的快速周轉，也將世界股市推上了最高潮。

貳、台灣股市現在的危機

　　按四時皆有其循環，凡事必有其利弊，隨著人事時地物的改變，三
年多來的大多頭市場也將隨著時間的消逝、轉移、變遷，其不利面也終將

顯現。

一、匯率方面——熱錢外流，貿易競爭力衰退。

美國在六月後陸續宣布我國已被排除於超級 301 及智慧財產 301 的報復名單後，就表面上而言，對我國產業似是利多消息，但對股市而言實為利空，甚至稱為利多出盡亦不為過，因為這表示美方對台幣升值幅度已表示滿意，同時也表示了台幣即使因為貿易順差再擴大，再升值的幅度亦屬有限，已無匯兌收入可賺，加以國際間利率紛紛調高，台灣利率反而趨跌，故各國財團投資機構及國內各大企業、財團、炒手們紛紛獲利了結。而且股價已上漲到令人咋舌的地步，如一支既無資產又無業績年年虧損的股票亦可炒到本益比四、五百倍。不動產也漲到了一個正常的上班族，窮其一生努力亦無法獲得一個安居之所的高不可攀的境界。台灣股市竟創下了成交值超越美日的記錄。不動產也創造了以 GNP 計算租金世界第一貴的記錄。熱錢的流進流出，造成股價、不動產的高漲，創造了不少的新富，但卻創造了更多的新貧，試以受高等教育白領主任階級，月入 3 萬元，一家四口，有一幢價值 600 萬、貸款 300 萬的房子，還有一部車子，以其收入要繳交房屋貸款、房屋稅、地價稅、綜合所得稅、汽車牌照稅、燃料稅、油費、停車費、兒女的學費、補習費、交通費、水電開銷、生活費用……等等，政府應該將其列為一級貧戶了。

熱錢的流進流出，更製造無數的社會問題。其中最大的獲益者是國外的財團資本家如日本商社，大量賺取匯差外，並以人頭方式大買房地產及股票，再運用靈活的財務槓桿，將不動產及股票再抵押或質押再投資股票、不動產，並利用台幣持穩在 25、26 之間，快速急速流出，一走了之，在這二、三年間，熱錢一來一去，少者獲利三倍，多者獲利七、八倍。其次獲利最大的是國內的財團、上市公司，運用其知名度，憑藉其關

係，優先以美元貸款購買原料、設備，或利用國外虛設子公司大玩套匯遊戲，或到國外免稅地區設投資公司，再運用轉投資設立一家本國公司，再由此本國公司進出股票、買賣土地，以節稅，並享受賦稅減免，因而逃漏掉鉅額的稅金。至於最大的輸家不折不扣是中華民國的中小企業及全體中華民國國民。輸掉的不只是我們中華民族勤奮簡樸的美德，亦使得所有務實踏實的老實人，人生價值為之丕變，認為投機才是聰明，老實人永遠受欺負，於是社會失去了公平與正義，因此國民開始有所憤怨，於是勞工意識、環保意識、消費者意識，紛紛抬頭，對政府、勢力團體、資本家提出抗爭，不願再做任何犧牲奉獻，唱出「愛拼才會贏」，要爭權益、爭福利。

　　年輕的一代，處在這種極度不良投機的社會裡，背景好的，好逸惡勞，崇尚享受，個個好高騖遠，憑藉其家世背景，成日只想不勞而獲，一夜致富，受了高等的教育，卻不願進入勞動市場，抱持的觀念是「有錢就是老大，用錢滾錢，賺錢最快」。而不善讀書、背景又差者，對將來更感到絕望，認為做勞工沒出路，永遠無法出頭天，於是開始「走黑路」、「賭爛命」，抱持的觀念是「有槍就是老大」，「成則發財，敗則槍斃」。因此社會治安無可避免愈形惡化了。

　　中小企業就更慘了，沒辦法的製造業者在台幣升值、外銷不好做，內銷市場亦紛紛被知名大廠瓜分，土地買不起，也租不起，新廠無處立錐，舊廠無地擴充，做了也未必有利可圖，說不定賺得還不夠付租金及利息，勞工請不到也請不起的情況下，投資意願低落，紛紛關廠售地，炒股票不動產去了。較有辦法的製造業也未必好過，錢賺得多些，可能遭人綁架勒索，沒事還要應付勞工問題、環保問題、消費者問題、管理問題，時時有違法坐牢的可能，實在可悲，將來失業率可以預期將急速增加，政府

的負擔將更加沈重。

　　此外還有一個大輸家就是政府及中央銀行，在對美貿易談判、匯率談判上幾乎毫無抗爭餘地，任美方隨意宰割，雖然有其必須維持中美良好經貿關係的苦衷，但犧牲實在太大了，應變方法也實在太拙劣了。它能在美元兌台幣 40 元時大舉買入美元，坐令其貶值，聲稱沒有賣出，帳面上不算虧損，而後又於美元兌台幣 26 元時，不許血本殺出美元，以維持台幣不致回貶。為了降低中美貿易順差，竟在黃金達到天價美金 500 元時大舉買入黃金，能在玉米、黃豆最高價時大量買入，以討好美國人，簡直把自己當傻瓜，且將國民數十年賺來的血汗錢外匯任意揮霍，拿去做公共關係，更使得國際套匯熱錢，金融市場人士賺得荷包滿滿，笑得合不攏嘴。

　　目前我國的經貿對手如日本、韓國、中國大陸貨幣均趨貶，以人民幣而言已於最近貶值 21.2%，韓國商工部亦訂目標要求貶值 5%，並傳言還有第二波貶值行動，而我國央行雖未如美方所願使台幣再升值，但卻也不讓台幣依據市場趨勢貶值。無可諱言的，台幣超強走勢已使台灣貿易競爭力大為降低，也使得我國分散市場，平衡貿易的努力大打折扣，並因而失去了不少市場。如今人民幣、日幣、韓幣的再貶值，不啻使貿易對手國如虎添翼。央行的護盤動作等於自己打自己，胳膊往外彎，更給予國際熱錢大開方便之門，大量順利匯回，大功告成。

　　人民幣的大幅貶值，更對我國的轉口貿易產生了致命的打擊，試想轉口貿易的銷貨總額一下子減少了 21%，還不知下一波的底限在哪裡，利潤若是不能超出 20% 以上，豈不是無法做生意了。更何況大陸近年已成為我國貿易對手，外人及部分國人前往設廠生產的中心地，人民幣一旦巨幅貶值，對世界各國而言都是一個致命的吸引力，將吸引更多的外資前

往設廠生產，再過數年，大陸一旦成了氣候，而我國產業在勞力不足、勞工運動、環保運動、廠房新設廠土地取得不易，獎勵投資條例廢除下，產業勢將大量外移，造成產業空洞化，失業人口增加，社會問題層出。正是我消而彼長，在將來對外貿易競爭上，我國將更加左支右絀，招架乏力了。除非我國產業能快速走上精緻、高附加價值、高效率管理、生產、銷售之途。

二、政治方面——黨派意識主義衝突加邊，總統大選政治生變

自黨禁解除後，國民黨一黨獨大的情況已不復存在，國家政治權利的資源，已不再全由國民黨完整獨享，日後任何私利舉動，勢必遭在野黨杯葛干預。況且此次民進黨在區域立委、縣市長選舉斬獲良多，其中部分人士聯合提出台獨主張，勢將在下屆任期內造成更激烈的黨派意識衝突，而隔岸的大陸，也必不會太安靜，將伺機放冷箭，施恐嚇，再加上老國代為維護其權益，**可以想見將在明年三月將舉行的總統大選前，勢將有所動作，再引起一番激烈的議論衝突**。是故台灣要與大陸爭，黨內及黨外各派系之間要爭，各黨新人與老人要爭，於是權利勢將重新分配整合，不知要經過多少時間才能獲得一致的方向，真正開始為國民謀求最大福利。唯此乃民主必經的過程，若能在和平理性的過程中進行，則是萬民之幸。但時間是絕對需要的，在這段期間，許多與人民福扯、工商業需求及國家建設有關的議案，都有可能因議事杯葛而遭延緩犧牲掉。

對工商業而言，這可能是一段黑暗期，對兩岸貿易而言，自六月四日天安門事件後，經貿陷於停頓，台灣對渡海投資加重處罰，而大陸也考慮緊縮對台政策。再者大陸今年起進入還債高峰，極需外匯，必減少進口，增加出口，再加上鄧小平年事已高，隨時可能死亡，近來又指示要在五年內解決台灣問題，一旦鄧小平死亡，保守派楊家軍系掌權，以其暴戾

本性，難保兩岸關係，有可能再度陷於緊張對立的局面。

三、通貨膨脹方面——貨幣供給總數量暴增，生產成本大幅提高

1. 貨幣供給總數龐大：貨幣供給額近年來的急速增加，是通貨膨脹最大的潛在危機，最近 M1B 雖有明顯降低，但累積的總通貨數量，為數仍達 1 兆 9 千億，相當驚人，錢潮如水，水能載舟，也能覆舟，政府若不能有效將其疏導，則終究會被其所害。

2. 工資上漲：工資水準不斷提高，而且易漲難跌，軍公教人員每年均要調薪加薪，再加上投機風潮盛行，勞動意願低落，更加助長了工資上漲的速度，資方再轉嫁給消費者，使物價提高，工會再要求提高工資，於是物價循環不斷上漲。

3. 台幣趨貶：就以前而言，因台幣升值，進口產品價廉物美，國產品外銷遲滯，乃將售價壓低，物價方能維持平穩，一旦台幣趨貶，將使物價穩定因素大打折扣。

4. 租金大幅上漲：因國內租金大幅上揚，正當生意利潤追不上租金上漲速度，且租金與工資相同亦是易漲難跌，乃迫使不少產業歇業關門、或遷移國外，有不動產者則不事生產，寧願坐收租金收入，致產能大減，總合供給減少。

5. 利率提高：台灣以中小企業居多，約佔 8 成多，自有資金向來不足，利率提高後，利息負擔加重，勢必再予轉嫁消費者，若無法轉嫁，則投資生產意願更形減弱，產出水準下降，物價將被迫上漲。

6. 油價上揚：近期因美國對巴拿馬用兵，造成阿拉斯加原油無法經由巴拿馬運河運出，加上酷寒冬季，致使油價上揚，也因戰事使美元上揚，致我國購油成本提高，連帶使得石化原料成本直接提高，油電燃料成本也間接提高，運費升高，因我國對石油依存度為 99%，只要石油上漲

1%，我國都市消費物價即上升 0.4%，而使經濟成長趨緩，通貨膨脹壓力升高。

四、投資公司的危機——不動產景氣趨跌，金融社會風暴

談到投資公司，首先應談不動產，房地產這幾年之所以暴漲，乃起因於（1）建蔽率與容積率的限制，（2）熱錢大量流入，（3）當時利率偏低，（4）社會游資充沛，（5）財團及投資公司點火，（6）仲介業哄抬，（7）投機客追漲等因素。投資公司起先以私人名義例如一千萬購置一塊土地，再利用銀行利率低高額抵押貸款，再購買第二塊土地，甚至第三塊土地後，將這些土地張三過戶給李四，李四過戶給王五，就這樣幾塊土地在自己人手中高價買來賣去，最後賣到投資公司名下，創造出帳面價值一、二億元的土地價值，繼之以此為本錢，向大眾炫耀其資產雄厚後，再以高利引誘人們將資金投入其公司，再將這些資金以同樣方法再投入不動產或股市或其他轉投資，在股票市場上可以將一支原本一股只值 10 元的股票，以同樣的方式將其炒到 100 元，使其帳面上更加輝煌耀眼，因此更多人入殼了，只要以後面的入金來支付前面的出金，就可以繼續維持下去，故原本是一個買空賣空的手法，但因時機掌握的好，再加上仲介業的哄抬比價，民眾的瘋狂跟進，使台灣不動產開始暴漲，也造就了投資公司的生存空間。但隨著銀行利率的調高，貸款額度的降低，及熱錢的大量流出，投機客的獲利回吐，大量的工地推出，政治不安定的因素增加，社會治安的敗壞，居住品質的低落，政府對高房價的抑制措施如徵收空地稅，國民住宅的大量興建，對投機炒作客課以重稅，加強仲介公司的管理，停止標售公有地等等措施，致使不動產的投資報酬率降到最低點，使不動產市場逐漸鈍化，國人也已開始把眼光移到低價及報酬率高的國外不動產上。再加上股市的投資人愈來愈精明，想集資炒作，獲益愈來愈難，

此外**政府不斷對投資公司心戰喊話**，也提高了投資人的警覺，乃造成投資公司由小到大，一家一家倒閉，估計其金額可能有數千億元之多，所將引起的金融及社會風暴不知將有多大。

五、國際股市已近高檔——日本股市 **3 萬 8 千點，泡沫即將破滅**

　　日本自 G7 會議後，為因應日幣升值的局面，大藏省配合各大財團、商社，主動出擊世界各大股市、匯市、商品、不動產市場。日本這個經濟巨獸，運用其龐大的資金，精密無比的情報網，靈活的操作手法，高度的財務槓桿，首先大舉將資金充分發揮擴大信用，例如在美國買國庫券，直接當保證金買股票，或以股票質押買各種指數或商品期貨契約，再以契約質押或當保證金買賣選擇權或其他金融商品，等等方式將資金槓桿發揮到極致，就可對市場產生龐大的影響力，達成操縱股市、匯市，及各種金融工具的目的，除賺取差價外，甚至拿下上市公司經營權，左右其經營策略及採購銷售管道，控制其股價，並使其成為日本商社的美國分公司，也免除了美國對其鉅額貿易順差的指控，美國方面也對日本資金進入美國市場，活絡了美國經濟，使本來因雙赤字而陷於經濟危境的狀況有所舒緩，甚而開始出現欣欣向榮的情景，而視其為美國最佳貿易伙伴，其手段不可謂之不高；更高招的是日本還利用 GLOBEX、PMT 全球 24 小時交易系統，以同樣的一筆資金，同樣的手法，隨著太陽的升落在世界各地的金融市場不斷運轉，如日本收盤，錢馬上轉到澳洲，或法蘭克福、鹿特丹，或倫敦、紐約，賺取難以數計的金錢。所以我們央行實在應該感到慚愧才是。這也是為何**日本股市有能力衝破 38000 點創歷史新高**，法蘭克福亦創歷史新高，美國能攻克 1987 年 10 月崩盤的 2722 點更創新高的原因，唯任何事物皆有其價值存在，超越本質太多，終究是要落空的，無可諱言的，目前幾乎大部分國家的股價指數都已處於高檔，且經濟上已開始出現

遲滯衰退現象，預期並不樂觀，唯在基本面呈現利空時，股價反而會有一段最後衝刺，即所謂的末升段行情出現，尤其**日本股市本益比偏高太多，且以其目前市值在世界上是舉足輕重的情況下，近期的狂飆，頗有未升段的味道，一旦崩落，世界股市也將連帶受其影響，故不可不慎。**

參、台灣股市未來的展望

一、錢潮的流向——

錢潮的流向是掌握股市漲跌的原動力，現金就是股市的血脈，先就資金面分析：

*1.*熱錢加速流出：台幣匯率已逐漸持穩，甚至出現回貶趨勢，短期利率亦有趨下之勢，股市及不動產、匯市獲益報酬率愈來愈低，而美元、馬克、歐幣、加拿大幣需求強勁，且國際利率紛紛提高，於是紛紛意圖獲利了結，造成資本流出數額鉅大，幾乎與經常帳順差相當。

*2.*產業外移，國內游資亦跟隨流出：各產業因台灣工資、環保、治安、交通租金、政治、利率、匯率、電力逐漸不足，獎投條例的廢除各種因素影響，台灣在世界上的競爭力已大不如前，乃紛紛思往國外投資、設廠、移民，致社會游資將短少。

*3.*海外投資熱興起：因台灣股票房地產的狂飆，致使許多股價，不動產到達極不合理的地步，物價水準以國民所得評估亦應是數一數二的國家，故最近許多個人或財團以直接或間接購買東南亞、日本、歐洲、澳洲、加拿大、美國的股票、債券或不動產、基金，掀起海外投資的狂熱，有的甚至將其房產變賣，到東南亞當富豪移民去了。

*4.*政府公債將大量發行：央行在美元兌台幣 1：40 時大買美元，稱只要不賣，帳上就沒有虧損產生，如今卻在 1：26 時大賣美元，以抑止

台幣貶值，此時帳面虧損即已產生，再以明年為興建捷運系統、北二高，及十二項建設，施行全民保險、社會福利政策、戰士授田證、保留地徵收、軍公教調薪，勢必大量發行公債，實行赤字預算，為吸引民眾購買公債，亦將使利率攀高不下。

5. 開放國外證券商：明年起國外證券商分支機構可來台推銷其國家的公債及證券，以其超低本益比，可能吸引不少法人及長期投資人的濃厚興趣。

6. 店頭市場的興起：目前未上市股票地下市場蓬勃發展，亦吸引龐大游資介入此市場，此外店頭市場終於開始正式運作，將來未上市股票在上市前都會到店頭市場洗禮一番，將來潛力雄厚，在店頭市場逐漸活絡後，有可能發展成美國 NASDAQ 市場形態，吸引大量游資。

7. 增資新股公司債大量發行：在今年增資熱中，約有 15 億股將流入市場，金額高達 9 千億元，此外上市公司為籌措資金，此外還有不少公司等待上市以股票換鈔票。

8. 國營股票將大量釋出：國營股票民營化是政府今年籌措財源，也是施政的重心，計有中鋼 3.5 億股、唐榮 2.3 億股、中化 1.71 億股，此外尚有三商銀官股、中油、台電、台糖、台鹽的股票均將陸續上市。

9. 新銀行設立：新銀行最低資本額需百億，以十家計即需千億，加上企銀股，還有一些公營銀行，信託公司也將陸續增資或上市。

10. 政府樂透將發行：預計在明年四月將開放，屆時台灣六合彩亦可能再引起一陣賭風。

11. 其他：如期貨交易可能開放，成立黃金交易市場等等，地下的方面如賭馬則較不可能。股市動能未來將逐漸分散到公債、期貨、未上市、店頭、國外投資，未來股市籌碼也將大量增加，上市公司快速增加，

已不易再出現本益比過高的情況，股市也將因此面臨大修正。

發表

　　此篇報告完成於 78 年 11 月 20 日，明言台股未來將發生大危機，日本股市衝到 38000 點，史托克在投資會議中，強烈聲明應該要保守，股市最美好的情況將要結束了。

實證

　　台股在 79 年 2 月衝到 12682 最高點，日股也衝到 39000 點，開始大崩盤，兩個難兄難弟台股崩跌一萬點，跌到 2485。日本也一樣，情況慘不忍睹，為這場瘋狂的資金泡沫付出慘重無比的代價。至今已 25 年了，即使上市公司已數倍增加，都無法克服當時的指數高點。

學員課後心得 1 ——
堅守策略，做個快樂投資人

民國 81 年第一期學生簡○三

　　從民國 75 年起股市風起雲湧，一直是是人們心目中的淘金夢，曾幾何時創金氏世界紀錄的萬點大崩盤卻反成了投資大眾傷心夢碎的煉獄，其迷人外表背面竟隱藏著不可捉摸的個性愚弄著無數人，同遭此劫的我方猛然驚醒，如沒有高人一等的操作技巧，實無法立足於兇險萬分的股市，遂一頭鑽入技術分析的書籍中，並追逐所謂名師勤學技巧，卻依舊故我重複著同樣的犯錯，終日遑遑，受創累累而不得其門而入，失望得想從此告別股市之時，卻幸運遇上我的啟蒙師王先生，在短短數月中由淺入深，主幹分枝循循教導下，受益良多，愚鈍如我目前雖未能盡解其精義，卻也能初窺堂奧，對走勢的振動方向亦能掌握，同門師兄弟更是一日千里，進步神速，如今分析條理分明，頭頭是道，亦即名分析師亦不遑多讓，相信假以時日磨練，實現美夢是指日可待。

　　回想初識王老師言道**只要掌握十大分析法寶，堅守策略，即可成為輕鬆快樂的投資人**，多種線圖的運用抓住慣性，無異是台灣股市的藏寶圖，心中難掩遲疑。但**從上課至今 8 個月以來，王老師大多即席分析未來走勢，預估漲跌明快果斷，日後證實一一實現，未曾失手**，從 4200 點漲到 5459 又回跌至今其間即使 5% 或 10% 的小反彈，亦盡在其估算中，絕非事後看圖說故事者可比擬，此段半年多、空頭走勢因限於保險法，無

法作空而逆勢作多及選股重重限制下，累計利潤竟達 60 ～ 70%，與四大基金或京華、亞東自營商所謂全國排名頂尖操盤手以年獲利 30% 而沾沾自喜相比，實有天壤之別。王老師除精通 K 線、波浪、趨勢線軌道皆有精密獨到的研究輔以移動平均線、角度線、缺口……等無一不是再經其長期統計歸納集大成的智慧結晶，其中時間循環、選股追蹤、波浪切線更是聞所未聞的發明，他強調進出股票至少應有八、九個根據，更要有操作策略方能穩操勝券，目前王老師屈身於保險公司投資部，惜未有慧眼之伯樂，發現此千里馬而一展長才，但其仍以林區第二自許，汲汲於更深奧的操作新研究，其豁達的胸襟，嚴謹的治學精神，瀟灑的風采，仰俯自適，尤令人欽佩不已，珠玉之才，終難久藏，在其展露光芒之前幸得教導，實為學生之福。願此後兢兢業業全力投入，得其薪傳，悠游股市而毋負所學。

學生　簡〇三　敬記於 81.8.11

學員課後心得 2 ——
抓得住行情，抓得住個股

民國 81 年第一期學生楊○賓

　　去年 5 月踏入股市，距今已一年多，從一個毫無交易經驗，未曾關心過股票的股市新鮮人，到目前真正對交易具有自信，這一段成長過程，影響個人最深的，首推王老師。

　　80 年 6 月初開始走訪名師，將近半年的時間裡，算是獲取股票知識的階段，但對實際行情的研判，似乎仍存有許多盲點，直到十二月初，在王老師的教誨下，才真正領略到技術分析的精髓，以前的諸多盲點才一一破除，交易股票智慧的領悟，應是從王老師的教導中獲益最大。

　　師常言：「做股票應躺著幹！」這種心境其實是深邃的智慧與紮實的分析方法作後盾，才足以破解心與行情的迷思，而這種境界與功力，正是王老師過人之處。在個人學習技術分析所接觸的眾多老師中，真正廣泛研究並作系統化整理，輔以科學的分析與應用，王老師實為最深入且成果最豐碩的一位。其獨創的方法與簡單易用的觀念，有系統性的分析架構，常能言人所未言，見人所未見。**從去年直至目前，每一個波浪重要的轉折高低點，王老師不但抓得住行情，且抓得住個股**。「眾人皆醉，唯師獨醒」。時時一語道破行情的迷津。股市的漲跌之道，似乎有某種模式，而王老師正是最了解個中奧祕之人。

　　師曾言：「技術分析是獲取暴利的手段，唯有基本分析才足以培養

人的遠識。」王老師不但對技術分析有其細膩與獨到之處，事實上，在實際的接觸中，更可發覺其對基本分析下過更深厚的功夫。佛家曾言「萬物唯心造」，王老師之所以能對股市之道面面俱到，其實正是他個人高超理想的寫照，在一貫的執著不懈的研究中，卻是為了盡一份報國的心願，這份情操與氣魄，不但為股市的異數，其格局之大，亦非所謂名分析師可相與比擬。在上課之時可親自感受到其研究過程中的用心良苦，所以其造詣亦深，成就更大。原本這套訓練課程是針對基金操盤人的，我們幾位同門均感到何其榮幸，能得其心傳。尤其是我個人更由衷感激，能從一個股市新鮮人，經過這一套有系統的訓練後，已建立起對行情，研析與操作的方法與信心，在此謹以最誠摯的心意獻上最大的感謝，並祈祝老師心想事成，來日一展雄才，開啟吾國金融市場新的一頁。

學生　楊○賓　敬上 81.8.11

學員課後心得 3 ——
一生的貴人、恩人

民國 81 年第一期學生蔡○雄

　　記得去年上財訊產業分析班時與史托克老師結識，每當下課後，幾個班上的同學都會聚在一起討論行情，王老師也會提出他個人的看法，事後我總覺得他所預測的都相當準確。上課之中他的問題特別，常問得讓講師答非所問，同學們都會感到好像他比上課的專業老師還厲害，懂得更多，當時我總覺得此人絕非普通之人。課程結束，本已各奔前程，忽然的一次機會裡，到了史托克老師公司參觀其研究的一些過程，當時才真正讓我了解什麼叫「做股票」，聞所未聞的獨到功夫，是他經過好幾年的時間研究、分析、統計而成，並且要有非常的毅力、恆心及細膩的心思和敏銳的判斷力，方能出類拔萃，記得老師說過他能連續二個月一直坐在電腦邊做研究。我深深感受到人家的成功絕非偶然，真是很敬佩他，又想跟他學。

　　本來想都不敢想，但忽然聽到王老師願意犧牲其最寶貴技術分析祕密傳授給我們幾位，當時我的心情非常地愉快與喜悅。

　　起初老師先教我們如何克服自己的心裡障礙，再慢慢的從我們心裡建設起來。可說是每個大大小小的狀況的心態皆表露得一覽無遺，老師都一一幫我們克服，令我們上完課後都覺得收穫很多，很有成就感。**課程的排列程序也相當有組織有計畫性，由淺入深，從大方向去找小方向，再從**

深入而到細膩，每堂課的內容、細節都講得非常清楚又好記、又實用、準確率高，我常形容股票市場好比一條吃人的大魚，要想吃到它必須戰勝它，史托克老師就是專門對付又狠又兇又大的魚，他會教我們如何先保護自己，等有辦法保護自己後才可攻擊吃人魚、股票市場亦同、懂得控制風險，作股票等於零風險，這是老師常常告誡我們的一句話，跟老師學了一段時間，作股票都不會緊張，而且信心百倍，不像以前每日都在打聽消息，股票老是被套牢，自己都沒有觀點，老是接到最後一棒，回想以前和現在真是判若兩人，現在做股票既輕鬆又愉快，又不會套牢，買賣點也抓得相當有心得。這一切都是史托克老師所賜給我的，當一個人做股票，賠得不能再賠，且每天做得心驚肉跳，每天的心情都隨著股票的高低點而起伏是多麼的痛苦，幸運的我在此時心灰意冷的時候，忽然出現一個貴人相助，讓我的生命充滿希望、信心。老師不僅是我的教師，更是我這一生的恩人，真是永生難忘。

時間過得真快，八個多月的時間一轉眼就過了，課程也快到尾聲，幾位師兄弟和我經過老師的琢磨也都能獨立分析行情，並且掌握買賣點，這一切都是老師不辭辛苦、不計較的付出其多年的心血，把我們灌溉成今日的我們，我們內心真是感激不盡。幾個月來彼此相處都相當融洽，老師的教學態度、個人修養及學識的廣博真是讓我敬佩，在上課之中老師也常常講一些做人處世之道，和其他各方面的學識及各種投資管道的方法讓我們吸收得更多更廣。並且常告訴我們做人要謙虛，不要以為自己懂得很多就很了不起，如此才不會失敗，並要不斷的吸收新知識方能成功。

老師的每句話都語重心長，刻記在我的心裡，今後更須加倍的努力，才不負老師的一番心血。

學生　蔡○雄 81.8.11 敬上

學員課後心得 4 ——
不求名、不逐利的明師

87 年第二期學生顏○木

民國 79 年股市萬頭鑽動，我踏上股市，在證券公司當營業員，也上過基礎技術分析的課，憑著一招半式闖盪江湖，三年多下來，幫自己也幫家人賺了 200 萬元，81 年底成交量低迷，暫時離開股市，直到 86 年 10 月才再度進入市場，本以為退出股市五年，旁觀者清，這次捲土重來，應該可以見山是山，見水是水。但幾個月下來，仍然虧損累累，當中也曾參加投顧，看投顧老師在電視上分析神準無比，心想，這麼神準，給他操作不是樂得輕鬆，六個月下來，將近 200 萬又沒了，心在滴血。但良藥在哪裡？求人不如求己，一定要學會功夫，不能道聽塗說，於是開始注意股市專欄的各路名師名嘴。這當中有自誇自大的，有演技出眾的，有今日看大漲明日看大跌的，也有不可一世，把自己當「神」的。

觀察幾個月後，我發現有一個人一星期只寫一次專欄，觀念溝通的多，盤勢看法的少，叫人不要看盤躺著睡覺？剛開始覺得奇怪，怎麼會有這種人，幾個月下來的盤勢印證，卻又令人覺得驚訝！這個人是人嗎？這個人年紀一定很大，功夫才會這麼了得。私底下，我在筆記本寫了幾個字「有一天，一定要認識這個人，如果他可以收我為徒，那就太好了」，沒多久，他發表一場「趨吉避凶操盤術」的演講，終於有幸遇見我的恩師史托克——王證貴先生（令人吃驚的是，他比我想象中年輕多了）。

　　之後，老師又開了「基金操盤人的操盤術班」，我自然是迫不及待地報名參加。「賺取暴利操盤術」，聽了後才知道，原來在股市致富這麼容易。

　　「**操盤手的死亡盲點**」，道盡了我以前為什麼虧多賺少，及股市的生態。

　　「**飆漲暴跌操盤術**」，讓我知道什麼是主升段及主跌段。

　　「**百戰百勝操盤術**」是操盤術的靈魂，是趨勢線、軋道線、角度線的完美結合，可以預知滿足點。

　　「**上帝之手操盤術**」更離譜，只見老師用一隻手在 K 線圖上隨便比一比，會漲到哪裡？漲多久？會跌到哪裡？跌多少？連尺都不用，真神。

　　「**攻擊角度操盤術**」教我們轉折的時候，第一時間做動作，講究的是攻擊角度跟幅度，既快且準。

　　「**技術分析十大法寶**」融合了波浪理論、K 線理論、股價型態及測量理論、趨勢線及軌道、缺口與對稱理論、支撐壓力及帶區、移動平均線與乖離、成交量、循環期間、技術指標。十種法寶綜合研判，準確度更高。

　　「**逆天行道操盤術**，看的是量，量是股市的照妖鏡，很少騙人。

　　「**洞燭機先操盤術**」講 K 線的意義及有效 K 線的時機，關鍵點出現，一根 K 線就顯得重要得多。

　　「**千錘百鍊操盤術**」講 K 線組合，是拉回再攻呢？還是回檔整理再下跌？

　　「**登峰造極操盤術**」聽得我目瞪口呆，原來股市漲跌這麼有韻律，這麼完美，原來股市也存在著基因，就跟萬物一樣，聞所未聞，真是大開眼界，最後一堂課是什麼？我也不知道，因為還沒上。

這十幾堂課是老師非常用心蒐集美國股市、台灣股市的歷史資料統計出來的心血結晶，為什麼老師教我們躺著睡覺，因為他曾不眠不休統計這些過去的資料，並分析各個股市組成要素之間的互動關係。我們這一期學生，如果往後可以在樹下乘涼，是因為恩師證貴先生曾種過樹。

　　能成為老師的學生，是福分也是緣分，個人相當珍惜。我欣賞老師的崇尚自然，不求名、不逐利（不上電視演講，不成立投顧），但個人也希望老師能早一點成立一個國際基金（史托克基金）為台灣爭一口氣，如果有幸，能成為史托克基金的操盤人，將是我一生最大的夢想。最後，我要說一聲，老師，謝謝您！

　　最後一堂課是「面面俱到選股術」，常常我們會問明牌在哪裡？哪支股票可以買？道聽塗說的結果，常是傷痕累累。老師教我們如何收集資料、如何分析、如何尋找最有潛力的黑馬股。原來，明牌不一定在超級營業員的口中，也不一定在專家名嘴的腦子裡，而是在自己每天一點一滴地蒐集資料，經過統計、分析、篩選出來的。胡適名言：「要怎麼收穫，先怎麼栽」，在選股方面下的功夫絕對不能省。

學生　顏〇木 87.6.20

學員課後心得 5 ——
懂操作又願意教的老師

87 年第二期學生劉○進

投身股市六、七年，沒大賺過，卻有抱著股票看著它下跌，最後被融資斷頭，接受腰斬再腰斬的惡夢；因為——以前接受的觀念是：股票是長期投資的，只要你不賣，最後一定賺。事實卻不是如此，在下跌的過程中，每天看著財富在縮水，心會急，剛開始還認為只是一些損失，無所謂，自己還挺得住，但隨著下跌速度加快，財富消瘦得更快，而早先的堅強信心也消失大半，代之而起的是：恐懼、無助、迷惘，最後信心崩潰，忍痛認賠，卻是殺在起漲區。

認識到自己的不足，是股市常敗的主因，所以積極的吸收相關訊息，訂報紙、雜誌、看產經日報、研究股市叢書，然後用在操作上，成績仍然不理想；最後參加投顧成為傳真會員，還是虧的比賺的多。於是「拜師學藝」的念頭油然而生，非得找一位懂股票、懂操作，而又願意教的老師學習不可。

機會終於來了，王老師願意傳授自身寶貴的操作理念、實戰經驗、在往後的 12 堂課中，個別的、詳細的，毫無保留的，呈現在同學眼前。

而在這學習的日子裡，**王老師也幾乎絲毫不差的抓到了 7040 的低點與 8532、9378、9337 等高點**，我依其指示，順利地在高檔出脫股票，享受了在下跌過程中「無股一身輕」的喜悅，輕鬆滋味，真正領略了股市名

師的風範，在適當的時機，做出適當的動作，絕不拖泥帶水，含混其詞，股市操作，就是這麼簡單！

如今課程結束了，學員們組成了同學會，定期聚會，也請老師抽空列席，除了聯絡感情之外，無非是想能繼續聆聽老師的經驗，親聆老師的教誨。

天生駑鈍的我，無法全部吸收，消化老師的精華，但其自我惕勵的警語卻深植我心；如——

1. 天大地大，只有趨勢最大。

2. 風險在腦中，停損在手中。

3. 賺錢要慢忍，賠錢要快閃。

4. 要隨機應變，反應要快，靈活第一。

5. 不要沉緬於過去，而要推算未來。

以上是「操盤手三十六盲點」中的例句，字字珠璣。股市中，操作方法易學，最難的是如何去克服心理的障礙，如何在浩瀚而又詭譎多變的股海中航行，保持安全不致滅頂，在在都需要高人的指點；何其有幸，能碰到王老師願意將其心血的結晶與我們分享，真的是非常幸運與感謝！

如今，拿著產經日報大盤與個股的走勢圖，可以窺出 K 線、均線、支撐與壓力……等所代表與透露出的買賣訊息，進出均有所依據，不再患得患失，操作心情篤定多了，這些都要歸功於王老師豐富、廣博的學識之薰陶；然「學如逆水行舟，不進則退」；在王老師給我們建構的基礎上，更要努力，使操作的格局能更穩、更大。

學生　劉○進謹記 87.6.26

學員課後心得 6 ——
輕鬆愉快，躺著等獲利

87 年第二期學生黃○雄

當開始接觸股市時，心中就有種莫名期許，也希望能在股市中完成我的淘金夢。

但通常事與願違，初期的獲利，經不住一次的空頭洗禮，以致只會做多的我，變成虧損連連，被股市打擊得一點信心也沒有，心想倒不如退出股市的洪流，遠離它的侵襲，但總是心有所不甘，直到接受了老師的課程，從老師的每種操盤術中找回了自信心，學習到駕馭股市的多種方法，那種內心的感覺真好，玩股票真的可以輕鬆愉快地躺著等獲利。

課程的學習，讓我了解到股市是一種近乎於美的藝術品，你必須要用審美的眼光，來看待它，來順從它，了解它，近而順著它的意思（趨勢），獲取暴利，課程裡我深刻地了解到觀念的重要性（思想），何處是高檔？何處是低檔？高檔該如何做？那低檔區又該如何？風險控制得宜，就是沒有風險，又如訊號的告知，量價的關係，心中的無影線，手中的屠龍刀，再再的告訴我，以後要在股市輸真的是蠻不可能的事。

最後個人以感恩的心謝謝老師的教導，教會我如何釣魚，如何臣服於趨勢中，懂得做人的謙卑。

祝福老師閣家融融，凡事心想事成！謝謝您！永遠的老師！

學生 黃○雄敬上

學員課後心得 7 ——
簡單明瞭、簡易好用

　　這是我第一次上關於股票投資的課，很慶幸第一次就能跟功力深厚、非常厲害的老師討教。就如老師所說，一張乾淨的白紙，不需拋棄舊觀念，即可完全吸收老師的精華，很感謝有這個機會與福報來上這堂課。

　　老師的課簡單明瞭，連我從未接觸投資的人，也可以學習，吸收了解，再來老師教的技術也很明確，不需要學習一大堆知識、書籍才能夠運用，真的就是簡單明瞭，工具簡易好用，學習完就看我們自己的努力及磨刀的功夫下不下得深，如果從未上過投資課的，或是投資總是不順利的，這堂課我覺得一定要上，唯有了解你的工具才能真的賺錢，而史托克老師就是個可以帶領我們了解它的老師。會來上課除了想對投資工具有正確的了解外，也會希望眾人可以不要再盲目當總是沒賺錢的散戶，感謝老師讓我這張白紙一開始就遇到了「明師」

學生　宜芳

學員課後心得 8 ——
深入淺出，易學易懂

　　與史托克老師相識於華人講師聯盟，之後便偶爾收到老師 E-mail 告知股市高點或低點到了，讓大家提早因應，事後驗證非常準確，令人震撼，便很想參加老師的課程。

　　老師上課非常清楚，有條理，又幽默，常有畫龍點睛之語，令人眼睛一亮。上課內容有大量的佐證及線圖，因老師幾十年的經驗，深入淺出的教導，非常容易學習。

　　老師對於一些教學重點，都會不斷提醒，反覆驗證。我最喜歡賺取暴利，飆漲暴跌，逆天行道操盤術，只要了解趨勢就能掌握先機，就能知道何時進場，何時出場。

　　老師還針對人性盲點，提出操盤手的 36 個死亡盲點，對照之下，才知道自己以前的投資習慣，犯了多少的錯誤。

　　非常感謝史托克老師無私的教學付出，最後祝老師身體健康，飛龍在天。

學生　李○樑

學員課後心得 9 ——
贏家必定與眾不同

　　為何會想找史托克老師學習操盤術？因為老師經常抓到股市高點與低點，甚至在這一波黃金漲勢中，賣在 1900 多點天價的當天，老師的心願是想替台灣訓練一批操盤手賺國外的錢，藏富於台灣，老師能把黃金賣在天價當天，足證老師的操盤功力可以拿到諾貝爾獎，只是高手通常隱居山林，不會想去爭武林盟主的頭銜，而我就是要向高手中的高手學習，老師教的操盤術，如同日本的忍術，心性的修練是一項重要的功課。

　　外面的技術分析課程，就如同街坊的拳腳功夫，登不上大雅之堂，老師的操盤術是武林絕學，是大家都想拿到葵花寶典，是最上乘的武功祕笈。老師的操盤術是有憑有據，經過 30 年的努力分析，是經實證證明勝率極高的操盤術，依法修練必有所感。

　　老師課程內容豐富，每招操盤術都是絕招，惟仍需自己多加演練才能靈活運用於實際盤面上，師父領進門，修行在個人，期許自己能不斷修練老師的傳授的功夫，替國家賺進大量的外匯。

　　感謝老師願意出來傳授操盤絕學，為了讓台灣更富足，建議老師能帶領學員操作國際指數期貨，替國家賺進更多的外匯存底。

　　「贏家必定與眾不同」，老師所傳授操盤術的確與大多數人的方向不同，證明這些操盤術是贏家的養成術，建議想成為贏家的人一定要來跟老師學習。

學生 sunny 許

學員課後心得 10 ——
無人可取代，無人可超越

　　之所以會想找史托老師學習操盤術是因為史托克老師是天才和高手，而且有雙上帝之手，如果在金融市場上沒有上帝的幫助是無法成功的。所以，特別來拜見上帝之手，想要看見神蹟。

　　通常我是以閱讀書籍為主，並沒有特別想跟市場上的老師學習，但老師所說明的比書上較有重點，而且教了許多書上沒有的技巧和一些死亡盲點的提示。

　　在學習之前概念是模糊的，好像這樣也對，那樣也對，但好像又都不對。學完之後較能感覺到節奏，隱約可以感覺到律動的心跳，看圖也較為篤定和清晰。

　　對於一般的投資大眾而言，一次上六個小時容易注意力不集中，如果上課時數可以改成一天三小時，但上課天數延長會更有助於學習。另外希望老師以後能有機會開設期貨當沖，國際商品交易相關課程。老師教學非常詳細、資料也準備得很充分，對於所有問題都耐心的解說，怕我們沒有學會，都會再三確認是否了解，老師還特別交待要注意操盤手 36 個死亡盲點，對下單操作有非常大的幫助。

　　老師真的無人能及，已經是天才了，還每天花十二個小時以上做產業研究，我能學到老師的技術，真的是跟中樂透沒兩樣。希望十年內能練成老師所教的技術並且運用自如，看到老師的筆記，真的感動到想要掉淚，老師連筆記都可以做得如此仔細和認真，連筆記要做得比老師好也是

不可能的事。

　　如果遇見上帝，選擇自己視而不見，將是自己最大的損失，上帝本身不會有損失，如果拒絕擁有上帝之手的史托克老師，如同也把財神爺往外推，聚寶盆往外丟，老師已經無人可取代，無人可超越，能遇到老師更是困難，因為老師最愛學老莊自在逍遙。

　　祝福老師　　飛龍在天，風雲湧；縱橫天下，轉乾坤；闔家平安，樂逍遙！

　　　　　　　　　　　　　　　　　　　　　　　　學生　楊○婷

學員課後心得 11 ——
化繁為簡的操盤術

回想第一次見老師，已經是九年前的事了。當初無意間看到老師的網站，寫到印證多次高低點，認為根本是不可能的任務，心裡只是懷疑怎麼可能辦到，抱著存疑之心訂了《台股崩盤啟示錄》。這本書乍看之下只是過去文章的集合，但蘊藏了許多投資的智慧在裡面，當時的我看了幾篇，馬上驚覺當時台股也處於崩盤前兆，因此避開了中國宏觀調控短短兩個月內的 25% 跌幅。心裡只有一句聲音，要賠錢真的很簡單，賠錢卻能得到教訓很難，要得到正確的經驗更難，所以下定決心要拜師學藝。

原本以為操盤術是靠著複雜晦澀的技術破解高低點，老師教的操盤術是化繁為簡，隨便比比，隨便畫畫，一頭撞死的驚人之作。股市是人性的綜合體，老師將市場的人性美學藝術成分用最簡單的結構呈現出來，讓我們看到市場的美麗跟樂趣，了解到上帝之手的偉大，這樣的境界是原先完全想像不到的。就像書上寫的，操盤功力增進 15 年，我認為是完全超出想像了。

經過多年磨練，深刻體會到 36 個死亡盲點是最重要的內功心法。當初覺得是老生常談的盲點，以為自己永遠都不會犯這個錯誤，在輕忽大意之下，最後還是一一應驗，付出了代價。以操盤手死亡盲點第一條「不要把自己當神」，學操盤術前，天天戒慎恐懼，學了操盤術後，輕鬆自在，反而自滿起來；反應在操作上，就變藝高人膽大、愛做危險動作，事後才領悟到根本背離了操盤術的初衷。幾次成功抓取到高低點，會出現永遠想

抓到高低點的妄想，這是要絕對避免的。

　　我認為操盤術最大的缺點，就是操盤術太強大了，必須定心靜守，才能沉澱妄想，維持心靈的最佳狀態，達成躺著睡覺的境界。這是我一直努力，至今無法完全達到的目標。

　　當年上完課，曾經私心希望老師不要再收學生了。隨著年紀漸大，思慮成熟，慢慢體會到老師真心幫助投資人的苦心。希望有機會跟老師結緣的朋友們，都能諸法皆空，自由自在，回到操盤術，感受人性的藝術美學，必定能體會到股票市場的樂趣。老師不只是我們操盤術的老師，更是我們人生態度的導師，謝謝老師多來年的指導。

學生 Chia Che

學員課後心得 12 ——
投資功力更上一層樓

　　一直以來我在股市投資上，都專注基本面分析，配合當下總體經濟氛圍的考量，以推測公司營運數字做為預測股價的標準，因為我認為交得出好成績的股票，股價自然會有波段可期。其實以此方式投資，一直以來都有不錯的報酬，但投資能力卻也難再上一層樓，尤其常苦惱於進場時機與適當的出場點，一直想進步卻也找不到適當的方法，還好有幸在朋友的引薦下，終於能參加了老師的課程。

　　在課程的學習中，體悟到許多我過去投資上所沒有想過的面向，尤其原來在時機、效率乃至於時間與幅度，都是可以有很明確的方法，可以做為判斷的依據。

　　這大大地開拓了我的思想，讓我在課程的學習中有了長足的進步，而我後來才發現。原來老師過去也經歷過很長時間的基本面研究，也難怪他能體會像我們這類學生所可能有的盲點是什麼，而老師總不厭其煩地提醒該注意的地方，也相當有耐心地回答各種問題。

　　我實際用了老師的方法來操作，得到的結論是明確又有效率，各種推論與條件設定都是清楚又直接，不同於其它方法。當遇到諸多的不確定性時會無所適從，老師所教授的方法能夠真正讓我去設定在每次投資的戰略與戰術，當面臨各種情境下該進該退不會模糊不清。才能真正做到，看對的時候，時間可以拉長而不會早退，以取得波段性的大勝，看錯的時候，能夠判斷要立刻抽身觀望變化，將損失降到最低。

真的很有幸能夠接受老師的指導，因為我覺得這是我在投資能力上最重要的一次進步，尤其老師的教學都能夠拿出他過去實際講過的言論來做為佐證，更是讓人信服。我覺得老師是我第一次真正遇到的大師級人物，能讓老師教導真的是我莫大的福氣，但老師過去不逐名利又崇尚自由生活，過得相當低調，我認為老師如果願意把能力用在更大的地方，相信那將會造福更多的人。

　　祝福　老師身體健康　家庭和樂平安

學生　KIDD　敬上

學員課後心得 13 ——
真正對投資散戶有所幫助

　　家裡環境並不理想的我，多年來一直不停地思考，該如何致富讓家裡過好生活，做過保險、房仲……等各種業務，也經營過不下三家的傳直銷，但我的第一桶金始終沒有向我走來，反而越走越遠……在決定要來上這堂課之前，我本身已經背負了將近百萬的債務。

　　有一天母親跑來找我，並向我推薦史托克老師的課程時，因為之前沒見過，也沒聽過史托克老師，再加上學費幾乎是我半年的生活費，我非常猶豫要不要去上這堂課。我與母親促膝長談了一整個下午，我開始相信母親口中的史托克老師，是個擁有真功夫，又待人真誠的好老師，有別於外面口是心非只想賺錢的生意人，於是下定決心要來學習這門技術。

　　在學習操盤術前後最大的差別就是，以前我看盤是開盤盯到收盤，浪費時間又賺不到錢，現在我不再天天盯盤了，我學會從大格局來分析，並找出適當的買賣點！

　　因為我是個外行人，其實有很多專業名詞都在史托克老師的課程中慢慢累積起來的，但從另一個角度來看，老師的課程內容替我們這樣的新手來說，真的非常貼心，老師只教他的操盤術裡用得到的相關資訊，其餘的一律跳過，完全地去蕪存菁。後來才知道原來市場上有很多不必要的資訊，只會影響我們操盤時的判斷，要將重點放在有用、有幫助的資訊上，我們的操盤才能真正賺到錢。

　　當我與老師接觸過後，我終於理解，為何母親會如此極力地推薦史

托克老師，我當初心中最大的疑慮就是……老師如果真的這麼有才又會賺錢的話，為何會出來教學生？依照我過去的經驗，看過許多位老師，不論他們打著的招牌是什麼，最後他們的目的……只有我口袋裡的錢，但是史托克老師是真正想要幫助到一些投資散戶，並且傳承他的這門操盤技術，我很開心，也很榮幸能夠做老師的學生。

學生 Dashan

學員課後心得 14 ──
不用再憑感覺操作了

這是我第二次上老師的課。

第一次是在 2005 年的時候，當時還是個大二的學生，經學長強烈推薦，報名了老師的操盤術課程。由於當時年紀尚輕，股市經驗欠缺，在還對老師操盤術一知半解，未能充分領略其中精髓之下，即貿然進入股市，接連犯了「把自己當神，預測高低點，逆勢操作，跟股票談戀愛，未堅持操盤術及停損策略」等死亡盲點，一下子就將父親辛苦賺的錢幾乎賠光，從股市畢了業。之後，一直覺得很愧對父親，也對股市起了畏懼，失去了信心。

就業後，因工作因素會接觸到許多上的投資人，漸漸了解股市雖然是吃人的市場，但散戶賠錢最主要的原因，其實是亂買亂賣，進退無據，就像過去的我一樣。此次，幸逢老師再度開課，讓我可以有重新向老師學習的機會。

老師的操盤術有一整套的系統，包含技術、選股及心法，目前用的比較熟練的是賺取暴利及飆漲暴跌兩套操盤術，這兩套操盤術非常簡易實用，可以確定趨勢方向，標準化買賣點，再搭配百戰百勝操盤術，動態調整支撐及壓力，就可以做到進退有據，不會再像以前一樣憑感覺操作。心法上有操盤手的 36 個死亡盲點，還有老師課堂上常說的兵法及老莊思想，讓我非常崇拜老師的為人，對我來說是 12 堂課裡最受用的，因為我知道再好的技術若沒有搭配良好的心性，隨時都存在全軍覆沒的危機。希

望還能有第三次學習的機會！

　　最後，感謝老師不藏私的教導，也特別感謝師母為我們準備點心、水果，教導我們伸展筋骨的運動，我一定會搭配操盤術一起努力練習！

　　祝老師及師母
　　身體健康　順心如意

　　　　　　　　　　　　　　　　　　　　　　學生　阿德

/附錄 1/
操盤手訓練架構

一、輸贏的勝敗關鍵

A. 贏家祕訣──避免犯錯

錯誤的選擇是人生失敗的起源

錯誤的決策是企業毀滅的開端

錯誤的觀念使人們身敗名裂

錯誤的操作使財富灰飛煙滅

B. 輸的原因──犯了人性的錯誤

操盤手 36 個死亡盲點

C. 贏的方法──基本面選股、技術性操作、專業的分析、理性的選擇、正確的決策、系統的操作、嚴密的追蹤、進出的依據

二、預測分析的方法──

A. 理性分析──

分析人、量、價、時、勢。

分析 5W・2H（who・when・where・what・why / How・How much）

1. 內控管理八大循環	2. 基本分析八大原則
3. 景氣研判十五要項	4. 環境評估三十要項
5 產業分析一百要項	6. 財務分析預測比較
7. 產銷量值業外分析	8 匯率利率稅率分析
9. 市場競爭條件分析	10. 政治、天災、人禍、其他

結論：解讀資訊，研判情報，依據比較利益法則，推算未來，精算投資報酬。

B. 非理性分析──

依據歷史統計，找出高正確率的法則

1. 完美理論　　　　　　　2. 釣魚兵法

3. 肥羊理論　　　　　　　4. 波浪理論

5. 技術分析　　　　　　　6. 量價分析

7. 籌碼分析　　　　　　　8. 資券分析

9. 韻律慣性分析　　　　　10. 常態變態分析

結論：依據對做理論，循環期間，研判多空方向，買賣時點，精算風險利潤，決定資金配置。

C. 技術分析十大法寶

1. 波浪理論（型態、比例、時間、角度、幅度）

2. K線理論、酒田五法

3. 股價型態及測量理論

4. 趨勢線及軌道

5. 缺口與對稱理論

6. 支撐壓力及帶區

7. 移動平均線與乖離

8. 成交量

9. 循環期間

10. 技術指標

三、操盤術 & 選擇、決策、追蹤執行

A. 操作的最高境界

找到可以躺著睡覺的方法

在可以躺著睡覺的時點

選擇買進可以躺著睡覺的投資標的

B. 何謂操盤術？

操盤術是控制最小風險，掌握最大利潤的工具，乃是結合理性分析預測、非理性分析預測、技術分析十大法寶，並以 40 年統計為依據，綜合出所有高正確率的法則，可以檢驗多空的趨勢，做出正確的研判，以做為操作時應對進退的根據，並做為決策選擇與執行的重要參考。

C. 操盤術決策事項

1. 多空大中小格局
2. 資金部位大中小
3. 操作方法長中短
4. 超跌買進或突破買進
5. 依時勢採用對應的操盤術
6. 選擇類股個股
7. 押多少比例，一次或分批
8. 停益或停損設置
9 買進賣出區間
10. 風險與利潤比例

D. 操盤術追蹤執行

操盤術乃依據藝術、美學、力學、人性、韻律、慣性、基因而行。操盤人應避免主觀，應依勢而動，依風而飄，依天意而行。

分析、預測、選擇、決策、執行正確

～則可繼續躺著睡覺～

分析、預測、選擇、決策、執行錯誤

～則立即修正停損反作或先行退出～

/ 附錄 2/
操盤手的訓練

1. 史托克的操盤術──精華篇 & 進階篇全餐

一、開課宗旨

幫助你成為一等一的操盤好手，可以讓您受用一生的絕技，能夠讓您賺取暴利的法寶，難得完全無盲點的操盤術，是大贏家賺取暴利的祕訣，是套牢族反敗為勝的希望，是操盤手夢寐以求的絕技，是所有投資人創造億萬財富的寶貝工具。

股市奧祕大破解 · 十二堂課 · 價值連城

一、操盤手死亡盲點　破解無可救藥人性

二、操盤手十大法寶　破解操盤策略盲點

三、賺取暴利操盤術　破解多空買賣時點

四、上帝之手操盤術　破解波段滿足位置

五、逆天行道操盤術　破解支撐阻力反轉

六、登峰造極操盤術　破解歷史高低轉折

七、千錘百鍊操盤術　破解量價時勢奧祕

八、飆漲暴跌操盤術　破解飆漲暴跌奧祕

九、百戰百勝操盤術　破解進出反做時機

十、攻擊角度操盤術　破解多空趨勢扭轉

十一、洞燭機先操盤術　破解攻擊第一時間

十二、面面俱到選股術　破解飆股形成奧祕

課程內容

一	功能：破解多空買賣時點
賺取暴利操盤術	1. 依循此操盤術，經常可買到多頭每一短波最低點或次低點，可賣到空頭每一短波最高點或次高點。 2. 可做多也可做空，可預知支撐及壓力。 3. 可一葉知秋，了解趨勢之異常變化。 4. 可依此設停損點、停益點，控制風險，萬無一失。 5. 學會後可不用看盤，不用大腦，躺著睡覺操盤，此後不用看電視，不用參加投顧，不用聽消息。

二	功能：破解無可救藥人性
操盤手之死亡盲點	1. 在股市裡為何贏家那麼少，會輸絕不是運氣不好。 2. 不了解股市的結構，不了解股市的食物鏈，不了解勝敗的關鍵，您永遠只是待宰的大肥羊。 3. 此課程將恆古以來，所有操盤手所經常面臨的死亡盲點，一一列舉，一般人只要犯上一個，財富就馬上歸零，前途盡毀，三振出局。

三	功能：破解波段滿足位置
上帝之手操盤術	1. TIM1NG IS EVERYTH1NG。能避開崩盤，才能成為永遠的贏家，見好不會收，到頭仍是一場空。 2. 學會此操盤術，就能推知什麼時候會崩盤，什麼位置易崩盤，幫助您逃離高檔套牢的錐心之痛，歷史不斷重演，只是人性一向健忘。 3. 幫助您實現買在歷史最低點，賣在歷史最高點的夢想，至少幫助您做到趨吉避凶，躲開崩盤，甚至落下石，進而從中賺取暴利。

課程內容

四	功能：破解操盤策略盲點
操盤手十大法寶	1. 技術分析的價值，在於可以長期統計出人性的脆化點，有利於操盤手做逆向思考。 2. 操盤手十大法寶可以用來觀察趨勢：觀察多空力道消長；觀察多空轉折；觀察買點；觀察支撐阻力多空破壞；觀察停損退場反作時機；觀察盤頭或盤底。 3. 因勢制略，因時應變，擬定進退應對策略。從此操盤再無盲點。

五	功能：破解飆漲暴跌奧祕
飆漲暴跌操盤術	1. 飆漲主升段都沒賺到，暴跌主跌段都逃不掉，是操盤手最致命、最不可原諒的錯。 2. 學會此操盤術，就可以用來確認多頭或空頭的扭轉，一旦確認就可全力施為，一擊命中，就能享受飆漲，坐以待幣。空市時就可順勢落井下石，欣賞崩盤。 3. 是股市輸贏的生命線，是輕鬆致富的財富線。是可以讓您躺著睡覺數鈔票的操盤術精典之作。

六	功能：破解支撐阻力反轉
逆天行道操盤術	1. 股價是火，量是油。成交量是股價漲跌的照妖鏡，所有的底部及支撐都是靠錢墊出來的。 2. 量、價、支撐阻力，必須三位一體，同步觀察，不知支撐阻力，不知量價關係，就如同盲人騎瞎馬走懸崖，不死即傷。 3. 學會此操盤術，即可掌握中長線的最佳買賣點，又能將進場買賣的動作成功率升至九成。

課程內容

七	功能：破解進出反做時機
百戰百勝操盤術	1. 是操盤術的靈魂重心，威力非常強大，台灣股市裡約有八成以上的重大歷史買賣點，皆可由此發現。 2. 可預知未來的壓力，未來的支撐，進而以小博大，以逸待勞，又能做到低買高賣嚴控風險，識別高檔低檔及退場反做時機。 3. 停損點、停益點，買點、賣點一目了然。每次操作成功獲利率平均可達五成，若失敗損失率僅約 3%。

八	功能：破解多空趨勢扭轉
攻擊角度操盤術	1. 甘氏角度線是甘氏花了十數年的功夫，閱讀了美、英，80 年的歷史圖形，統計了數萬幅的圖形，所歸納出之精華，具有極珍貴的價值。 2. 攻擊角度搭配波浪理論可藉以斷定波動是否健康，走勢能否長久，而採因應策略，調整操作的心態及獲利的比例，是絕不套牢的操盤術。 3. 是波浪理論的最好朋友、最佳搭檔。

九	功能：破解量價時勢奧祕
千錘百鍊操盤術	1. 大盤好抓，個股難玩，舉凡財務、營運、價格供需、產業風險，千變萬化，若不懂技術量價時勢的奧祕，稍一疏忽，財富就盡付流水。 2. 因此基本面選股固然極為重要，但技術面的量價時勢的研判更是獲利或虧損的最重要關鍵。 3. 只有熟練各種量價時勢的變化，才能臨機應變，控制風險，穩當獲利。

課程內容

十	功能：破解攻擊第一時間
洞燭機先操盤術	1. 當股價來到了關鍵性的位置，關鍵性的支撐壓力，想買到起漲點的最低價：想賣到起跌點的最高價。是每一個操盤手的夢想。 2. 此時唯有學會洞燭機先操盤術，才能掌握到行情啟動的第一時間，同時做出最完美的行動。 3. 並藉此研判多空力量的消長，趨勢變化的轉變，並大幅提高獲利報酬率。

十一	功能：破解飆股形成奧祕
面面俱到選股術	1. 在股市裡不但要會買、更要會賣，買賣點是永遠的關鍵，但最重要的第一個課題永遠是買什麼。 2. 用什麼方法，可以在數以千計的標的中，以最有效率的方式找出最有潛力的個股，既能兼顧安全，又會狂飆的明星股。 3. 用對方法，找尋潛力股，其實真的很容易。

十二	功能：破解歷史高低轉折奧祕
登峰造極操盤術	1. 幾乎所有的人都認為股市的漲跌是隨機漫步，只有史托克堅稱股市是完美理論，是完美的藝術。 2. 史托克以這套操盤術，印證台股四十幾年來每一個歷史高低點，都是完美的藝術結晶，您不相信只是因為你還不知道、你還沒學到。 3. 史托克用了十年的時間在歷史的高低點，辦過二十多場演講，白紙黑字的專欄，證明給您看，股市簡直是最完美的藝術。

2. 史托克的操盤術——進階篇

一、開課宗旨

登峰造極操盤手特訓班，乃是史托克先生針對將來有志成為公司企業、金融機構、基金投顧操盤手之人士所精心設計的課程，絕對是你在別處學不到的獨門獲利技巧，內容千錘百鍊，由淺入深，循序漸進，由史上最強操盤手訓練師史托克先生親自傳授，將逐步為操盤手建立精密的操盤架構，買賣策略與賺錢信心，並完全以實戰為主。**學成之後，你將成為穩操勝券，信心十足的操盤聖手。**

二、課程內容

操盤手士官班

1. 操盤手必勝心法 2. 操盤手十大法寶 3. 以小博大操盤術

4. 絕不套牢操盤術 5. 即刻開悟操盤術 6. 洞燭先機操盤術

7. 酒田五法操盤術 8. 千錘百鍊操盤術 9. 搶佔先機操盤術

10. 飆漲暴跌操盤術 11. 無往不利操盤術 12. 歷久彌新操盤術

13. 趨吉避凶操盤術 14. 人性弱點操盤術 15. 威力無窮操盤術

操盤手軍官班

1. 操盤手看盤要領 2. 緊咬不放操盤術 3. 當日沖消操盤術

4. 捷足先登操盤術 5. 守株待兔操盤術 6. 多空變換操盤術

7. 慣性韻律操盤術 8. 如影隨形操盤術 9. 絕不放過操盤術

10. 支撐阻力操盤術 11. 掌握關鍵操盤術 12. 不賺很難操盤術

13. 擴大戰果操盤術 14. 攻擊角度操盤術 15. 百戰百勝操盤術

操盤手將官班

1.RSI 操盤術 2.KD 操盤術 3.MACD 操盤術

4.BIAS 操盤術 5. 指標選股操盤術 6. 波浪理論操盤術

7. 鐵尺神算操盤術 8. 時間循環操盤術 9. 三度空間操盤術

10. 深謀遠慮操盤術 11. 未卜先知操盤術 12. 面面俱到操盤術

13. 精打細算操盤術 14. 電腦選股操盤術 15. 台灣股市藏寶圖

操盤聖手班

1. 多頭空頭研判術 2. 五行變換操盤術 3. 隨心所欲操盤術

4. 時間變盤操盤術 5. 仙人指路操盤術 6. 神祕缺口操盤術

7. 躺著睡覺操盤術 8. 神機妙算操盤術 9. 多空漲跌操盤術

10. 買低賣高操盤術 11. 多空變盤操盤術 12. 神奇數字操盤術

13. 循環理論操盤術 14. 價量合判操盤術 15. 登峰造極操盤術

3. 史托克的操盤術──單元篇

一、開課宗旨

巴菲特──好的操盤手可為個人迅速累積財富，並幫助公司快速成長茁壯。

李森──差的操盤手卻使個人身陷傾家蕩產，並逼使企業陷入萬劫不復。

未來操盤手技巧的優劣，將成為決定個人成敗、企業榮枯的命脈關鍵。

台灣的金融市場已快速地邁向國際化、自由化，對任何機構法人而言，理財與投資的獲益比重已逐漸凌駕於本業收入之上。

企業以人才為本，傑出的操盤人才，未來勢必是企業財團，金融投資機構爭相禮聘的對象。

企業需要成長，投資不能失敗，失敗率就是死亡率，防災要比救災重要，史托克的操盤術能幫你遠離惡運，防止災禍，更讓你洞燭機先，賺取暴利。

第 1 單元　操盤手聖典及操盤策略——克服盲點操盤術

操盤手的觀念修練

主題	時數	內容
操盤手的心態與觀念 （操盤手死亡盲點 36 條）	3	本單元是針對操盤手所設計，操盤手之所以能成為操盤手，乃在於他能夠克服盲點，並嚴格遵守操盤手的聖典，具有靈活而正確的觀念與心態。擁有能夠獲取最大利益的必勝操盤策略，及避免自己受到毀滅性傷害的法寶。
停損、停益點使用設置 趨勢線軌道操作規則	3	

第 2 單元　最輕鬆的賺錢術——百戰百勝操盤術

技術分析綜合篇

主題	時數	內容
技術分析操盤十大法寶 （即刻開悟的操盤術）	5	真正高竿的操盤手應該是輕鬆而愉快的賺錢，若平時焦慮緊張則顯然方法錯誤，一個開了竅的操盤手，每年只要進出股市 3 ～ 4 次。不用畫圖也不用天天看盤，即可輕鬆獲利。 本單元旨在幫助操盤手能夠即刻開悟而成為贏家。
台灣股市主力藏寶圖	1	

第3單元　技術分析聖典篇——波浪理論操盤術

波浪理論與波浪切線

主題	時數	內容
波浪理論 （登峰造極的操盤術）	5	波浪理論是所有技術分析的起源，操盤手若能理解波浪理論，就能完全掌握住市場心理的變化，也等於掌握了自然律，就可以蹺著腳做股票，而不用緊張兮兮每天看盤了。波浪切線則是幫你準確抓出每一大波的高點及低點的方法。
波浪切線 （輕鬆賺錢的操盤術）	1	

第4單元　探索波峰、波谷——掌握人性操盤術

甘氏角度與波動變化

主題	時數	內容
甘氏角度線與波動變化操盤法 （掌握人性的操盤術）	12	波浪理論是自然的定律，甘氏角度線是人性的定律，兩者都是最符合自然的法則。本單元專就各種角度線的運用法則，如何配合波浪的變化定律，尋找每一波的波峰及谷底位置，你將發現判斷高點與低點的方法是如此容易。從此以後你絕對不會殺在地板，買在天價，反而可買在低點，出到最高點了。

第 5 單元　技術分析基礎篇——洞燭機先操盤術

K 線買賣運用法則

主題	時數	內容
日本 K 線精華（一） （洞燭機先的操盤術）	6	K 線是最原始最有效的技術分析工具，比較二根 K 線可判斷多空力道，三根 K 線可告訴你漲跌趨勢，甚至告訴你行情將大漲或大跌，一根 K 線以上的組合就能讓操盤手在最短的時間做出最正確的決定，洞燭主力動態，分辨出多空關鍵。

第 6 單元　技術分析精華篇——搶佔先機操盤術

K 線戰鬥——酒田五法

主題	時數	內容
日本 K 線精華（二） 酒田五法　風林火山 （捷足先登操盤術） 100 種飆漲暴跌 K 線組合 （搶佔先機的操盤術）	6	K 線是最原始最有效的技術分析工具，2 根 K 線可以告訴你將要大漲，也可以告訴你將要大跌，本單元將介紹完整系列的日本 K 線理論，使操盤手能在最短的期間做出最正確的決定，洞燭主力的動態，分辨出多空的關鍵。

第 7 單元　賺取暴利最佳工具——十拿九穩操盤術

妙用無窮的移動平均線

主題	時數	內容
葛蘭碧 8 大法則與力學原理 （賺取暴利操盤術）	4	移動平均線可以在最短的時間裡告訴你多頭市場已結束，開始轉空頭了，也可以告訴你空頭市場已結束了，已經轉多頭了，也可以告訴你回檔在哪裡？反彈最高點在哪裡？每天、每週的壓力與支撐位置，更能告訴你各波段的高低點位置，操盤手應加以深入研究。
屠熊線操作法	1	
黃金五行線 （逆向操作的操盤術）	1	

第 8 單元　波動分析實戰綜合演練——千錘百鍊操盤術

搶佔先機的智慧

主題	時數	內容
股市教戰守則 129 條 （千錘百鍊操盤術）	6	本單元以各種實例圖型做沙盤推演，列出 129 條規範，告訴操盤者在何種條件下該進場買進，在何種情況下應退場賣出，在何種情形下應觀望為宜。

第 9 單元　股市實戰篇──無往不利操盤術
股市長勝軍趨勢線與軌道

主題	時數	內容
10 種趨勢線介紹 （攻擊角度操盤術）	2	趨勢線與軌道是股價的紅綠燈，是動態的支撐與阻力，能幫助操盤手輕易的界定支撐與壓力，研判勢道的強弱，擬定操作的方法及策略以獲取最大的利益，尋找最佳的進場點、出場點，也可以在股市反轉時發出訊號，使操盤手全身而退，永遠不會被套牢。
移動平均線與趨勢線	1	
成交量與趨勢線		
趨勢線軌道角度操盤法 （永不套牢的操盤術）	3	

第 10 單元　股市實戰篇──守株待兔操盤術
股市先行指標量能

主題	時數	內容
量價時勢合判 （守株待兔操盤術）		成交量是股市的動力泉源，價量關係是研判行情最重要的依據。出貨量、進貨量、飆漲量、腰斬量、上升量、下跌量、反彈量、回檔量如何判斷。此外，如何由成交量判斷量價已同時到頂，及由成交量判斷股價已出現危險信號，又如何由成交量研判頭部已到，底部已到，而應進場買進或退場賣出，本單元有令人驚歎的說明。

第 11 單元　歷久彌新的股價型態——絕不套牢操盤術

各種股價型態進出策略

主題	時數	內容
缺口 股價型態與測量 各種股價型態操盤法 （絕不套牢的操盤術）		本篇介紹： （1）13 種反轉型態的威力大小，形成期間，構成要件，研判方法，及警告訊號，測量幅度及注意事項。 （2）5 種整理型態的出現時機的代表意義，正常的突破時間，進場時點、目標的測量。股價型態是數百年來無數分析個股漲跌圖型者，所統計歸納得到的寶貴經驗，絕不容許操盤手忽視。

第 12 單元　多空互換的變盤時機——三度空間操盤術

主題	時數	內容
屠熊氏循環理論 26 法 （三度空間操盤術）	4	現在是多頭市場？還是空頭市場？現在是調整波？還是推動波？現在是否為末升段？還是整理後還會再漲一段？還是行情已結束了？股價還會漲幾天？股價還會跌幾天？應該做長線？還是做短線？是回檔，還是要下跌？是反彈還是要上漲？本單元針對這些問題提供簡明易辨的法則，掌握住這些要點就等於掌握了行情的變化。
支撐與阻力 （常態變態操盤術）	2	

第 13 單元　短線操盤術──短線沖銷法寶

主題	時數	內容
短線看盤術 （緊咬鎖定操盤術）	6	看盤，每天有多少人在證券營業廳、在VIP、在家裡看盤，但經年累月下來，還是輸多贏少。因為他們看盤，看不到重點，不知道關鍵。真正的操盤手，只有在接近轉折點時、滿足點時，及不如預期時才來注意盤面變化，平時只做一些記錄，但要記錄重點關鍵。

第 14 單元　短線操盤術──指數期貨法寶

主題	時數	內容
分時走勢圖操盤法 （指數期貨操盤術）	3	在股市裡常有不負責任的分析師叫人高出低進，但何時是高？何時是低點？多少點是高？多少點是低？卻絲毫不提，本單元所介紹的短線操盤術，將使你在短線操作中獲得八成左右的勝算，幫助你研判短波高低點。在股市中做適時的拔檔、回補、高出低進，往往能使戰果更為擴大，獲取數倍於大盤跌幅的利潤。
開收盤點數角度操盤法	1	
江波理論運用操盤法	1	
4 種最簡易有效的短線操盤法（擴大戰果的操盤術）	1	

第 15 單元　中線操盤術（一）、（二）──妙不可言操盤術

多空漲跌照妖鏡

主題	時數	內容
RSI 操盤術	6	幾乎所有的技術分析者都知道，RSI、KD、MACD 等技術指標，但每每依信號買進就跌，賣出就漲。本單元特列出這幾種指標的陷阱及限制。並教導操盤手，何種情祝會出現反彈點，安全買點，絕對買點，絕對賣點，安全賣點，反彈逃命點，回檔點。若能綜合這幾種指標，熟悉使用原則方法，操盤手將不再受其矇蔽，也絕不會錯失行情了。
KD 操盤術	2	
MACD 操盤術	3	
技術指標操盤術	4	

第 16 單元　預測天價谷底的神奇方法──神機妙算操盤術

不用大腦預測神準

主題	時數	內容
34 種預測天價谷底的神奇方法 （神機妙算操盤術）		當愈多種預測方法告訴我們某一點是最高價或最低價時，操盤手就可以勇敢堅決地做大舉買進與賣出的動作，即使不中亦不遠矣。

第 17 單元 挑選主力黑馬股的要訣——不賺很難操盤術
借力使力搭便車

主題	時數	內容
主力、董監、法人進出 券商大探索 個股特定主力探索 資券法人主力庫存發掘 潛力股		知己知彼百戰百勝，了解主力的實力，與習性人脈關係，進出貨手法，與其配合良好的營業員與特定的券商發掘出其進出貨的軌跡，配合資券法人進出，操盤手就能順利而安全的上下車。

第 18 單元 影響股價變動的十五要頂——與眾不同操盤術
總體經濟分析竅門

主題	時數	內容
影響股價變動的 15 項基本因素 （與眾不同操盤術）	6	操盤手必須依據分析八大要領，評估投資環境的 15 項基本因素，分辨多空及預估可能發生的時間，掌握住利多較多的時段，順勢賺錢，在利多即將出盡時獲利了結，在利空即將出盡時進場大買。

第 19 單元　產業個股分析之要項──面面俱到選股術

股市鍊金術選飆股

主題	時數	內容
產業個股分析的 100 要項 （深謀遠慮操盤術） 營收盈餘表發掘潛力股 （飆股現形操盤術）	6	分析產業與個股是操盤手的基本技能，對於個股與產業的分析，應綜合 100 個要項來逐一檢討，發掘有無炒作的題材，有無潛藏的利多，分析主力有無可能將其雀屏中選而大肆炒作一番。

第 20 單元　評估商業景氣循環階段──未卜先知操盤術

辨識股市風險與利潤

主題	時數	內容
台灣股市的過去、現在與未來	2	操盤手若能瞭解景氣循環各階段的徵兆，就能清楚目前所處的階段，也就能夠掌握先機，訂定應對策略，正確選擇投資工具，以賺取利益，規避風險。並應認清使股市上漲或下跌各階段的條件與成因，便能預估當前股價區間。
經濟為什麼會復甦、繁榮。又為什麼會衰退、蕭條。各階段會出現什麼徵兆。	2	
認識與股價關係最密切的經濟指標。	2	

/ 後記 /
股市的魔咒、自然的真理

　　台股從今年最高點 12197 大跌到 8523 下跌了 3674 點；美股道瓊從最高點 29568 暴跌到 18213 下跌 11355 點。

　　所有人都認為是新冠病毒快速擴散惹的禍，但史托克的看法觀點為：股市之所以這次會大崩跌的原因，其實真的很簡單，因為股票市場已漲太多、漲太久。台股、美股都已經漲了 11 年了，多頭太累了，自然就需要好好休息整頓，這是本來就會發生的事。即使沒有「新冠肺炎疫情在全球大爆發」這事發生，漲太多的股市自然就應該要崩跌的。這完全只是「股市的魔咒、自然的真理」，大道至簡，一切自然。

　　2015 年 4 月 27 日時值台股 10014 歷史高點位置，史托克的第二本書《台股漲跌精準預測實錄秘辛》就選在此時出版，並發表預測崩盤文章，就是為了警告有看到、買到書的大家，躲開此波 2800 點的崩盤。

　　2018 年 4 月時值台股 11270、美股 26616，史托克的第三本書《神準！台股錢滾錢操作實錄秘辛》於此時出版，並發表預測崩盤文章，一樣也是為了警告讀者，躲開此波將近 2000 點的大跌。

　　2001 年 9 月 26 日時值台股 3411 歷史最低點，史托克的第一本書《台股崩盤啟示錄 發現股市的奧秘》就在此時出版，並發表預測文章提醒 3411 是歷史大買點。

　　史托克每次出書都是提早幾個月，就已測得完美滿足點的大略位置、估計到達滿足點的時間位置。刻意選在那些時間點出版書籍，發表文章警告提醒，並舉辦講座發表演說，特意以白紙黑字的專欄文章當證據，透過到場聆聽演講的貴賓當證人，藉此證明史托克操盤術的精準。

　　從民國 84 年在《財訊快報》報紙發表第一篇預測文章「船快沉了，不要祈禱，趕快跳船」，史托克展開預測台灣股市高低點的精彩人生，至今已經歷經 25 個年頭了，白紙黑字預測過至少 20 次以上的「台股歷史崩盤高點及飆漲啟動最低點」，幫助了很多有緣的讀者，避開崩盤大災難，掌握很多次致富的歷史大買點。

　　真心感謝《產經日報》阮浩然社長提供一個足以讓我盡情發揮我的操盤術的園地「人壽看盤」專欄，讓我能夠留下許多見證歷史紀錄的文章，還幫我出版第一本書，讓數以萬計的讀者們得以印證我的股市絕學天下無敵，經得起時間考驗。

　　而在《產經日報》、《財訊快報》這兩大股市專業報紙結束營業後，史托克就此封筆隱居鄉野近十年，沒想到 104 年又再度遇到大貴人世界華人八大名師首席王晴天博士，王博士因為親眼見證我 25 年來每一次完美精準的預測（包括台股 7228；4474；8599；10256；7040；9378；6129；5422；3415；6484；3845；5141；4044；7135；5255；10014；11270；12197；8523；美股道瓊 26616；29568；18213）透過這位貴人不遺餘力的推薦，史托克膺選過三個年度的世界華人八大名師，王晴天博士還幫我出版了二本著作。

　　這位大貴人期許我能用我畢生研發的絕技、專長來幫助台灣走出經濟衰退、財政困苦的低潮，幫助台灣許多看不到未來的年輕人找到出路，勸我不要太早退休無有作為，要繼續造福大家，於是再度把我從閒散之人再度推上高峰，史托克因此再度出馬，衷心感恩不已。

　　以下附上近年史托克在當時台股、美股最高點，精準預測崩盤點的幾張經典圖形分享給大家，也留下來給自己當作永久的紀念：

王證貴分享了 1 則貼文。

管理員 · 2019年12月23日

有學員問:1. 老師10月上課曾時說: 這波滿足高點目標區預估12000點附近 現在已經到12000了 該獲利了結了嗎? 2.您當初是用甚麼方法研判 此波滿足目標區的位置呢?

老師回答: 1.操盤術很簡單啊! 到達目標區就獲利了結 多頭回到支撐區不跌就買進 跌破支撐就停損 2.就是用百戰百勝操盤術 此操盤術可預先規畫滿足目標位置

台股過去近60年的歷史最高最低點 幾乎全都可以用百戰百勝操盤術找出 甚至大中小波段高低轉折點 這些例證成百上千 從老師過往長期 在報紙專欄發表過的數百篇的文章中 都可得到印證 數十年來 已有成千上萬的學員及讀者 見證過百戰百勝操盤術 精準無比不可思議的強大威力 …… 更多

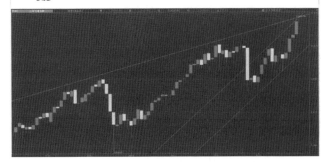

◀圖一 108年12/23 警告提醒學員,百戰百勝操盤術預測台股高點滿足區 12000 已到,應當獲利了結了。

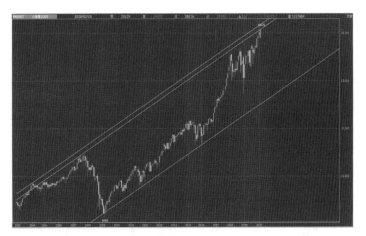

▲圖二 109 年 2/22 日應「世界華人八大明師」創辦人王晴天博士邀請,在投資高峰會演講中出示此圖,告知所有來賓:台股滿足最高點早已出現,美股滿足最高點也已經到來,即將大崩盤。

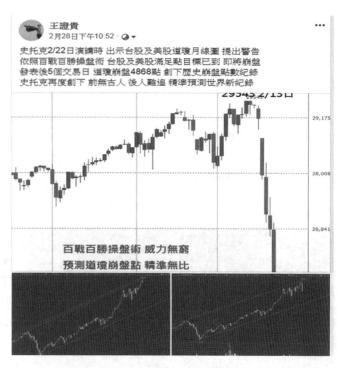

王證貴
2月28日下午10:52 · 🌐 ·

史托克2/22日演講時 出示台股及美股道瓊月線圖 提出警告
依照百戰百勝操盤術 台股及美股滿足點目標已到 即將崩盤
發表後5個交易日 道瓊崩盤4868點 創下歷史崩盤點數紀錄
史托克再度創下 前無古人 後人難追 精準預測世界新紀錄

29545 2/13日

29,175

28,008

26,841

百戰百勝操盤術 威力無窮
預測道瓊崩盤點 精準無比

▶圖三 109年2月22日「華人投資高峰會」演講完後，台股、美股 隨後立即大崩盤，短短一個多月，台股跌幅3674點；美股道瓊跌幅11355點，創下史上最大週線及月線跌點新紀錄。

王證貴
3月22日 · 🌐

最近有不少學員問老師同樣的問題 老師一併回答如下

學員問道: 3/19日早上 老師怎麼知道台股會反彈 要獲利了結呢？
這是<百戰百勝操盤術>的逆勢操作預測術嗎？ 我也想學 但上次學院一公告 名額全部都被秒殺 連後補的機會都沒有 請問下半年還有開課計畫嗎？

老師回答: <賺取暴利操盤術>是操盤術的生命；<百戰百勝操盤術>是操盤術的靈魂。預測滿足點跟人性脆化點 屬於<百戰百勝操盤術>的課程內容 估計下半年還有機會開一次課 學員不用擔心

其實老師已經在<賺取暴利操盤術>上課時 多少透露了一些重點了 這一大波已經跌了3000多點 依操盤術統計 即使再下跌到底 跌幅也已經很有限了 見好要會收 學員應該都清楚知道 不知道可回去多聽錄音檔

老師告訴師母 會教<百戰百勝操盤術>是因為是師母一直想學 因為百戰百勝是逆勢預測的學問 當人們想賣要到每波的最高 同時又想要到每波的最低 這是人性極度的貪婪 會使人失去平靜之心 老師認為頂多開兩班 有傳給有緣人 沒讓它失傳 就足夠了 並不想多教

學員一定要遵照老師所說的 先把簡單易學賺錢最輕鬆的順勢操盤術學到滾瓜爛熟 融會貫通 能夠穩定獲利 自然就能通達並練就 史托克操盤術的真正神靈魂精髓:
不用大腦 心免退散 不要看盤 心魔難侵
躺著睡覺 心定神早 高枕無憂 逍遙股仙

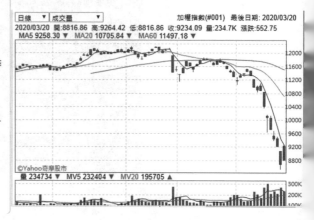

▲圖四 109年3/19日早上10點 FB發表預測，依據百戰百勝操盤術預測台股 3/19日當天會出現最低點，果然當天8523是歷史低點。

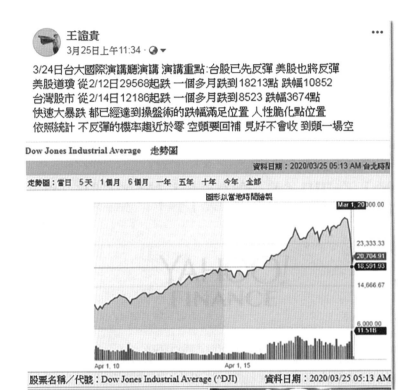

王證貴
3月25日上午11:34 · 🌐 ▼

3/24日台大國際演講廳演講 演講重點:台股已先反彈 美股也將反彈
美股道瓊 從2/12日29568起跌 一個多月跌到18213點 跌幅10852
台灣股市 從2/14日12186起跌 一個多月跌到8523 跌幅3674點
快速大暴跌 都已經達到操盤術的跌幅滿足位置 人性脆化點位置
依照統計 不反彈的機率趨近於零 空頭要回補 見好不會收 到頭一場空

Dow Jones Industrial Average　走勢圖

資料日期:2020/03/25 05:13 AM 台北時間

走勢圖: 當日　5天　1個月　6個月　一年　五年　十年　今年　全部

圖形以當地時間繪製

Mar 1, 20 000.00

23,333.33

20,704.91

18,591.93

14,666.67

6 000.00

11.51B

Apr 1, 10   Apr 1, 15

股票名稱/代號:Dow Jones Industrial Average (^DJI)　資料日期:2020/03/25 05:13 AM

▲圖五 109年3月24日於台大國際演講廳演講。演講重點:台股美股都已經達到,
操盤術跌幅滿足測量位置,請大家空頭都要回補,不反彈的機率趨近於
零。隨後台股及美股大幅反彈至今日已經一個月多了。

國家圖書館出版品預行編目資料

神準!台股錢滾錢操作實錄秘辛／史托克著. -- 新北市：創見文化, 2018.04　面；　公分
ISBN 978-986-271-817-9(平裝)

1.股票投資　2.投資技術　3.投資分析

563.53　　　　　　　　　　　107002851

成功良品103

神準!台股錢滾錢操作實錄秘辛

創見文化 · 智慧的銳眼

本書採減碳印製流程並使用優質中性紙（Acid & Alkali Free）最符環保需求。

作者／史托克
總編輯／歐綾纖
文字編輯／蔡靜怡　　　　　　　　　　美術編輯／Mary

台灣出版中心／新北市中和區中山路2段366巷10號10樓
電話／（02）2248-7896　　　　　　傳真／（02）2248-7758
ISBN／978-986-271-817-9
出版日期／2020年5月最新版

全球華文市場總代理／采舍國際有限公司
地址／新北市中和區中山路2段366巷10號3樓
電話／（02）8245-8786　　　　　　傳真／（02）8245-8718

全系列書系特約展示
新絲路網路書店
地址／新北市中和區中山路2段366巷10號10樓
電話／（02）8245-9896
網址／www.silkbook.com

創見文化 **facebook** https://www.facebook.com/successbooks

本書於兩岸之行銷（營銷）活動悉由采舍國際公司圖書行銷部規畫執行。

線上總代理 ■ 全球華文聯合出版平台　www.book4u.com.tw
主題討論區 ■ http://www.silkbook.com/bookclub　　◎ 新絲路讀書會
紙本書平台 ■ http://www.silkbook.com　　　　　　◎ 新絲路網路書店
電子書平台 ■ http://www.book4u.com.tw　　　　　◎ 華文電子書中心

B 華文自資出版平台　全球最大的華文自費出版集團
www.book4u.com.tw　　專業客製化自助出版 · 發行通路全國最強！
elsa@mail.book4u.com.tw
iris@mail.book4u.com.tw

創見文化，智慧的銳眼
www.book4u.com.tw   www.silkbook.com